고려상인과 동아시아 무역사

고려상인과 동아시아 무역사

김영제 지음

푸른역사

일러두기

1. 인명이나 관직명, 관청명이나 사서 이름 등은 맨 처음에 한글 표기 후 한자를 병기하고, 이후부터는 되도록 한글로만 표기했다.
2. 중국사 연구자의 경우 황제의 연호를 사용하는 것이 일반적인데, 이 경우에도 한글로 적고 괄호 안에 서력을 병기했다.
3. 이 글에서 빈번히 나오는 중국 황제 연호를 한글로 적기 위해 다음과 같이 한글과 한자가 병기된 북송北宋과 남송南宋 역대 황제와 그 연호를 표로 정리해본다.

북송 황제와 연호	남송 황제와 연호
태조太祖(960~975): 건륭建隆, 건덕乾德, 개보開寶	고종高宗(1127~1162): 건염建炎, 소흥紹興
태종太宗(976~997): 태평흥국太平興國, 옹희雍熙, 단공端拱, 순화淳化, 지도至道	효종孝宗(1163~1189): 융흥隆興, 건도乾道, 순희淳熙
진종眞宗(998~1022): 함평咸平, 경덕景德, 대중상부大中祥符, 천희天禧, 건흥乾興	광종光宗(1190~1194): 소희紹熙
인종仁宗(1023~1063): 천성天聖, 명도明道, 경우景祐, 보원寶元, 강정康定, 경력慶曆, 황우皇祐, 지화至和, 가우嘉祐	영종寧宗(1195~1224): 경원慶元, 가태嘉泰, 개희開禧, 가정嘉定
영종英宗(1064~1067): 치평治平	이종理宗(1225~1264): 보경寶慶, 소정紹定, 단평端平, 가희嘉熙, 순우淳祐, 보우寶祐, 개경開慶, 경정景定
신종神宗(1068~1085): 희령熙寧, 원풍元豐	도종度宗(1265~1274): 함순咸淳
철종哲宗(1068~1100): 원우元祐, 소성紹聖, 원부元符	공종恭宗(1275)
휘종徽宗(1101~1125): 건중정국建中靖國, 숭녕崇寧, 대관大觀, 정화政和, 중화重和, 선화宣和	단종端宗(1276~1277)
흠종欽宗(1126): 정강靖康	제병帝昺(1278~1279)

머리말

얼마 전 국립박물관에서 〈대고려전〉이란 제목으로 '고려 수도 개경', '사찰로 가는 길', '차茶가 있는 공간', '고려의 찬란한 기술과 디자인', 이 네 가지 주제로 전시를 하였다. 이번에는 특히 해외의 유명 박물관에 소장되어 있는 유물까지 애써 빌려와 전시함으로써 참관한 사람들 대부분은 고려시대의 예술품 하나하나에 감탄을 하였다. 이로써 박물관 쪽의 의도대로 일반인들에게 고려시대의 새로운 모습을 보여주는 데 크게 기여하였다. 그러나 한편으로 고려시대 역사에 대해 어느 정도 지식을 갖고 있었던 사람들에게는 그 갈증을 채워주지 못하는 아쉬움도 있었다는 후문이다. 실제로 고려시대는 그런 찬란함만이 있었던 것은 아니다. 그 뒤에 숨어 지금까지 겉으로 드러나지 않았지만 역사적으로 의미가 있는 중요한 것들도 많았다. 또 이번 전시에서는 고려가 해상무역을 통해 상업적으로도 발전해 있었다는 사실을 소개하기도 했다. 결과론적으로 보면 맞는 말이다. 그렇지만 어떠한 과정을 통해 그런 결과가 얻어졌는가에 대해서는 여전히 많은 의문이 남아 있는 것도 사실이다. 이 글은 고려시대 역사에 존재하는 이러한 공백을 메우기 위한 작업의 하나이다.

　일반인이나 학생들 할 것 없이 한국의 역사에서 고려시대라고 하면 맨 먼저 떠오르는 것이 거란이나 몽골과 같은 북방 유목민의 침략일 것이다. 그에 따라 그동안 고려시대 역사는 삼별초처럼 우리 조상들의 끈질긴 항쟁의 측면이 강조되어왔다. 이로써 어느 정도 민족의 자주성을 설명하는 데에는 성공하였지만, 종국에는 몽골제국 속에 고려가 편입되어버리는 탓에 그마저도 한계를 보여주고 있다. 이로 인해 고려시대라고 하면 왠지 소극적이고도 부정적인 이미지가 우리들의 머릿속에 자리 잡고 있는 것이 사실이다.

　그런데 이는 이웃하는 중국도 마찬가지였다. 고려시대 초기에 해당하는 오대五代 시기에 화북 지방에는 다섯 개 왕조가 있었는데, 이들 가운데 세 왕조는 모두 돌궐 계통의 사타족沙陀族이 세운 것이다. 그러므로 사실상 이 시대 중국의 화북 지역은 유목민의 지배하에 있었다. 이 가운데 후진後晉 왕조를 세운 석경당石敬瑭이란 사람도 역시 사타족으로, 그는 자신의 정권 수립에 군사적으로 도움을 준 거란에게 오늘날 베이징을 포함하는 하북성과 산서성 북방 일대의 땅을 떼어 주었는데, 이를 연운燕雲16주州라 한다. 이 연운16주 북쪽에 연산燕山산맥이 있고, 이는 예로부터 북방 초원과 남방 화북평원을 나누는 자연의 경계선이었다. 이 지역을 거란이 확보하고 있었다는 것은 마음만 먹으면 유목 기마군단이 화북평원을 질주할 수 있었다는 것을 의미했다.

　한족漢族 무장 출신인 태조 조광윤趙匡胤이 송宋 왕조를 세우고, 그의 아우인 태종 조광의趙匡義가 중국을 다시 통일했다고는 하지만, 여전히 연운16주 지역은 거란에게 점령되어 있었다. 3대 진종이 이를 탈환하려다가 또 실패하여 결국은 '전연澶淵의 맹약'을 맺고 매년 세폐歲

幣를 국경까지 가지고 가서 바치는 대가로 평화를 얻는 데 그치고 있었으므로, 송조도 사실상 북쪽 유목왕조인 거란의 위세에 눌려 있었다. 이는 서하西夏와의 관계에서도 마찬가지로, 송조는 세폐를 주어 달래는 정책을 취했다. 그러다가 8대 휘종이 다시 동북쪽의 여진족과 연합, 거란을 협공하여 연운16주를 되찾으려다가 또다시 실패하여, 이번에는 여진의 금金나라에게 화북 지방을 송두리째 빼앗기는 수모를 당하기도 하였다. 그 뒤에는 몽골의 침입을 받아 송나라 자체가 아예 사라져버렸다. 이후 중국의 모든 지역은 몽골 원조元朝의 직접 지배를 받다가, 명조明朝의 성립과 함께 한족 정권이 가까스로 중원을 다시 회복하게 되었다.

이처럼 스스로 수준 높은 문화국이라 자랑하던 송나라도 정치적으로는 부정적인 이미지가 매우 강하다. 이처럼 이 시대 중국은 유목민족의 지배로 인해 정치적으로 어두운 측면이 많은 것도 사실이지만, 사회나 경제적으로는 매우 역동적으로 발전하고 있었다. 일부 연구자들은 이 시대의 중국을 '근세'라고 평가하든지, '당송혁명기唐宋革命期', 또는 '중세혁명기', 나아가 '중세 상업혁명기'라고 표현하며, 문화나 사회경제적으로 많은 변화와 발전을 이룬 시기라 평가하고 있다. 특히 지역적으로는 장강長江 이남에 있는 남중국의 변화가 두드러졌다. 이러한 성장 추세는 송·원대에 걸쳐 더욱 확산되어 인구를 비롯해 모든 방면에서 북중국을 압도하게 되었다. 그와 함께 내부적으로 서민문화의 발전과 더불어 농업혁명, 화폐와 신용의 혁명, 운송의 혁명, 시장 조직과 도시화 혁명 등이 일어났으며 질적 양적 성장도 동시에 이루어지고 있었다고 해석하고 있다. 이러한 상업혁명의 연장선에서 해외 무역도 활성화하였다. 송대에는 해상무역을 관할하던 시박사市舶司란 관청이 모두 4개가 있었다. 이 가운데 3개가 남중국에 있었던 것도 이 지역의 성장에 보탬이 되었다.

관찰의 대상을 상업이라는 민간 부문에 둘 경우, 이 시대에는 동서 두 세계 사이에 상인들에 의한 해상무역이 활발히 전개되고 있었다. 잘 알려진 것처럼 신라 말기 장보고의 활동이라는 것도 이 같은 세계적인 움직임과 함께 연동하여 나타난 것이다. 또 송조 중국에서는 해상무역도 그 이전 시기에 비해 큰 발전을 이루고 있었다. 이 같은 측면에서 본다면 고려시대도 그 같은 움직임이 있었다고 보는 편이 자연스러울 것이다. 나아가 원대에 이르러서는 몽골제국의 성립과 더불어 기존에 여러 나라로 나뉘어 있던 국경들이 모두 사라졌다. 이로 인해 각 나라 사이의 육로무역의 환경도 훨씬 단순해졌다. 해상무역은 계절풍에 의지해야 하나, 육상무역은 그 같은 제약이 없다. 사계절 상시적으로 이동하는 상인의 수와 상품 물량 전체로 따진다면 육상무역도 결코 무시할 수 없을 것이다. 고려는 바로 이 같이 크게 변화하는 국제적 환경 속에 자리를 잡고 있었다.

그동안 외국도 그러했지만 국내에서도 많은 연구자들이 고려시대 무역을 규명하기 위해 노력해왔다. 해상교역이나 육로무역에 대해서는 이미 연구가 상당히 이루어져 있다. 그런데 구체적인 부분에 들어가면 이야기가 조금 달라진다. 예컨대 고려상인들은 언제 출발하여 언제 되돌아왔을까? 고려상인들은 어떤 배를 타고 갔으며 그 항해기간은 어떠했을까? 고려상인들이 이용했던 남중국 항구는 구체적으로 어디였을까? 그리고 고려상인들은 누구로부터 남중국의 시장 정보를 얻고 있었을까? 해상무역에 참여했던 고려상인의 자본은 어떠했을까? 고려상인들이 가지고 갔던 상품은 이 시대 다른 권역의 나라들

8

과 비교해서 어떤 성격을 가지고 있었을까? 또 육상무역에서는 실제로 어떤 일들이 벌어지고 있었는가? 왜 명조 중국에 이르러 조공무역 체제가 등장하여 사무역이 쇠락했을까? 고려나 조선은 왜 그것을 수긍하고 거기에 동참하게 되었을까? 이처럼 보다 근본적인 부분에 대해 의문을 가지고 다시 들여다보면 여전히 풀어야 할 문제들이 한둘이 아니라는 것을 깨닫게 된다.

지금까지 고려시대 대외무역은 대부분 한국사 전공자들이 다루어왔다. 그런데 대표적인 고려시대 사료인 《고려사》에는 겉으로는 송상宋商이나 송도강宋都綱에 관한 기록만 남아 있을 뿐, 고려해상들의 무역 활동을 직접 보여주는 사례는 아예 없다. 오히려 이에 관한 기록은 대부분 중국 쪽에 있다. 그리고 그것도 송·원대 중국의 관찬官撰 사서에 한하지 않고, 문집이나 필기 소설 자료뿐만이 아니라 지방지地方志까지 구석구석 들추어야 겨우 발견할 수 있는 정도이다. 나아가 해상 무역과 관련한 특정한 명칭의 경우, 이 시대 중국 사료에 관한 지식 없이는 접근하기 어려운 부분도 있다. 이는 육로무역도 마찬가지로, 이 시대 중국 경제사에 대한 이해 없이는 자칫 오류를 범할 가능성도 있다. 요즘에 와서 일국사一國史를 넘어서 큰 덩어리의 한 지역을 연구하자는 주장이 나오고 있으나 그것이 쉽지 않은 것은 이런 이유 때문이다.

이런 배경에서 이 시대 중국사 전공자인 필자가 감히 이 문제에 대해 도전해보게 되었다. 이 시대 동아시아 사료는 대부분 문인 관료가 기록한 것이다. 중국의 음양사상陰陽思想에서는 정치는 양陽이요, 상업은 음陰으로 인식하고 있었다. 사료를 남긴 문인 관료들은 '양'에 해당하는 정치에 주로 관심을 보인 반면에 '음'에 해당하는 상업에 대해서는 그다지 눈길을 주지 않았다. 또한 유교사상에서는 사농공상士農工商이라 하여 상인에 대해서는 천시를 하고 있었다. 나아가 화이사상華夷思想에 물든 중국의 문인들은 외국 상인에 대해서도 그다지 관심을 두지 않았다. 이런 까닭으로 현재 남아 있는 방대한 동아시아 사료 속에서 무역이나 고려상인의 활동과 관련하는 기록을 찾아내기란 쉽지 않은 작업이다. 역사 논문 쓰기는 논리의 전개도 중요하지만 그보다는 먼저 사료로써 얼마만큼 특정한 사실을 증명하느냐에 비중이 놓여 있다. 결국 다른 역사 분야도 마찬가지이겠지만, 특히 상업사 영역의 하나인 무역사 연구는 사료와의 긴 시간 싸움이 대부분이라 해도 과언이 아니다. 물론 한자漢字로 이루어진 지루한 역사문헌 탐독 속에서 고려상인과 관련된 광맥을 캤을 때의 기쁨은 이루 다 말할 수 없다.

이 책은 크게 3부로 나누어 작성하였다. 이는 필자가 지금까지 약 10년에 걸쳐 발표한 논문들을 기반으로 하였다.[1] 물론 그것을 그대로 모은 것이 아니라 기존의 발표 논문에서 오류를 수정하거나 번잡한 부분을 빼기도 하고, 나아가 새로이 습득한 사료나 자료를 추가한 것이다. 따라서 이 글이 필자로서는 최종본에 해당하는 셈이다. 그래서 한편으로는 책임감과 더불어 두려운 마음도 느끼고 있다.

먼저 1부에서는 가장 기초적인 문제부터 접근하고자 하였다. 그 첫 번째 주제는 무역풍이라고도 불리는 계절풍에 관해서이다. 이 당시 해상무역은 계절풍의 도움으로 이루어지고 있었다. 이것 없이는 해상무역 자체가 근본적으로 불가능하였다. 그러므로 당시 해상들로서는 이에 대해 아주 민감하였을 것이다. 그러나 근대 이후 인간이 발명한 동력선에 익숙한 탓인지 종래의 연구에서는 이 자연의 힘을 그다지 중시하지 않은 채 너무나 간단히 다루고 있다는 느낌을 준다. 한편 국내 연구의 경우도 이와 마찬가지로 송나라 상인들이 여름철 남풍을 타고 고려에 왔으니까, 겨울철 북풍을 이용해 되돌아가지 않았을까 막연히 생각해왔다. 그리고 이러한 추정은 지금까지도 거의 정설처럼 굳어져 내려오고 있다. 하지만《고려사》에는 고려사절이 남중국을 왕래했던 기록이 꽤 많이 남아 있는데, 실은 이를 무심코 간과한 것이었다. 여기서는 맨 먼저 고려사절의 기록을 토대로 당시의 계절풍에 대해 살펴보기로 하겠다.

두 번째 주제는 선박이다. 송대에는 용적이 크고 항해속도가 빠른 첨저선尖底船(바닥이 뾰족한 배)이 출현하였다. 이는 근대에 들어와 철제 동력선이 등장하기까지 장기간 아시아 해상무역에서 활동하였을 정도로 성능이 뛰어난 배였다. 이로 인해 송대 이후 해상무역에서는 종래와 달리 수많은 상인과 많은 양의 상품이 바다를 통해서 이동하였다. 바로 이 선박의 출현이 기존 해상무역의 형태를 완전히 바꾸어놓았던 것이다. 한편으로 고려선박에 대해서는 팔이 안으로 굽는다고 그동안 그 우수성만 강조되었을 뿐, 객관적인 평가가 제대로 이루어져 있지 않다. 송대 중국 사료에서는 고려사절이 자기네 첨저선을 타고 남중국을 왕래하고 있다고 적고 있다. 이 사실은 고려선박이 해역海域의 환경에 따라서는 어떤 한계를 지니고 있었음을 보여준다. 고려선박에 대한 설명 없이 고려시대 해상무역사를 논한다는 것 자체가 어불성설일 것이므로, 이에 대해 냉정히 접근해볼 필요도 있다. 또 고려선박에 대한 평가가 정확히 이루어지지 않는 한, 이 시대 해상 왕래의 모습을 있는 그대로 설명할 수도 없다.

세 번째 주제는 이 당시 여러 나라에서 해상들의 국적을 어떻게 판별하고 있었나 하는 것이다.《송사宋史》외국 열전에는 고려를 비롯해 약 30개 나라에 대해 기록하고 있다. 이 시대 중국 사료에는 수십 개 나라의 많은 상인이 남중국을 찾아왔다고 적고 있다. 또 《고려사》에도 송나라 상인뿐만 아니라 아랍인이나 일본인들이 찾아왔다고 기록하고 있다. 육지의 경우라면 대략이나마 그 사람이 어디에서 왔는지를 짐작이라도 할 수 있지만, 배를 타고 바다를 오갈 경우 흔적이 없어 그조차도 불가능하다. 그렇기 때문에 이를 판별하는 그 어떤 근거가 분명히 있었을 터이다. 그렇지만 이에 대해서도 이렇다할 연구가 없는 실정이다. 여기서는 이 문제와 더불어 그 당시 입국수속에 대해서도 살펴보고자 한다. 또한 이 시대 고려는 고립된 나라가 아니라 초보적이지만 이미 국제화의 단계에 접어들어 귀화인 상인도 출현하고 있었다. 그에 따라 이 문제는 이들의 국적 해명에도 도움이 될 것으로 판단된다.

2부에서는 본격적으로 해상 왕래에 대해 다루었다. 그 첫 번째 주제는 고려해상의 활동이다. 국내에서 고려시대 해상무역에 관한 연구는 1950년대 후반과 1960년대부터 본격적으로 시작되었다. 그런데 이 시기는 한국전쟁의 여파로 국내의 연구기반이 매우 열악했다. 또한 중국 사료에 대한 접근도 오늘과는 비교할 수 없을 정도로 곤란했다. 그 때문에 국내에서는 《고려사》를 중심으로 논의가 시작되었고, 그러다 보니 자연히 기록이 많은 송나라 상인을 위주로 하여 이 시대 무역사를 설명하게 되었다. 그 뒤 중국 사료에 등장하는 고려해상에 관한 기록이 조금씩 알려지면서 분위기는 조금 나아졌지만, 아쉽게도 지금까지 제시된 사료만으로는 그 활동을 일관되게 설명할 수 없는 한계를 지니고 있다. 그로 인해 여전히 송상 주도설이 하나의 관행처럼 남아 혼란을 주고 있다. 무역이란 쌍방의 합의에 의해서 이루어지는 것이다. 이 글에서는 먼저 고려와 중국 사이의 외교적 합의에 관한 문제부터 다루어보겠다. 나아가 이를 토대로 이 시대 중국 사료에 남아 있는 고려해상에 관한 기록들을 최대한 많이 모아서, 그들이 활동하던 모습을 있는 그대로 복원해보고자 한다.

두 번째 주제는 송도강宋都綱에 관련된 것이다. 《고려사》에는 송도강 탁영卓榮과 서덕영徐德榮이란 인물이 등장하고 있다. 그 가운데 특히 서덕영은 고려에 여러 차례 찾아왔던 사람으로 기록되어 있다. 그런데 당시 중국 쪽 사료를 보면 탁영이나 서덕영이 고려를 대신하여 송나라와 외교교섭을 하고 있는데, 이때 중국 쪽에서는 그들을 고려인 해상이라 기록하고 있다. 이 사실은 고려해상이라고 하면 응당 고려사람이었을 것으로 생각하는 오늘날 우리들의 일반적인 상식을 뒤엎는 것이다. 최근 일본의 연구에서는 이런 문제를 집중적으로 부각시키고 있다. 당시 송나라 관청에서 탁영이나 서덕영을 고려해상이라 보았을 때에는 그 어떤 이유가 있었을 것이다. 여기서는 탁영이나 서덕영이 몰고 갔던 배를 왜 고려선이라 받아들이지 않으면 안 되는지를 검토하겠다. 그 방법으로 이 당시 송조 중국의 법령을 근거로 이 문제를 밝혀보도록 하겠다. 물론 1부에서 다룬 국적 판별의 근거도 이에 한몫을 할 것이다.

그렇다면 이들은 결국 귀화인이 되는 셈인데, 이제는 고려가 왜 그들을 받아주었느냐 하는 쪽으로 관심이 쏠릴 것이다. 그 이유는 그들이 기존의 고려해상들이 가지지 못한 그 어떤 장점을 지니고 있었다는 말로 풀이될 수 있을 것이다. 바로 이 점을 설명할 수 있는 열쇠가 다름 아닌 탁영과 서덕영이 도강이었다는 사실이다. 이런 배경에서 세 번째 주제에서는 이 '도강'의 성격을 해명하고자 하였다. 이를 통해 그들이 고려를 위해서 긍정적인 활동을 하고 있었다는 사실을 다루어 보도록 하겠다. 또 고려상인은 이들 도강을 이용하여 해상무역을 하고 있었다는 점도 밝혀보도록 하겠다. 한편으로 같은 시기 일본에는 후세에 이르러 '하카타博多(현재 후쿠오카) 강수綱首'라 이름이 붙여진 송인 해상들이 살고 있었다. 그들은 그곳에서 일본여인과 결혼하여 장기간 거주하며 남중국을 왕래하고 있었다고 한다. 문제는 일본 쪽 사료에서도 이들을 송나라 사람이라 기록하고 있는 반면에, 중국 쪽 사료에서는 이들을 일본상인, 또는 이들의 배를 일본선이라 기록하고 있다는 점이다. 이 시대 공빙제도의 존재나 탁영이나 서덕영의 사례는 이들의 정체나 일본의 무역 방식을 이해하는 데에도 도움을 줄 것이다.

3부에서는 그 첫 번째 주제로 이 시대 고려와 남중국 사이의 무역품에 대해 다루어보았다. 예나 지금이나 마찬가지이지만 무역이란 서로가 경쟁력이 있는 상품을 교환하는 행위이다. 그렇기 때문에 이 부분이 이 글의 핵심이라 할 수 있다. 이 경우는 그동안 많이 다루어졌기 때문에 몇몇 새로운 고려상품을 추가한다고 해서 큰 의미가 없으리라 본다. 따라서 이 주제만큼은 발상의 전환이 필요하리라 여겨진다. 여기서는 그에 대한 하나의 방법론으로 남중국과 동남아시아 사이의 교역품, 고려와 남중국 사이의 교역품을 서로 비교하고, 나아가 인도나 유럽처럼 다른 지역들의 경우도 참고하도록 하겠다. 이를 통해 이 당시 교역상품의 공통적인 특징을 살핌으로써, 이 시대 해상무역이 어떤 수요층을 대상으로 하여 이루어지고 있었나를 살피도록 하겠다. 그에 따라 고려가 폭넓은 사람을 대상으로 다양한 상품을 의도적으로 생산하여 남중국 시장에 대량으로 공급하고 있었으며 그곳이 고려의 또 다른 시장이었음을 밝혀보겠다. 그동안 상업이나 상인이라고 하면 으레 중국을 떠올렸는데 이로써 한국도 그에 못지않은 상업적 전통이 있었음을 확인해보고자 한다.

두 번째 주제로 고려와 원대 중국 사이의 은銀 무역에 대해서 살펴보았다. 남송대 고려상인은 남중국에 은을 판매하고 있었다. 그리고 같은 시대 이슬람 쪽 사람의 기록물에는 고려에 은도銀島가 있다고 한다. 이는 고려에 은이 풍부하게 산출되는 지방이 있었다는 것을 의미한다. 이런 이유로 남송대의 연장선에서 원대 고려와 중국 사이의 육로를 통한 은 무역에 대해 살펴보기로 하겠다. 원대元代 중국의 은이 서방 출신의 오르톡Ortoq 상인들에 의해 서아시아 쪽으로 유출되었던 사실은 잘 알려져 있다. 그런데 이에 한하지 않고 바다를 통해서도 중국의 은이 유출되었다. 이런 배경에서 고려를 다루기에 앞서 먼저 중국 쪽에서 은이 해상무역을 통해서 어떻게 해외로 흘러나갔나를 분석하고 그 결과가 어떠했는가를 정리하겠다. 나아가 그 연장선에서 고려도 육로를 통한 은 무역이 활발하였고 이것이 동아시아 은 무역의 흐름에 영향을 끼쳤음을 다루어보겠다. 한편으로 이로 인해 고려 국내에서 사치풍조도 일어났으며 그것이 과도하게 유출되어 은 가격의 급등을 불러오기도 했고 그 결과 은병을 기초로 하는 고려의 화폐제도까지 붕괴하였다. 여기서는 이러한 과정을 다룰 것이다. 이와 함께 명조 조공무역 체제 성립의 배경과 고려의 대응에 대해서도 필자의 의견을 밝혀보겠다.

명대 중국은 조공무역 정책을 실시했다. 이와 함께 해금령海禁令을 내려 중국상인의 해외도항을 모두 금지하였다. 이 영향으로 인해 고려나 조선도 더 이상 중국과 해상무역을 할 수 없게 되었다. 한편으로 이 같은 명조 중앙정부의 정책에 불만을 품은 중국의 동남 연해안 상인들은 밀무역을 하였다. 《조선왕조실록》에서는 황당선荒唐船이 왔다고 기록하고 있는데 이는 그들을 말하는 것이다. 특히 왕직王直과 같은 남중국 상인은 일본과 동남아시아를 상대로 해상무역을 하여 거부를 쌓기도 하였다. 그는 또 밀무역 상인들을 규합하여 육상의 공권력에 공공연히 대항하기도 했다. 이때 일본상인도 그들과 함께 무역을 하였다. 이런 까닭에 명조는 처음에 이들을 왜구倭寇라 인식하였는데 이것이 이른바 후기 왜구의 실체이다. 마침내 1567년 명조 중국은 이들에 굴복하여 복건福建의 장주漳州 월항月港에 한정하여 사무역을 허용했지만 그 결과 명조 조공무역 체제는 사실상 허울에 지나지 않게 되어버렸다. 이는 송·원대 동안 장기간에 걸쳐 사무역의 이익을 맛본 상인 집단의 조직적인 반발의 결과였던 것이다.

이 글은 이 같은 사무역의 시대, 곧 중국의 송대 초기부터 시작하여 원대 말기까지의 고려시대를 그 범위로 하였다. 그리고 관찰의 대상을 해로海路와 육로陸路 두 부분에 두었다. 그리고 이 두 길을 통해 오갔던 상인들의 활동을 복원함으로써 고려의 경우도 어두운 측면만이 있었던 것이 아니라, 나름 경제적으로 밝은 모습이 내재하고 있었음을 밝히는 것이 이 글의 목표이다.

2019년 7월 김영제

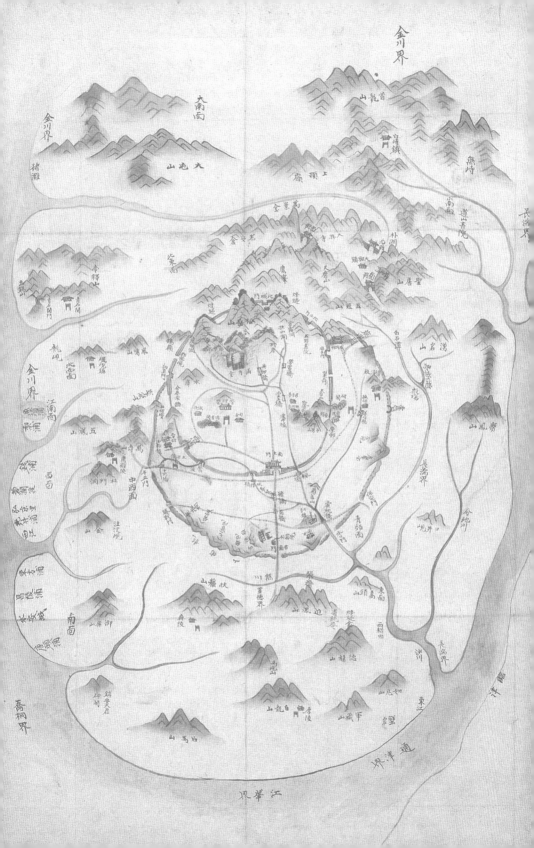

1

해상海上무역사 복원의 기초적 문제

2

해상海商 왕래의 실태

3

고려의
무역품과
은 무역

고려와 남중국 사이의 무역품

원조 중국의 은銀 무역과 고려은의 유출

1.

해상海上 무역사 복원의
기초적 문제

동아시아의 계절풍
송대 사료에 나타나는 범선의 계절풍 이용 기록
《고려사》에 나타나는 범선의 입출항 기록
고려와 남중국 사이의 계절풍

송·원대 동아시아의 선박
송·원대 중국의 선박
송·원대 고려와 일본의 선박
고려선과 중국 첨저선의 항해시간

송·원대 각국 상인에 대한 국적 판별의 근거
송상의 경우
외국 해상의 경우
공빙제도의 문제점

동아시아의 계절풍

•• 송대 중국에는 '주번住蕃' 또는 '주당住唐'이라는 용어가 있었는데,[1] 이는 해상이 계절풍을 기다리기 위해 해외 또는 중국의 항구에서 겨울을 나며 해를 넘기는 것을 말한다. 이처럼 근대에 들어와 동력선이 출현하기 이전에 범선들은 계절풍을 이용하여 해상무역을 했다. 이런 점에서 해상무역사에 있어서 계절풍은 가장 기초적인 문제라 할 수 있을 것이다. 그런데《고려사》에는 같은 시대 그 어느 사료에 비해서도 이에 대해 아주 상세한 기록을 남기고 있다. 이 글에서는 이《고려사》의 기록을 토대로 최대한 관련 데이터를 모은 뒤, 그 밖의 다른 사료들도 참고하여 이 문제를 풀어보도록 하겠다.

송대 사료에 나타나는 범선의 계절풍 이용 기록

당시 범선의 계절풍 이용에 대해, 남송대 절강 온주溫州 사람이었던 주거비周去非는 순희5년(1178)에 편찬된 자신의 책에서 다음과 같이 말하고 있다.

매년 10월에, 제거사提擧司(제거시박사提擧市舶司·해상무역을 전문으로 관할하는 관청)가 크게 연회를 베풀어 외국 상인들을 파견하면, 그들은 하지 이후에 중국에 오게 되며, 제거사는 징세를 하고는 그들을 보호한다. 여러 외국 가운데 보화가 많기로는 대식국大食國 만한 곳이 없으며, 그 다음이 사파국闍婆國, 그다음이 삼불제국三佛齊國, 그다음이 나머지 여러 나라들이다.…… 여러 외국선이 중국에 올 경우, 1년에 한 번 왕복할 수 있으나, 대식만큼은 반드시 2년이 걸린다.[2]

여기서 주거비는 외국 해상들이 여름철 하지 무렵의 남풍을 이용해 중국에 오고, 겨울철 10월의 북풍을 이용해 자기들 나라로 되돌아가고 있음을 말하고 있다. 물론 여기서 말하는 10월은 음력이다.

그리고 남송대에 천주시박사泉州市舶使(천주의 시박 장관)를 지냈던 조여괄趙汝适은 보경원년(1225)에 저술한 자신의 책에서 사파국闍婆國(Indonesia Java)에 가는 경우, 겨울철에 선박이 출항하여 북풍에 의지해 순풍이면 밤낮으로 달려 한 달가량이면 도착할 수 있다고 했다.[3] 그리고 삼불제국(Srivijaya, Indonesia Sumatra) 역시 겨울철 순풍이면 한 달가량 걸려 도착하며,[4] 대식국(Arabia)의 경우는 배로 곧바로 도달하기 어려운데 천주를 떠나 40일가량에 람리藍里(람무리藍無里라고도 함·Sumatra 북서부)[5]에 도착하여, 거기서 교역하면서 겨울을 나고서, 이듬해 다시 출발하는데 순풍을 타서 60일가량이면 그 나라에 도착한다고 한다.[6]

또 남송대의 사람인 조언위趙彦衛는 개희2년(1206)에 작성된 그의 책 서문에서, 복건시박사福建市舶司(복건의 시박 관청)에 찾아오는 외국선 가운데, 대식, 삼불제, 진랍眞臘(Cambodia), 사파, 점성占城(Champa·베트남 남부), 파사波斯(Persia) 등에서 오는 선박은 남풍을 기다려 돌아오나, 고려만은 유독 북풍을 기다려 비로소 돌아온다고 했다.[7] 그러므로 지금까지 인용한 사료의 내용대로 한다면, 앞의 나라들은 여름의 하지 때에 남풍을 이용해 남중국으로 찾아오는 반면에, 고려는 겨울의 북풍을 이용해 남중국에 찾아왔다고 할 수 있다.

그런데 남송 건도3년(1167)에 강선姜詵이란 사람은, "매년 여름철에 고려와 일본의 외국 선박이 명주시박무明州市舶務(명주의 시박 관청)를 찾아온다"고 증언하고 있다.[8] 여기서 '여름철'이란 말에 주목할 필요가 있다. 위에서 인용한 사료에 따른다면, 이들 고려에서 남중국으로 찾아오는 선박은 응당 '겨울철'의 북풍을 이용해 왔어야만 될 것이다. 그러나 이 강선이란 사람은 그와 달리 '여름철'에 남중국 명주로 찾아오고 있었다고 한다. 이처럼 범선의 계절풍 이용에 관한 중국 쪽 사료의 기록도 자세히 들여다보면 서로 모순을 보이고 있다. 그래서 이 문제에 대해서는 다시 면밀히 분석할 필요가 있다.

《고려사》에 나타나는 범선의 입출항 기록

《고려사》를 보면 송상이 언제 고려에 내항해왔다는 것을 아주 정확하게 기록하고 있다. 그러나 반대로 송상이 언제 고려에서 송으로 출항했는가에 대해서는 기록이 그다지 많지 않다. 그렇지만 《고려사》의 기록을 살펴보면, 고려에서 송으로 외교사절을 파견한 날짜는 물론이고, 그 사절이 고려에 다시 되돌아온 날짜까지도 상세히 기록하고 있다.

당시 고려의 정사正使와 부사副使는 고위 관료이기 때문에, 선장으로서는 이들의 안전을 최우선시하고 있었다고 여겨지며, 그에 따라

정석대로 계절풍을 이용하고 있었을 것으로 짐작할 수 있다. 그렇기 때문에 이들 외교사절의 출입항 시기에 관한 기록은 일반 해상의 계절풍 이용을 엿보는 데에도 참고가 될 것이다. 이 점에서 《고려사》는 그 밖의 동아시아 국가에 남아 있는 다른 사료들에 비해, 당시 범선들이 어떤 계절풍을 이용하고 있었는가를 살피는 데 최적의 사료라 해도 과언이 아니다.

북송 초기의 경우, 송과 고려 두 나라 외교사절은 산동반도에 있는 등주항登州港(현재 봉래시蓬萊市)과 개성 부근에 있는 예성항禮成港 사이를 오가는 황해 횡단 항로를 이용하고 있었다. 그러다가 여러 차례 거란의 침입을 받고 고려는 송에 군사 도움을 요청했지만, 이를 거부당하면서 현종顯宗 때에 이르러 마침내 관계를 단절했다.[9] 그 뒤 고려는 문종文宗 대에 이르러 송 신종과 다시 수교했다. 이때부터 양측 외교사절은 대부분 동중국해를 비스듬히 횡단하여 예성항과 남중국 명주(현재의 영파寧波)를 오가는 항로를 이용했다. 참고로 이 명주는 남송대 소희5년(1194)에 경원부慶元府로 승격되었다. 그에 따라 중국 쪽 사료에서는 이 해를 기준으로 그 이전은 명주, 이후는 경원부로 적고 있다.

이 항로는 북송 말 선화5년(1123) 고려에 사절로 왔던 서긍徐兢이 편찬한 《고려도경高麗圖經》에 잘 나타나 있는 것처럼, 명주항에서 동중국해를 비스듬히 횡단하여 한반도 서남해에 도착한 뒤에 거기서 다시 북상하여 예성항으로 가는 길이었다. 그리고 서긍은 이 바다에 있는 협계산夾界山으로 송과 고려는 경계를 삼는다고 적고 있다.[10] 그런데 다른 사료에서는 명주 창국현昌國縣 동쪽에 있는 석마산石馬山으로 경계를 삼는다고 한다.[11] 이처럼 이 항로에는 두 나라의 경계가 있었다고 하므로, 종래부터 선박들이 자주 왕래하며 드나들고 있었음을 엿

흑산항

고려사절이나 상인들은 이 흑산항을 거쳐 남중국으로 가고 있었다. 서긍에 따르면 고려에서 큰 죄를
지은 사람은 이곳으로 유배를 온다고 하며, 중국 사신의 배가 오면 여기서부터 봉화를 밝혀 개경의
왕성까지 알린다고 한다. 서긍은 또 예전에는 중국 사신들도 이곳에서 묵었으나 자신이 탔던 배는
이 흑산항을 지나쳐 갔다고 기록하고 있다(출처:《高麗圖經》권35, 흑산黑山).

•• 상라산성上羅山城에서 보이는 흑산항

••• 강화도에서 바라본 예성강 입구

볼 수 있다.

이 글에서는 동중국해를 횡단하는 항로를 중심으로, 당시 범선들이 계절풍을 어떻게 이용했는지에 대해 살펴보도록 하겠다. 《고려사》세가에는 송상이 고려에 왔던 날짜가 기록되어 있고, 이들 가운데는 남중국 출신이 많았다. 이들이 입항한 계절에 대해서는 이미 박옥걸의 상세한 분석이 있다.[12] 그래서 남중국에서 고려로 온 경우는 그것을 그대로 옮겨보기로 한다.

〈표 1〉을 보면 8월이 40건으로 가장 많고, 다음이 7월 23건, 그리고 6월과 9월이 각각 13건이며, 11월 9건, 2월에 8건도 있다. 즉 7월과 8월의 빈도가 가장 높다.

다음은 필자가 《고려사》세가에서 고려사절이 남중국 명주에서 고려로 되돌아왔던 기록만을 따로 모은 것이다.

〈명주→개경〉

• 문종34년(1080) 추7월 계해: 류홍柳洪 등이 송에서 돌아왔다.

• 선종8년(1091) 6월 병오: 이자의李資義 등이 송에서 돌아왔다.

• 숙종4년(1099) 6월 계미: 윤관尹瓘 등이 송에서 돌아왔다.

• 숙종6년(1101) 5월 갑신: 임의任懿 등이 송에서 돌아왔다.

• 숙종6년(1101) 6월 병신: 왕하王嘏 등이 송에서 돌아왔다.

• 예종4년(1109) 6월 무인: 김상우金商祐 등이 송에서 돌아왔다.

• 예종9년(1114) 6월 갑진: 안직숭安稷崇 등이 송에서 돌아왔다.

• 예종11년(1116) 6월 을축: 왕자지王字之 등이 송에서 돌아왔다.

- 예종12년(1117) 5월 정사: 이자량李資諒이 송에서 돌아왔다.
- 인종5년(1127) 5월 계묘: 김부식金富軾 등이 송에서 돌아왔다.
- 인종6년(1128) 12월 갑인: 윤언이尹彦頤가 송에서 돌아왔다.
- 인종10년(1132) 5월 계미: 최유청崔惟淸 등이 송에서 돌아왔다.
- 인종15년(1137) 4월 계묘: 김치규金稚規 등이 송에서 돌아왔다.

〈표 1〉에서 보았듯이, 송상의 경우는 7월과 8월에 고려에 왔던 경우가 많았다. 그러나 〈표 2〉에서 보듯이 고려 외교사절의 경우는 5월과 6월에 고려로 돌아온 사례가 가장 많았다.

한편 해상들의 계절풍 이용을 보다 명확히 설명하기 위해서는, 고려 예성항에서 남중국으로 출발하는 경우도 살필 필요가 있다.《고려사》를 보면 송상이 고려를 출항한 기록은 그리 많지 않지만 몇 가지 사례는 찾아볼 수 있다. 예컨대 문종13년(1059) 8월에, 송 천주상인 황문경黃文景과 소종명蕭宗明, 의인醫人 강조동江朝東 등이 장차 송으로 돌

〈표 1〉 송상이 고려에 도착한 날짜

월	1	2	3	4	5	6	7	8	9	10	11	12
남중국→개경	0	8	5	5	5	13	23	40	13	11	9	1

〈표 2〉 고려사절이 고려에 도착한 날짜

월	1	2	3	4	5	6	7	8	9	10	11	12
명주→개경	0	0	0	1	4	6	1	0	0	0	0	1

아가려고 하자, 이들 가운데 일부를 고려에 남게 했다는 기록이 있는
가 하면, 희종원년(1205) 8월에 송 상선이 예성항을 출발하려고 할 때
감찰어사가 허가 없이 함부로 물건을 가지고 나가는 것을 적발했다는
기록이 있다. 이처럼 송상에 관한 사례는 매우 제한되어 있다. 그렇지
만 앞서 말했듯이 고려에서 남중국으로 고려사절을 파견한 기록은 많
고, 게다가 송나라 사절이 돌아간 기록도 종종 있다. 그래서 이들 사
료를 모두 포함하여 표를 작성해보기로 한다.

〈개경→명주〉

- 문종13년(1059) 8월 무진: 송 천주상인 황문경黃文景 등이 돌아가려 했다.
- 문종27년(1073) 8월 정해: 태복경太僕卿 김양감金良鑑 등을 송에 보냈다.
- 문종30년(1076) 8월 정해: 공부시랑工部侍郎 최사량崔思諒을 송에 보냈다.
- 문종32년(1078) 7월 을미: 송 정사正使 안도安燾 등이 돌아갔다.
- 문종34년(1080) 3월 임신: 호부상서戶部尙書 류홍 등을 송에 보냈다.
- 문종35년(1081) 4월 경진: 예부상서禮部尙書 최사제崔思齊 등을 송에 보냈다.
- 선종2년(1085) 8월 신미: 호부상서 김상기金上琦 등을 송에 보냈다.
- 선종7년(1090) 7월 계미: 호부상서 이자의 등을 송에 보냈다.
- 선종10년(1093) 7월 임진: 병부상서兵部尙書 황종각黃宗慤 등을 송에 보냈다.
- 숙종5년(1100) 6월, 을축: 상서尙書 임의任懿 등을 송에 보내 조문했다.
- 숙종5년(1100) 7월, 정축: 상서 왕하 등을 송에 보내 등극을 축하했다.
- 숙종8년(1103) 7월 신묘: 송국신사宋國信使 유규劉逵 등이 돌아갔다.
- 숙종9년(1104) 7월 신묘: 추밀원사樞密院使 최홍사崔弘嗣 등을 송에 보냈다.
- 예종3년(1108) 7월 을해: 형부상서刑部尙書 김상우 등을 송에 보냈다.

- 예종5년(1110) 7월 무술: 송 정사 왕양王襄 등이 돌아갔다.

- 예종6년(1111) 7월 임오: 추밀원부사樞密院副使 김연金緣 등을 송에 보냈다.

- 예종8년(1113) 9월 을유: 서두공봉관西頭供奉官 안직숭을 송에 보냈다.

- 예종9년(1114) 6월 정미: 추밀원지주사樞密院知奏事 왕자지를 송에 보냈다.

- 예종10년(1115) 7월 무자: 이부상서吏部尚書 왕자지 등을 송에 보냈다.

- 예종11년(1116) 7월 기유: 이자량 등을 송에 보냈다.

- 예종13년(1118) 8월 무오: 정극영鄭克永 등을 송에 보냈다.

- 인종원년(1123) 7월 신유: 송 정사 로윤적路允迪 등이 돌아갔다.

- 인종2년(1124) 7월 무자: 추밀원부사樞密院副使 이자덕李資德 등을 송에 보냈다.

- 인종6년(1128) 8월 갑술: 예부시랑禮部侍郎 윤언이를 송에 보냈다.

- 인종10년(1132) 2월 신사: 예부원외랑禮部員外郎 최유청 등을 송에 보냈다.

- 인종11년(1133) 2월 을사: 한유충韓惟忠 등을 송에 보냈다.

- 인종13년(1135) 9월 을해: 송 정사 오돈례吳敦禮가 돌아갔다.

- 인종13년(1135) 9월 계사: 문승미文承美 등이 첩牒을 가지고 송에 갔다.

- 인종14년(1136) 9월 을해: 김치규 등을 송 명주에 보냈다.

- 의종18년(1164) 3월 임인: 차내전숭반借內殿崇班 조동희趙冬曦 등을 송에 보냈다.

- 희종원년(1205) 8월: 송상이 장차 예성강을 출발하려 했다.

〈표 3〉 예성항을 출발했던 날짜

월	1	2	3	4	5	6	7	8	9	10	11	12
개경→명주	0	2	2	1	0	2	13	7	4	0	0	0

앞의 〈표 3〉을 보면 예성항에서 남중국으로 가는 경우 7월이 가장 많고, 그다음이 8월과 9월 순이다. 그리고 2월과 3월, 6월에도 각각 두 차례가 있으며, 4월에도 한 차례 있다.

당시 사료를 보면 7월을 '추칠월'이라 적고 있어 이때는 가을철이다. 그러므로 7월과 8월은 늦여름에서 가을철에 해당한다. 그래서 사절의 경우는 5월과 6월에 고려에 도착하는 빈도가 높으므로, 종래의 통설대로 여름철 서남 계절풍을 이용했다고 할 수 있다. 그러나 송상의 경우는 7월과 8월에도 오는 경우가 많았으므로, 서남풍을 이용한 것은 맞겠지만, 정확히 '여름철'에 왔다고는 할 수 없고, 가을철에 도착하는 경우도 있었다.

반대로 고려 예성항에서 남중국 명주로 가는 경우, 〈표 3〉에서 보듯이, 7월→8월→9월 순으로 가을철의 빈도가 높고, 2월과 3월 사이의 봄철에도 있었다. 먼저 여기서 확인되는 점은 범선들이 고려에서 '겨울철'에 북풍을 이용해 남중국으로 갔을 것이라는 종래의 통념은 사실무근이라는 것이다. 오히려 '봄'과 '가을'에 고려에서 남중국으로 가는 경우가 많았다. 그리고 또 하나 주목되는 점은 7월과 8월은 송상들이 고려로 오는 시기와 외교사절이 고려를 떠나 송으로 가던 시기와 겹치기도 한다는 것이다. 그래서 이런 모순들도 해명할 필요가 있다.

고려와 남중국 사이의 계절풍

앞서 고려 예성항에서 남중국 명주항으로 출항한 외교사절의 사례들을 소개했다. 〈표 3〉을 보면 4월 한 차례를 제외하고, 나머지는 모두 2

월과 3월에 각각 두 차례씩 출항하고 있다. 나아가 6월의 두 차례를 제외하면, 대부분 7~9월에 고려 예성항을 출항한 것으로 나타나 있다. 이렇게 본다면 대체로 '봄'과 '가을'에 예성항을 출항해 남중국 명주항으로 가고 있었다고 해석할 수 있다. 또 남송대 경원부慶元府(명주)의 지방지에도 송상이 3월에 고려를 떠나 4월에 경원부에 도착했다고 적고 있다.[13] 여기서 송상도 봄철에 고려를 출발하고 있었음을 확인할 수 있다.

그렇다면 왜 고려에서 남중국 명주로 갈 때 2월, 3월과 같은 봄철이나, 7월, 8월, 9월과 같은 가을철에 출항한 빈도가 높았던 것일까? 그 빈도가 높다는 것은 이 시기에도 계절풍이 불었을 가능성을 보여준다. 그런데 명대의 정약증鄭若曾이란 사람은 이른바 후기 왜구와 관련하여 다음과 같은 주목할 만한 사실을 전하고 있다.[14]

대체로 왜선은 항상 청명절淸明節 뒤에 오는데, 이보다 전에는 바람이 일정하지 않아서이며, 절기가 되면 바야흐로 동북풍이 부는 날이 많은 것은 변함이 없다. 5월이 지나면 바람이 남쪽에서 불어, 왜가 다니는 데 불편하다. 중양절重陽節 이후에는 또 동북쪽에서 불어오는 바람이 있고, 10월이 지나서는 서북쪽에서 바람이 불어오므로, 이 역시 왜에게 이롭지 않다. 이 때문에 방춘防春하는 사람은 3월, 4월, 5월에 부는 바람을 대신大汛이라 하고, 9월과 10월에 부는 바람을 소신小汛이라 일컫는다.[15]

이에 따르면, 왜선은 청명절(음력 3월의 절기) 이후나 중양절(음력 9월 9일) 이후 동북풍이 불어올 때 중국에 온다고 한다. 그래서 '방춘'[16]하는 사람은 음력 3월에서 5월 사이에 부는 바람을 '대신', 음력 9~10월 사이에 부는 바람을 '소신'이라 부른다고 한다. 중국에서는 지금도 계절 풍을 신풍汛風이라 부르고 있다.

그런데 이에 대해서는 설명을 추가할 필요가 있다. 위 사료를 보면 5월이 되면 바람이 남쪽에서 분다고 하면서도, 3월에서 5월 사이에 동북풍이 자주 분다고 했다. 음력 5월은 여름철에 접어들기 때문에, 엄격히 말한다면 봄철에 동북풍이 분다고 해야 할 것이다. 또 10월이 되면 서북풍이 분다고 하면서도, 9월과 10월에 동북풍이 분다고 했다. 음력 10월이면 겨울철에 해당하므로, 이 경우에는 가을철에 동북풍이 분다고 해석해야 할 것으로 판단된다. 그래서 이를 정리하면 다음의 표와 같다.

이처럼 위 사료에서는 봄철에 동북풍, 여름철에 남풍(혹은 서남풍), 가을철에 동북풍, 겨울철에 서북풍이 불고 있다는 것을 이야기하고 있다. 그래서 특히 '대신'이라고 하는 봄철에 부는 동북풍을 이용해 왜 구가 일본에서 남중국으로 많이 온다는 것을 기록하고 있는 것이다. 또 남송대 경원부(명주)의 지방지에서도 일본에서 오는 선박은 동북풍 을 이용해 온다고 적고 있다.[17] 그러므로 송대나 명대 할 것 없이 일본 에서 오는 선박은 봄철에 부는 동북의 계절풍을 이용하여 남중국에 왔다가, 그 뒤 여름철의 남풍을 타고 되돌아가고 있었던 것이다.

여기서 봄철과 가을철에 동북풍이 불고 있음을 확인할 수 있다. 물 론 봄철(정월, 2월, 3월) 또는 가을철(7월, 8월, 9월)이라고 하더라도 정확히

〈표 4〉 계절풍의 방향

계절	봄	여름	가을	겨울
계절풍	동북풍	남풍	동북풍	서북풍

이때에만 동북풍이 부는 것이 아니라, 대략 봄철이나 가을철에 불었다는 의미일 것이다. 그렇기 때문에 앞서 〈표 3〉에서 보았던 것처럼, 고려사절들이 예성항에서 남중국 명주항으로 갈 때에도 2월과 3월이 많지만 4월도 있었고, 7월, 8월, 9월이 많지만 6월에 출항을 한 적도 있었던 것이다. 아무튼 《고려사》의 기록을 통해서도 이 계절풍의 존재를 뒷받침할 수 있다고 하겠다.

이 동북풍의 존재는 다음의 사례에서도 거듭 확인할 수 있다. 북송 신종 대에 중국의 불교를 배우기 위해 중국선을 타고 남중국에 갔던 일본승려 성심成尋의 일기를 보면, 1072년 3월 19일에 '동북의 순풍'이 불자 송나라 선박을 타고 우비전국于肥前國 송포군松浦郡(오늘날 규슈 서쪽)을 출발하여, 엿새째인 25일에 소주蘇州 석범산石帆山 앞바다에 이르렀고, 나아가 4월 13일에 항주杭州에 도착했다고 적고 있다.[18] 따라서 이 경우에도 봄철에 부는 동북풍을 이용했고 엿새 만에 동중국해를 횡단했음을 확인할 수 있다. 한편 남송 초에 여진 협공을 제의하러 고려에 왔다가 되돌아간 양응성楊應誠의 경우, 9월에 고려의 해주海州에서 닷새 만에 명주 창국현昌國縣에 도달했다고 한다.[19] 그러므로 이 경우는 가을철에 부는 동북풍을 이용했다고 볼 수 있다.

그렇다면 여름철 '남풍'을 이용하여 남중국에서 고려에 올 경우와, 반대로 고려에서 봄철과 가을철의 '동북풍'을 이용하여 남중국으로 갈 경우, 그 항해시간에 어느 정도 차이가 있었는지를 살펴보도록 하겠다. 서긍에 따르면, 여름철 하지 때에 바람이 좋으면 남중국 명주에서 고려 해안까지 빠르면 닷새가 걸렸다고 한다.[20] 한편 앞서 인용한 양응성의 경우도 가을철에 고려의 해주海州에서 닷새 만에 명주 창국현에 도달했다. 여기서 말하는 '해주'란 고려의 어떤 특정한 지역을 가리키는 것이 아니라, 서남 연해안의 한 지역 정도의 의미로 받아들여진다. 그러므로 빠른 경우는 양쪽 모두 5일가량이면 동중국해를 횡단할 수 있었다.

이를 통해 남풍(서남풍)이나 동북풍, 어느 바람을 이용하건, 그 항해시간에는 거의 차이가 없음을 확인할 수 있다. 다시 말해 남중국에서 여름의 남풍을 이용해 고려에 오는 항해시간이나, 반대로 고려나 일본에서 봄과 가을의 동북풍을 이용해 남중국으로 간 경우나 별반 차이가 없다는 것이다. 그러므로 중국과 고려, 아니면 중국과 일본 사이에 부는 '봄'과 '가을'의 '동북풍'도 하나의 계절풍으로 인정해도 좋을 것으로 판단된다.

그런데 문제는 또 하나 남아 있다. 앞서 언급했던 것처럼, 7월과 8월은 송상들이 고려에 오는 시기이며, 한편으로는 외교사절이 고려에서 남중국으로 떠난 시기이기도 하다. 그래서 이 같이 모순되는 사실을 해명할 필요가 있다. 이에 대해서 다음의 사례를 통해 살펴보도록 하겠다.

서긍이 고려에 왔을 때 탔던 배는 5월 24일 명주 정해현定海縣을 출발하여 6월 12일에 예성항에 도착했고, 그 귀국길은 같은 해 7월 15일에 예성항을 출발하여 8월 27일에 남중국 명주 정해현에 도착하고 있다.[21] 즉 고려에 올 때는 약 18일, 남중국으로 되돌아갈 때는 약 42일이나 걸렸다. 그런데 서긍은 남중국으로 되돌아갈 때의 상황을 다음과 같이 기록하고 있다.

7월 24일 을해, 횡서橫嶼를 지나 군산문群山門으로 들어가, 섬 아래에서 정박을 했다. 8월 8일 무자일에 이르기까지, 대략 14일 동안 바람이 막

• 개봉의 궁성 유적 입구

•• 북송의 수도 개봉

북송 전성기에 수도 개봉에는 약 100만의 인구가 거주하고 있었다. 맨 가운데가 궁성宮城이며
그 다음이 내성內城, 그 바깥을 외성外城이 둘러싸고 있다. 그리고 개봉성 안쪽으로 변하汴河라고 하는
운하가 흐르고 있었다. 필자가 개봉박물관에서 촬영한 북송대 개봉의 모형.

아 배가 나아가지 못했다. 그러다 신시申時(오후 3시~5시) 이후에 동북풍이 일어나, 조류를 타고 먼 바다로 나아갔다.…… 10일 경신일, 바람의 세력이 더욱 맹렬해져서 정오쯤에 다시 군산도群山島로 되돌아왔다. 16일 병신일까지 또 6일이 지났다. (16일) 신시申時 이후에 순풍을 만나 곧 먼 바다로 떠나, 밤에 죽도竹島에 정박했으나, 또 이틀 동안은 바람이 막혀 가지 못했다.[22]

이를 보면 음력 7월과 8월에는 한반도와 남중국 사이에 동북풍과 더불어 종종 남풍도 함께 불고 있었음을 확인할 수 있다. 그리고 역풍을 만났을 때 섬들이 범선의 항해에 매우 중요한 역할을 했던 것을 엿볼 수 있다. 이처럼 서긍이 탔던 배는 남중국으로 되돌아갈 때, 군산 앞바다에서 7월 말과 8월에 부는 강한 남풍을 맞아 배가 앞으로 나아가지 못하다가, 바람의 방향이 바뀌어 동북풍이 불자 비로소 나아갈 수 있게 되었다.

여기서 남풍은 여름철뿐만 아니라 가을철까지도 종종 불고 있었음을 확인할 수 있다. 앞서 〈표 1〉에서도 보듯이, 송상들은 7월과 8월 가을철에 가장 많이 고려에 왔다. 이는 이 계절까지 부는 남풍을 이용했던 것이다. 한편으로 이때는 동북풍도 불고 있었다. 그래서 〈표 3〉에서 보았듯이, 7월과 8월에 외교사절이 고려에서 남중국으로 가기도 했다.

당시 고려사절은 송나라에 가서 정월 초하루에 수도 개봉開封의 황성皇城 안에 있는 대경전大慶殿에서 황제가 주최하는 '원단조회元旦朝會' 모임에 여러 외국 사절과 함께 참석했다.[23] 이로 인해 그 시간 이전에 도착하기 위해 대부분 가을철인 7월과 8월에 동북풍을 이용해 고려를 출발했고, 이듬해 여름철 남풍을 이용해 송을 출발하여 5월과 6월에

•개봉의 궁전 유적지 앞의 돌사자

북송대 개봉의 궁궐에 있었던 것이라 전해지고 있다.

••북송 궁전 유적지에 남아 있는 태호석太湖石

북송 말 휘종은 뛰어난 서예가이자 예술가이기도 했다. 그는 남중국의 아름다운
돌들을 모아 운하를 통해 수도 개봉까지 배로 실어 날라 궁궐에 인공정원을 만들기도 했다.
이를 화석강花石綱이라 한다. 현재 남아 있는 이 태호석은 그중의 하나이다.
북송의 멸망과 더불어 화석강은 휘종황제의 개인적인 취향을 위해 백성들에게
많은 고통을 주었던 대표적인 실정 가운데 하나로 손꼽힌다.

북송대 개봉의 궁궐 유적지

원 말 황하의 범람으로 인해 현재는 수몰되어 있다.

고려로 되돌아오는 수순을 밟고 있었다.

이에 대해서는 고려정사 이자의의 사례가 사료에 비교적 상세하게 남아 있기에 소개해본다. 고려 선종7년(1090) 7월 계미일에 고려왕은 호부상서 이자의를 송에 파견했다.[24] 이 이자의는 8월 10일에 명주에 도착하고 있다.[25] 그리고 12월 을미일에 고려가 삼불제와 함께 사절을 보내 입공했다고 하므로, 이자의는 개봉에 올라가 송 황제 앞에서 입공의식을 치른 것으로 판단된다.[26] 나아가 이듬해 2월 정유일에 송 황제는 고려의 진공進貢에 대한 답례로 회사품回賜品을 내리고 있으므로,[27] 이때 이자의는 송별의식을 마치고 개봉을 떠나 명주로 향했던 것으로 판단된다. 마지막으로 이자의는 선종8년(1091) 6월 병오일에 고려로 귀환하고 있다.[28] 이를 정리하면 〈표 5〉와 같다.

이처럼 봄철에도 동북풍이 불지만, 그때보다 7월과 8월 가을철에 떠난 사례가 《고려사》에 많이 기록되어 있는 것은 고려사절의 원단조회 참석과 관련이 있었다. 아무튼 서긍의 기록을 통해 볼 때 7월과 8월은 계절풍의 방향이 수시로 바뀌기도 했다. 그래서 바람이 부는 시점을 잘 맞추면 빨리 도항할 수 있었다. 그러나 그렇지 않을 경우는 서긍이 돌아갈 때처럼 곤욕을 치를 수도 있었던 것이다.

〈표 5〉 고려정사 이자의의 왕래

1090년 7월 계미	고려 예성항 출발
8월 10일	송 명주항 입항
12월 을미	송 개봉에서 입공의식(조견朝見)
1091년 2월 정유	송 개봉에서 송별의식(조사朝辭)
6월 병오	고려 예성항 도착

••• 후속 연구를 위한 제언

여기서는 고려와 남중국 사이의 계절풍에 대해 다루었다. 그리고 상인들은 봄철이나 가을철에 부는 동북풍을 이용해 예성항을 떠나 남중국으로 가고, 반대로 그곳에서 여름철 남풍을 타고 되돌아오고 있었다는 점을 밝혔다. 지금까지 겨울철에 북풍이 불고 여름철에 남풍이 분다는 지식 정도는 이미 널리 알려져 있었다. 그런데 봄과 가을에 동북풍이 분다는 사실은 지금까지 그다지 알려져 있지 않다. 이를 보다 세밀히 밝히기 위해서는 앞으로 과학적인 접근 방법도 필요하리라 여겨진다. 또한 이와 관련해서는 기후의 역사도 참고해볼 필요도 있다. 고려시대 기후에 대해서는 세부적으로 여전히 의견이 분분하지만, 대체로 한랭 건조화가 진행되고 있었다는 데에는 이견이 없다. 중국 기후사의 연구에 따르면 당대의 경우 오늘날보다 평균 기온이 높은 온난 다습한 기

• 개봉 궁성 앞 어가御街의 현재 모습

고려상인과
동아시아 무역사

후였으나, 북송대부터 한랭 건조한 기후가 전개되면서 원대나 명대에
도 그러했다고 한다. 그렇다면 오늘날과는 다른 이 같은 기후의 변화
가 계절풍에도 영향을 주었을 가능성도 있다. 이에 대해서는 앞으로
역사학자와 기상학자의 학제적 연구가 필요한 부분이다.

• **철탑공원과 개보사탑開寶寺塔**

송대 개봉에 있었던 탑으로 개보사 철탑이라고도
부른다. 북송 초기에 세워진 것으로 유약을 바른
벽돌탑이나 멀리서는 쇠로 만든 것처럼 보인다고 하여
철탑이라 이름 붙여졌다. 신종 대 이후 개봉에 왔던
고려사절들도 분명 이 탑을 보았을 것이다.

송·원대 동아시아의 선박

•• 송·원대 고려와 남중국 사이의 해상무역 실태를 복원하기 위해
서는 계절풍에 이어서, 각국 해상들의 이동수단인 선박의 형태를 이
해하는 것도 중요할 것이다. 송대 중국의 경우 종래와는 다른 새로운
형태의 선박이 출현하여 두루 쓰였고, 이것이 이 시대 해상무역의 발
전에도 많은 영향을 미쳤다. 그에 따라 이 선박의 문제는 앞으로 이
글의 전개과정에서 매우 중요한 부분을 차지한다. 이런 점에서 여기
서는 이 시대 동아시아 선박에 대해서 다루어 보고자 한다.

송·원대 중국의 선박

송대 양절兩浙 지방 해상들이 사용하던 선박에는 대, 중, 소, 세 가지
크기가 있었다. "대선大船은 5,000료料(1료는 1석石에 해당)[1]로서 500~600
명을 실을 수 있고, 중선中船은 2,000료에서 1,000료로서 200~300명
을 실을 수 있다. 나머지를 찬풍鑽風이라 하는데, 이는 크고 작은 8개
혹은 6개의 노櫓를 가지고 있고, 100여 명을 실을 수 있는데, 이 배는

그물로써 고기를 잡아 매매하기도 하며, 달리 삼판선三板船이라고도 부른다"고 한다.[2] 이들을 정리하면 〈표 1〉과 같다.[3]

송·원대 중국에는 이밖에도 소형의 바다 선박으로 연안에서 사용하는 도어선魛魚船(어선의 한 형태)이란 것도 있었다. 이는 그 바닥 모양이 칼날같아 파도를 가를 수 있고, 길이는 5장(약 15미터), 선폭이 1장 2척(약 3.6미터), 그리고 인원은 최대 50명을 태울 수 있다고 한다.[4] 왜 이런 것까지 굳이 소개하는가 하면 이러한 배도 고려를 오가고 있었기 때문이다.

북송 말 고려에 사절로 왔던 서긍 일행은 2척의 신주神舟와 6척의 객주客舟(상선)에 나누어 타고 왔다. 이때 서긍은 객주의 길이가 10여장(약 30미터)이며, 바닥은 첨저尖底 형태를 띠고 있다고 적고 있다.[5] 또 남송 말 사람인 오잠吳潛은 "경원부에서 갑번선甲番船 3척이 고려에 도착하면, 거기서 반드시 을번선乙番船 3척이 다시 경원부로 회항하며, 병丙과 정丁도 이와 같은 식으로 이루어지고 있다.…… 그리고 이들 선박은 200명에서 300명이 탈 수 있는 규모이다"라고 적고 있다.[6] 여기서 200~300명이 탈 수 있는 규모라 표현하고 있으므로, 당시 남중국과 고려 사이에는 중선 크기의 첨저선이 주로 왕래하고 있었음을 알 수 있다.

〈표 1〉 송·원대 중국선박의 크기와 용적

	길이	적재량	최대 적재인원	톤수
대선	30장丈: 약 100미터	5,000료	500~600	600톤
중선	10장: 약 30미터	1,000료~2,000료	200~300	200톤가량
소선	10장 이하	1,000료 이하	100	200톤 이하

서긍이 탔던 송대 중선 크기의 첨저선박은 돛대로서 대장大檣(배 가운데에 있는 돛대)과 두장頭檣(배 앞머리에 있는 돛대)이 있고, 순풍이면 대장의 포범布帆(베로 된 돛)을 펼치고, 바람이 치우쳐서 불 때는 이봉利篷(배 앞머리에 있는 돛)을 사용했다. 그리고 대장 꼭대기에 작은 야호범野狐颿이 있는데, 이는 바람이 없을 때 사용했다. 그런데 순풍을 만나기 어려우므로 대개 이봉을 많이 사용한다고 한다.[7] 여기서 순풍이 아닐 경우는 두장, 곧 뱃머리에 있는 이봉을 사용하고 있다는 점을 주목할 필요가 있다.

명대 이후 상해上海 부근에서 사용되던 선박을 사선沙船이라 하는데 이는 평저선平底船(배의 바닥이 편평한 것)이라고 한다. 그리고 이는 돛대가 여러 개인 다외多桅, 돛이 여러 개인 다범多帆, 돛이 높이 솟아 있는

• 중국의 첨저선
정크선이라 불리는 첨저선은 송대부터
명·청대에 이르기까지 중국에서
두루 사용된 해양선박이다.
(출처: 辛元歐,《上海沙船》)

고범高帆의 모습을 하고 있었다.[8] 그런데 이 '사선'은 0°의 순풍, 90°의 옆바람은 물론이거니와, 나아가서는 135° 각도에서 비스듬히 불어오는 역풍(사역풍斜逆風)까지도 이용한다고 한다. 따라서 이 사선에 부착된 여러 개의 돛대는 여러 방향에서 불어오는 바람을 이용하기 위한 것이다. 그런데 사역풍을 이용할 경우, 배가 지그재그의 형태로 운행되고, 이로써 순풍에 비해서 속력이 매우 느렸다고 한다.[9]

이와 관련해 서긍도 자신이 탔던 선박에 대해 다음과 같이 묘사하고 있다. "여덟 방향에서 불어오는 바람 가운데, 오직 앞머리에서 불어오면 나아갈 수 없다"고 기록하고 있다.[10] 이는 정역풍正逆風을 제외하고는 여러 방향에서 불어오는 바람을 이용하고 있었음을 것이다. 서긍은 또 "서풍이 불어오자 '이봉'을 펼쳤고, 바람의 형세에 따라 방향타를 조정해 꼬불꼬불 구부러지니, 배가 나아가는 것이 매우 더뎠다"고 적고 있다.[11] 이는 명대 사선과 마찬가지로 사역풍을 이용하기 위해 이봉을 펼치고는 방향타로써 배를 지그재그로 운항했고, 그래서 그 항속이 느렸다는 것을 의미한다.

이 시대 중국의 경우 황해에서는 평저선이, 동중국해에서는 첨저선이 주로 사용되었다. 송대 중국의 기록에 따르면 산동반도의 등주登州와 래주萊州 일대에는 오직 평저선만을 쓸 수 있고, 해문海門이나 요각料角을 지나서부터 비로소 첨저선을 쓸 수 있다고 한다.[12] 해문은 송대 통주通州에 속한 현縣(주에 속한 작은 행정단위)으로 오늘날 장강 하류 숭명도崇明島 바로 위쪽에 있다. 그리고 요각은 이 통주 해문현의 한 지명이다.[13] 따라서 오늘날 상하이上海 부근을 기준으로 그 북쪽은 평저선, 그 남쪽은 첨저선이 쓰이고 있었다고 정리할 수 있다.

서긍에 따르면 황수양黃水洋이란 바다도 소개하고 있는데 이곳에는

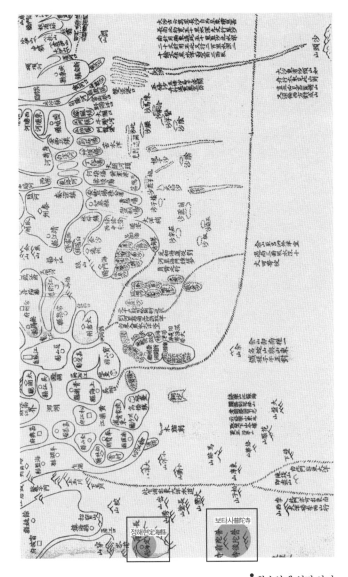

●황수양에 있던 사미

이 그림의 위쪽에 회수淮水로부터 흘러나온 긴 사미가 있고 그 옆에 사두산沙頭山이
나타나 있는데, 여기서 북쪽으로 고려의 여러 산들이 보인다고 적혀 있다.
맨 아래쪽에 명주 정해현定海縣과 보타사普陀寺가 나타나 있다.

1,000여 리에 달하는 사미沙尾(길게 늘어선 모래 꼬리)가 있다고 한다. 이로 인해 이곳에서는 선박들이 종종 좌초하기도 했다고 하며 이를 피하기 위해 선원들은 납으로 만든 추를 사용하여 수시로 바다의 깊고 얕음을 살펴야 한다고 적고 있다.[14] 청대《절강해운전안浙江海運全案》에 따르면 (〈그림 2〉 참조), 오늘날 상하이 오송하구吳松河口에서 그 북쪽 회수하구淮水河口(옛 황하 출구) 사이의 바다에는 하구에서 흘러나온 토사의 퇴적물이 해저에 가로로 길게 늘어서 쌓여 있다.[15] 서긍이 '사미'라 한 것은 이를 가리키는 것이다. 그러므로 바닥이 뾰족한 첨저선은 이곳 황수양에서 좌초할 가능성이 컸다. 상하이 북쪽 바다에서 평저선이 주로 사용되었던 것은 이와 관련이 있었다. 북송 말 명주를 출항했던 서긍의 첨저선은 이 황수양을 비껴가는 항로를 택하고 있다. 이는 한반도 서남해와 남중국 명주를 잇는 항로, 곧 동중국해를 비스듬히 횡단하는 항로가 다름 아닌 첨저선에 알맞은 항로란 것을 보여준다.

송·원대 고려와 일본선박

위에서 오잠이란 사람을 소개했다. 그는 연해제치대사沿海制置大使이면서 판경원부判慶元府, 곧 남송의 수도 항주杭州와 인접한 바다를 방어하던 책임자이면서 동시에 경원부의 장관으로 있었던 인물로, 남송의 보우4년(1256) 4월부터 개경원년(1259) 8월까지 약 3년간 이곳에서 근무하였다.[16] 그의 문집에 따르면, "고려에는 선박을 건조할 만한 소나무나 삼나무가 없고, 선박이 있다고 하더라도 단지 '잡목雜木'으로 만들어진 것에 지나지 않으며, 쇠못을 사용하지 않고, 국경 근처에서

고려상인과
동아시아 무역사

왕래하며 매매하는 데 사용되므로, 먼 바다를 건널 수 없다"고 적고 있다.[17]

그런데 오잠은 이어서 "만일 저쪽에서 다른 뜻을 품고, (200~300명을 태울 수 있는) 우리의 갑번선과 을번선을 빼앗아 달적韃賊(몽골족)에게 넘기면, 의외로 잘못된 일이 생길까 염려된다"고 적고 있다.[18] 그러므로 이 오잠의 문장은 고려선박의 묘사와 더불어 자기네 선박이 혹시 몽골에게 넘어가지 않을까 하는 염려를 함께 드러내고 있다. 또 고려가 해도海島에 천도遷都해 있다고 적고 있어, 이때 고려조정이 강화도에 있던 시기임을 시사하고 있다.

여기서 그의 말에 대해서 좀 더 살펴보면 당시 송나라 사람들은 중국 북방의 선박에 대해서도 '잡목'으로 만들어져 있어 물에 들어가면 무거워져 배가 잘 나가지 않는다고 혹평하고 있다.[19] 이에 반해 남방에서 자라는 나무는 물과 그 성격이 서로 맞는 까닭에, 복건의 배가 가장 좋고, 광동서廣東西(광동과 광서)의 배는 그다음, 절강 지역 온溫·명주明州는 그다음이며, 북방의 나무는 물과 성격이 서로 맞지 않아 바닷물이 나무를 해치는 까닭에, 배가 물에 들어가면 내구성이 떨어지고 파도를 이기지 못해 종종 침몰하는 경우가 있다고 했다.[20]

당시 남중국의 선박은 삼나무와 소나무를 사용하고 있었고, 이는 복건이나 절강의 처주處州 등지에서 공급하고 있었으며,[21] 실제로 발굴된 침몰선박을 통해서도 이 같은 사실은 확인된다.[22] 그리고 한국 선박사 연구자인 김재근에 따르면, 한국산 목재는 선박을 만들기에 그다지 좋지 못하며 공작도 힘들다고 한다.[23] 오잠의 말에서 고려선박이 잡목으로 만들어져 있다는 표현은 그 나무가 중국 북방의 것과 같다는 의미이다.

한편 한국선박은 고려시대 초기에 이미 그 구조법이 확립되어 있었다고 한다.[24] 그리고 고려선은 군선, 해운선을 막론하고 수용인원 70~80명, 적재용량 1,000석은 보통이고, 필요한 경우에는 2,000석도 건조할 수 있었다고 한다.[25] 중국의 오대五代 후당대後唐代(923~935)에 고려선이 70명을 태우고 북중국 산동반도의 등주에 와서 교역했다는 사실은 잘 알려져 있다.[26] 이 사실과 더불어 〈표 1〉을 참조하면 고려시대에도 중국의 소형 선박에 해당하는 적재용량 1,000석가량의 배가 있었다는 것은 확인된다.

고려사절은 산동반도에 있는 등주登州를 통해 송에 가기도 했다. 송 쪽 사료에 따르면 북송 태종의 순화4년(993) 정월에 고려왕은 백사유白思柔를 파견해 입공했다고 한다. 그리고 이 해 2월에 송 태종은 진정陳靖과 류식劉式을 고려에 사신으로 파견했다. 그런데 송나라 사신 진정은 산동반도 등주의 팔각해구八角海口에서 백사유가 타고 있던 '해

산동반도 등주의 팔각해구
(현재 산동성 봉래시)
고려사절은 처음에 이곳을 통해
중국에 들어가 육로를 통해 송나라
수도인 개봉으로 갔다.
후술하는 봉래 3호선도
이곳에서 발견되었다.

●팔각해구 입구

이 등주항은 북송 신종때에 군사항구로 바뀌어 더 이상 민간선박의 입항을
허가하지 않았다. 사진에 보이는 것은 명대에 쌓은 수성水城 유적이다.

선海船'과 고려 수공水工을 발견하여, 곧바로 이 배를 타고 사흘 만에 고려의 옹진 해안에 도착했다고 한다.[27] 이를 통해서 고려사절이 산동 반도의 등주로 갈 때나 예성항으로 되돌아올 때 이용했던 배는 고려선임을 알 수 있다. 이 항로는 이미 신라 말 장보고 시대부터 이용되어왔던 것이다. 따라서 고려선박을 타고 황해를 횡단하는 데에는 큰 문제가 없었을 것이다.

고려선의 형태에 관한 자료로는 고려동경高麗銅鏡(고려시대에 만들어진 구리 거울)에 남아 있는 것이 유일하다. 이는 하나의 돛대로 이루어져 있다. 또 뱃머리와 배꼬리가 네모난 각형角形으로 되어 있고 평저선의 구조라 해석되고 있다. 그리고 고려선박에서는 군사용이나 민간용을 막론하고 첨저선의 형태를 나타내는 그 어떤 징후도 발견할 수 없다고 한다.[28]

근래에 산동성 봉래시(송대의 등주)에서 원대 말기의 고려선박이라 추정되는 봉래 3호선이 발굴되었다.[29] 이는 나무못과 더불어 약간의 쇠못을 사용하고 있다.[30] 또 유송油松으로 제작되었고, 당시 중국선과 마찬가지로 이음새 사이의 방수 재료로 흰

고려동경에 나타나 있는 고려선박
이 그림에 보이는 고려선박은 평저선으로 연해안이나 황해의 항해에 적합하였다.

고려상인과
동아시아 무역사

석회, 오동 기름, 삼베 실이 사용되고 있다. 그리고 배 가운데와 앞머리에 각각 두 개의 돛대를 가지고 있고,[31] 출토 당시 남아 있는 밑부분은 약 17.1미터이며, 평저선의 구조를 띠고 있다.[32] 그에 따라 본래의 길이는 약 22.6미터로 추정된다.[33] 따라서 그 길이를 통해 볼 때 이 역시 당시 중국의 소형 크기의 선박에 해당한다.

이처럼 고려동경에 남아 있는 고려선과 봉래 고려선은 모두 평저선이란 점에서 공통점을 보이고 있다. 그러나 전자가 하나의 돛대를 갖춘 단외선單桅船임에 비추어, 후자는 다외선多桅船, 곧 두 개의 돛대를 가지고 있다는 데에 차이가 있다.[34] 따라서 고려선은 초기에 가운데에 하나의 돛대만을 가지고 있다가, 나중에 뱃머리에 또 하나의 돛대가 추가된 것으로 해석할 수 있다.

다음으로 이 시대 일본선박에 대해서도 살펴보겠다. 이에 대해서는 명대 일본의 선박에 대한 기록을 통해서 상세히 알 수 있다. 이는 후기 왜구와 관련한 기록이다.

일본선은 중국과 다르다. 반드시 큰 나무를 사용해, 나란히하여 서로 묶는데, 쇠못을 사용하지 않고, 오직 철편鐵片으로 연결한다. 또 삼나무 실 줄이나 오동 기름을 사용하지 않고, 오직 풀로써 이음매 사이로 물이 새는 틈을 막을 뿐이어서, 배를 만드는 데 들어가는 수고와 비용이 매우 많고, 어지간한 역량으로는 쉽게 만들 수 없다.…… 그 배의 바닥은 편평하여 파도를 가를 수 없고, 그 베로 된 돛은 돛대 맨 가운데에 걸려 있으며, 중국의 편외偏桅와 같은 것을 쓰지 않는다. 또 돛대의 틀이 항상 움직임으로써, 중국의 것과 같지 아니하다. 그래서 오로지 순풍에만 나아갈 수 있고, 만약 바람이 없거나 역풍일 때에는, 돛을 내리고 모두가 노를 젓기에, 능히 바람을 거슬러 나아갈 수 없다. 이런 까닭에 일본선이 바다를 건너는 데는 한 달가량을 소모하지 아니면 안 된다. 그런데 지금은 종전과 달라졌는데, 그들이 복건 연해안의 간사한 사람을 통해 배를 사서, 바닥을 이중으로 만들어 건너오는데, 배의 바닥이 솟아 있어 능히 파도를 가를 수 있고, 옆바람을 두려워하지 않으며 또한 바람을 거슬러 나아가므로, 며칠이면 가볍게 중국으로 건너올 수 있게 되었다.[35]

먼저 일본선은 중국 것과는 달리 쇠못을 사용하지 않고 나무와 나무 사이의 이음새에 그냥 풀을 끼워넣는 데 그치고 있다고 한다. 주목되는 사실은 명대 일본선도 평저선이고 돛도 가운데에 하나만 있어 중국선처럼 '편외偏桅(배 앞머리에 있는 돛대)'가 없다고 한다. 또 순풍의 경우에만 나아갈 수 있고, 역풍의 경우에는 노를 저어야 나아갈 수 있었다고 한다. 이런 까닭으로 그 뒤 복건 연해안의 중국인을 통해 배의 바닥이 솟아 있는 첨저선을 구입해 그 바닥을 이중으로 개조하여 쉽게 중국으로 건너오고 있다고 한다.

이처럼 명대 일본선은 평저선에다 순풍만을 이용할 수 있는 하나의 돛대만이 있었다. 그러므로 그 이전 송·원대 일본선도 이와 마찬가지 구조였을 것이다. 남송 말의 기록에 따르면 고려선도 정순풍에만 항해할 수 있다고 한다.[36] 그러므로 이 시대 고려선과 일본선은 평저의 구조와 돛대에서 볼 때 그 모습이 매우 흡사했음을 알 수 있다. 그러므로 고려나 일본선박의 경우 중국의 첨저선처럼 '편외'나 '이봉'이 없었으므로 순풍만을 이용하여 항해했고 또한 그 속력도 느렸던 것으로 판단할 수 있다. 한편으로 원말 봉래 고려선은 두 개의 돛대를 가진

다외선이므로 선박의 앞면에 있는 돛대는 '이봉'의 기능을 했고 이로써 사역풍도 이용할 수 있었다고 해석된다.

고려선과 중국 첨저선의 항해시간

동중국해는 황해에 비해 높은 파도가 치는 날이 상대적으로 많았다.[37] 앞서 소개한 것처럼 명대 일본상인은 처음에 평저선을 타고 1개월 남짓 항해하여 남중국으로 왔다. 그러다 나중에 그들은 중국인들로부터 첨저선을 구입함으로써 도항시간을 며칠로 단축했다. 이는 평저선박으로 동중국해를 항해할 경우 이곳 바다의 파도 높이로 인해 속도가 느렸음을 의미한다.

여기서 고려 전통선박으로 동중국해를 항해할 경우 어느 정도 시간이 걸렸는지 살펴보도록 하겠다. 고려 문종이 송 신종과 다시 수교한 이후, 고려사절들은 남중국 명주항으로 갈 때에 고려선박뿐만 아니라 송나라 선박을 이용하기도 했다. 뒤에서 상세히 다루겠지만 송조 중국은 '원풍8년(1085) 9월 17일의 칙절문勅節文(황제의 명령문)'을 통해 자국 해상의 선박에 외국의 입공사절을 태울 수 있도록 허용했다.[38] 이 조치에 따라 이때부터 고려사절은 송나라 선박을 타고 왕래했다. 이 사실에 의거할 경우 이 이전에 파견된 고려사절들은 송나라 선박에 승전할 수 없었다는 뜻이 될 것이다.

여기서 원풍8년(1085) 이전에 고려에서 제작된 선박을 타고 남중국 명주로 갔던 고려사절들을 정리하면 〈표 2〉와 같다.

지금부터 이들 고려사절이 타고 갔던 고려선의 항해시간에 대해 살

퍼보도록 하겠다. 이를 해명하기 위해서는 출발일과 도착일 모두가
사료에 남아 있는 경우에 한정된다. 그런데 이를 충족시킬 수 있는 것
은 고려 문종이 맨 처음과 두 번째로 송에 파견한 고려정사正使 김제
金悌와 김양감 두 사례뿐이다.

《고려사》에 따르면 문종25년(1071) 3월 경인庚寅(5일)에 고려정사 김
제를 등주로 파견했다고 한다.[39] 그런데 송쪽 사료에 따르면 그는 5월
병오丙午(22일)에 장강 하구 부근의 통주 해문현으로 상륙했다고 한
다.[40] 다시 말해 《고려사》에는 산동반도에 있는 등주로 갔다고 되어
있으나, 실제로는 장강 하류에 있는 통주로 갔던 것이다. 그런데 또
다른 사료에서는 이를 보다 구체적으로 전하고 있다.

희령4년(1071)에 비로소 고려가 사신을 다시 파견하여 공물을 바치고
자 했다. 그래서 천주의 황신黃愼이란 사람이 길 안내를 하여, 장차 사

〈표 2〉 고려선을 타고 갔던 고려사절

	고려 출발일	사료
김양감	문종27년(1073: 희령6년) 8월 정해	《고려사》 권9, 문종3
최사량	문종30년(1076: 희령9년) 8월 정해	《고려사》 권9, 문종3
류홍	문종34년(1080: 원풍3년) 3월 임신	《고려사》 권9, 문종3
최사제	문종35년(1081: 원풍4년) 4월 경진	《고려사》 권9, 문종3

〈표 3〉 고려선을 타고 갔던 김제와 김양감의 항해시간

	고려 출발일	송 도착일	항해시간
김제	3월 5일	5월 22일	2달 17일
김양감	8월 16일	10월 23일	2달 7일

고려상인과
동아시아 무역사

명四明(명주)을 통해 상륙하고자 했는데, 부근에 이르러 해풍으로 표류하여 통주 해문현의 신항新港에 도착하게 되었다.……[41]

지금까지는 고려 문종이 두 번째로 파견한 김양감이 송쪽에 거란을 피하고자 하니 명주항을 이용할 수 있게 해달라고 요청하여 이때부터 그곳을 이용한 것으로 알려져 있다.[42] 그런데 위 인용문을 보면 문종이 첫 번째로 파견한 김제 때부터 아예 명주로 향하고 있었던 것을 확인할 수 있다. 따라서 《고려사》에서 김제를 산동반도 등주로 파견했다고 기록하고 있는 것은 단순한 오류임을 알 수 있다.[43]

또 문종27년(1073) 8월 정해丁亥(16일)에 두 번째로 김양감을 파견했다.[44] 이에 대해 송측 사료에 따르면 같은 해 10월 임진壬辰(23일)에 명주가 고려의 입공을 보고하고 있다.[45] 위의 사실을 토대로 고려 전통 선박의 항해시간을 정리하면 〈표 3〉과 같다.

두 사례를 보면 봄과 가을의 계절풍을 이용하고 있다. 또 고려의 평저선도 동중국해를 건너가고 있었음을 확인할 수 있다. 그리고 김제의 경우가 김양감보다 조금 더 걸린 것을 알 수 있다. 그 이유는 앞의 인용문에 나타나 있는 것처럼 김제가 탔던 배가 명주 앞바다에서 해풍을 만나 표류를 했기 때문으로 판단된다. 앞서 명대 평저의 왜구선이 일본 서쪽 해안에서 남중국까지 가는 데 한 달이 걸렸다. 그런데 고려사절이 탔던 평저선은 그보다 훨씬 먼 거리에 있는 예성항에서 출발했으므로 남중국까지 적어도 두 달가량을 소비했던 것이라 해석할 수 있다.

그렇다면 고려사절이 송나라 선박을 이용했던 경우는 어떠했을까? 사료에서 송나라 사람 선주의 이름까지 확인할 수 있는 사례는 〈표

4〉와 같다.[46]

〈표 4〉에 나타나듯이 이때 고려사절은 송나라 선박을 타고 각각 7월과 8월에 가을철 동북풍을 이용하여 예성항을 출발하고 있다. 그런데 이들이 명주에 도착한 날은 기록에 없다. 그런데 대각국사 의천이 위 표에 나타나 있는 고려정사 김상기와 함께 돌아왔는데, 그는 북송 철종의 원우원년(1086) 5월 19일에 명주를 출발하여 6월 18일에 예성항에 도착하고 있다.[47] 이때 걸린 시간은 약 1개월이다.

한편 고려 선종宣宗7년(1090) 7월 계미癸未(20일)[48]에 고려왕은 호부상서 이자의李資義를 송에 파견했다.[49] 그런데 송쪽 사료에 따르면 이 이자의는 8월 10일에 명주에 도착하고 있다.[50] 그러므로 이 경우 항해시간은 약 20일이며, 이 경우도 송나라 선박을 이용했을 것으로 판단된다. 또 당시 송인 관료도 양절에서 고려로 갈 경우 길어도 20일을 넘지 않으며, 빠르면 5~7일이면 닿을 수 있었다고 한다.[51] 물론 여기서 말하는 5~7일이란 한반도 서남해 해안까지 도달하는 시간을 말하는 것으로 여겨진다. 이처럼 송 첨저선의 경우 약간의 편차는 있지만 길게 잡아도 명주에서 예성항까지는 한 달가량이다.

〈표 4〉 송선을 타고 갔던 고려사절

	고려 출발일	송인 선주 이름	사료
김상기	선종2년(1085) 8월 계미	우제虞際, 성숭盛崇, 이원적李元積	《고려사》 권10, 선종宣宗. 《속자치통감장편續資治通鑑長編》 권369, 원우원년元祐元年, 윤이월, 병오丙午.
황종각	선종10년(1093) 7월 임진	민상閩商 서적徐積	《고려사》 권10, 선종. 《소식문집蘇軾文集》 권35.

여기서 고려 전통선박이 동중국해를 건너갈 때 송나라 첨저선박에 비해 상대적으로 많은 항해시간을 소비했음을 확인할 수 있다. 이는 고려의 전통선박인 평저선이 동중국해의 높은 파도를 헤쳐나가는 능력이 부족했음을 드러낸다. 나아가 고려선의 경우, 돛대가 하나인 단외선으로 순풍에만 항해할 수 있었다는 사실도 단점으로 지적될 수 있을 것이다.

　이들 고려사절의 사례를 통해서 고려선박을 이용하여 예성항에서 남중국까지 항해가 가능했음을 확인했다. 그러나 이런 배라면 이보다 더 먼 거리를 갈 경우 그 사이에 계절풍의 방향이 바뀌어버릴 수 있으므로 더 이상 항해를 지속하는 것은 사실상 불가능하다. 앞서 오잠이란 사람이 고려선박으로 먼 바다를 건널 수 없다고 한 것은 실은 이를 두고 한 말이라 판단된다. 요컨대 그의 말은 고려선이 자기네의 첨저선보다 못하다는 것을 뜻하고 있다.

　지금까지는 예성항 출발을 전제로 논의를 했다. 그런데 명대 일본선의 사례를 참고하면, 나주羅州와 같은 서남해 연안에 중계항中繼港을 설정하여 출발할 경우 평저 고려선으로도 한 달 남짓이면 명주에 도착할 수 있다. 또 한국의 서남해에는 남중국과 가까운 흑산도黑山島라든지 이웃한 가거도란 섬도 있다. 만약 동중국해 횡단 항로 사이에 있는 이들 섬들을 이용한다면 시간을 보다 단축시킬 뿐만 아니라 그에 따른 항해의 위험도 감소시킬 수 있다. 나중에 소개하겠지만 실제로 나주의 한 섬에서 출발하여 남중국으로 도항한 고려해상도 있었기에 이런 추론을 해본다.

　또 이 같은 중계항의 존재와 관련해서는 다음의 사실도 참고할 필요가 있다. 당시 고려상인이 남중국에 청자를 판매했다는 사실은 잘 알려져 있다. 이 청자는 강진康津 일대에서 주로 생산되던 것이다. 그런데 청자처럼 무겁고 부피가 있는 상품을 그곳에서 예성항까지 싣고 가서, 거기서 다시 남중국으로 운반했다는 것은 상식적으로 납득하기 어렵다. 이 점에서 볼 때 사료에는 나타나지 않지만 나주와 같은 서남해 연안 지역에 중계항이 존재했을 가능성도 있다.《고려도경》에 나타나는 항로는 어디까지나 외교사절의 경우에 불과하므로 굳이 이것에만 얽매일 필요는 없을 것이다.

••• 후속 연구를 위한 제언

여기서는 중국의 첨저선과 고려의 평저선에 대해 다루었다. 결론적으로 고려의 평저선으로 남중국을 왕래할 수는 있었지만 긴 시간이 걸리며 그로 인해 자칫 항해의 안전에도 영향을 받을 수 있었다는 점을 고려선의 한계로 지적하였다. 그런데 이 글에서는 정크선이라고도 불리는 첨저선이 중국에서 어떻게 출현하였는가에 대해서는 다루지 않았다. 송대에 첨저선이 널리 쓰이고 있었다는 사실은 연구자들이 공통적으로 인정하고 있다. 그런데 필자는 이미 그 이전부터 있었던 것으로 추정하고 있다. 당대 중기 이후부터 외국의 무역선들이 남중국에 많이 찾아왔다. 아마도 중국인들은 그들의 배를 참고하고 암초가 많은 남중국의 바다 환경을 감안하여 내부에 격벽隔壁을 추가하여 만든 것이 바로 첨저 정크선이 아닌가 짐작하고 있다. 이 부분에 대해서는 앞으로 상세한 연구가 필요할 것으로 판단된다.

한편 오늘날 한국의 연해안에서 사용하는 선박은 송대 중국의 연안선인 도어선과 그 모습이 흡사하다. 이 선박은 뱃머리가 V자형이고 중앙부분의 바닥이 U자형이며, 뒤로 갈수록 약간 좁아지고 있다고 한다.[52] 그러므로 이 선박은 폭이 좁고 길이가 긴 형태이므로 자연히 속도가 빠를 수밖에 없다. 또 물에 잠기는 부분이 얕고 중앙부분의 바닥이 완만한 U자형을 이루고 있으므로, 강이나 연해안, 또는 황해처럼 모래무지가 있는 곳에서도 사용될 수 있다. 나아가 뱃머리가 V자형이므로 물살을 가를 수 있어 어느 정도 높은 파도에도 이길 수 있다. 이 같은 사실에서 필자는 현재 한국 연안선의 모태가 송대 도어선에 있었던 것이 아닌가 짐작하고 있다. 다만 한국선이 그렇게 바뀐 시기에 대해서는 아직 구체적으로 알려진 바가 없다. 이 부분에 대해서도 앞으로 연구가 진행되어야 할 것으로 여겨진다.

송·원대 각국 상인에 대한 국적 판별의 근거

••• 송대 중국 사료에서는 수많은 외국 선박이나 상인들이 자국의 시박항을 찾아오고 있었다고 기록하고 있다. 또한 이 시대 중국 사료에는 고려해상이나 고려선도 남중국의 시박 항구에 왔다고 기록되어 있다. 한편으로 《고려사》를 보면 송상을 비롯해 대식상인, 나아가 일본 상인도 고려에 내항해왔다는 기록을 남기고 있다. 나아가 이 시대에는 상인뿐만이 아니라, 해외로 가는 승려와 같은 여행자도 출현하고 있었다.

이처럼 당시 많은 외국인들이 각 국을 왕래하고 있었다는 사실은 이미 잘 알려져 있음에도 불구하고, 정작 각 국이 왕래하는 외국 상인이나 여행자의 국적을 공통적으로 어떻게 판별하고 있었는지에 대해서 전문적으로 다룬 연구는 없다. 이런 배경에서 이 글에서는 비교적 사료가 많이 남아 있는 송·원대 중국을 중심으로 검토하여, 이 시대 각 국이 외국 해상의 국적이나 선박의 선적을 판별하고 있었던 공통 근거가 무엇이었는가에 대해 다루어보기로 하겠다. 그 연장선에서 송대 중국의 관원들이 어떤 근거로써 고려 국적의 상인이 왔다고 판단했는가에 대해서도 살펴보기로 하겠다.

송상의 경우

먼저 송조 중국에서 해상무역을 관할하던 관청인 시박사市舶司는 자국 상인에게 '공빙公憑'이란 문서를 발급했다. 원대 중국에서 정부가 서리들에게 행정용어를 설명하기 위해 편찬했던 《이학지남吏學指南》이란 책에서는 '공빙'에 대해서, "관청에서 발급하는 빙험憑驗"이라 표현하고 있다.[1] 그러므로 이는 중국의 관청에서 발급하는 일종의 증빙 문서라 할 수 있다.

그런데 중국에서는 이미 당대부터 관청이 국내의 여행자에게 '공빙' 또는 '공험公驗'을 발급하고 있었던 사실이 확인된다.[2] 그러므로 이는 그 이전까지 소급해 올라갈 수도 있을 것이다. 또 오대 시기에 중앙관청이나 지방관청은 여행을 하고자 하는 행인에게 반드시 공빙을 발급하고 있었다.[3] 이는 송대에도 그러했는데, 예컨대 상인들이 바다를 통해 절강 지방의 곡물을 가지고 복건에 가서 판매를 하려고 할 때, 지방관청에서는 그들에게 공빙을 발급하기도 했다.[4] 그러므로 이때의 공빙은 해당 관청이 그들에게 발급해준 여행허가서라 할 수 있다.

그런데 만일 여행자가 공빙을 소지하지 않을 경우, 다른 지역의 관청으로서는 그가 과연 여행자인지 상인인지, 아니면 범죄자인지 도망한 군인인지 알 수 없을 것이다. 그러므로 공빙이란 다른 한편으로는 그 여행자가 소속하고 있던 관청이 다른 지역의 관청을 위해 발급해준 신원보증서라고도 할 수 있다. 이처럼 중국에서는 당대 이후 줄곧 국가가 여행자나 상인들에 대해서, 그 여행을 허가하는 동시에, 신원을 보증해주던 '공빙'의 제도가 있었다. 이 연장선에서 송대에 이르러 중국의 시박사는 해외로 가는 자국 해상에게도 그것을 발급했다.

송조는 태종의 단공2년(989)에, 해외에 나가 교역하려는 상인의 경우, 양절兩浙 시박사에 '첩牒'이란 문서를 제출하도록 하고, 시박사 관원으로부터 '권券'을 지급받아서 나가도록 했다.[5] 그리고 북송대의 사람인 소식蘇軾의 문집에 실려 있는 경력慶曆, 가우嘉祐, 희령熙寧 등의 〈편칙編敕〉(황제의 명령을 모아서 만든 법령집)을 보면, 공통적으로 자국의 해상에게 도항할 지역을 신고하게 하고, 그에 따라 시박사가 발급한 '공빙'을 반드시 가지고 나가도록 규정하고 있다.[6] 이처럼 송조는 초기부터 외국에 가는 자국 해상에게 '권' 또는 '공빙'을 발급했다. 그리고 원대에는 한걸음 더 나아가 선박의 크기에 따라, 큰 배의 경우 '공험', 작은 배의 경우에는 '공빙'을 발급하기도 했다.[7]

송조 중국의 공빙은 그 사본이 현재 일본에 존재하고 있다. 이는 북송 말 휘종 대 숭녕4년(1105) 6월에, 양절 시박사가 강수綱首 이충李充에게 발급한 것이다.[8] 여기서 강수의 의미에 대해 먼저 소개해보도록 한다. "갑령甲令에 따르면, 거상巨商으로써 강수綱首, 부강수副綱首, 잡사雜事로 삼는다. 또 시박사는 주기朱記(관청의 직인 도장)를 주고, 강수가 그 무리에 대해 곤장으로 다스리는 것을 허용하고 있다"라고 하여,[9] 시박사가 강수를 선임하여 사법권까지 주고 있다. 이를 통해 강수란 시박사가 부여한 선장의 직함이란 것을 알 수 있다. 이충의 공빙에는 다음과 같이 기록되어 있다.

〈공빙〉

천주객인泉州客人 이충의 신고서狀에 의하면, 지금 자기 선 1척과 선원들을 모집하여, 일본에 가서 교역해 돌아와, 명주 시박무에 와서 추해抽解(세금납부)를 하겠으니, 공험의 지급을 요청하여 가고자 함.

- 인선화물人船貨物

자기 선 1척.

강수 이충, 초공梢工 임양林養, 잡사雜事 장권莊權.

부령部領 오제吳弟.

일갑一甲: 선원의 성명, 23명.

이갑二甲: 선원의 성명, 25명.

삼갑三甲: 선원의 성명, 19명.

화물의 명세明細: 상안象眼 40필, 생견生絹 10필, 백릉白綾 20필, 자기 주발瓷

塊 200상자, 자기 접시瓷堞 100상자.

- 선박을 방어하기 위한 징, 북鼓, 깃발의 수.

- 본주本州의 물력호物力戶(재력이 있는 사람) 세 사람의 보증.

- 본주에서 지급한 곤장杖과 인장印章의 수.

- 도항과 관련한 칙조勅條

……

이 공빙(본문의 내용에서는 공험이라고도 적혀 있다)을 보면, 신청자 천주 객인 이충, 선박 소유 유무, 선원의 수(이충을 포함하여 모두 70명), 목적지 (일본), 회항지(명주 시박무)를 적고 있다. 여기서 먼저 이충은 천주객인 이라 표기되어 있다. 이는 호적제도에 근거한 것으로 '천주'가 곧 그의 소속 지역이자 본적인 것이다. 두 번째로 '자기 선'이 나타나 있는데, 이는 누구 소유의 배를 타고 가느냐고 묻는 것이다. 송대에는 초기부터 선박 소유주의 본적지에 선박을 등록시키는 법이 있었다고 한다.[10] 즉, 사람에게 본적지가 있었던 것처럼, 선박에게도 선적지가 있었던 것이다. 그에 따라 이충이 자기 선이라고 신고하면, 이 선박은 곧 그의 소유로, 선적 또한 천주가 될 것이다. 그리고 생략했지만 이 공빙의 맨 아래에는 시박 관원들의 확인 서명이 들어가 있다. 따라서 이는 송조 시박사 관원들이 자국 해상 이충의 신원을 보증하고 있었음을 말해준다.

공빙제도는 다음의 사례를 통해서도 엿볼 수 있다. 남송 초기 고종대 절서안찰사浙西安察使 엽몽득葉夢得의 말이다.[11]

우리 주(항주杭州)의 선박은 예로부터 고려와 장사를 해왔는데, 그러는 사이에 그 나라 사람들과 무역하면서, 그 나라의 산천 형세와 도로의 멀고 가까움까지도 능히 알게 되었습니다. 이로 인해 본관은 더 자세한 것을 알기 위해 박주舶主 장수張綏로 하여금 대상大商인 류열柳悅과 황사순黃師舜을 불러오도록 하여 묻게 되었는데, 이 두 사람은 모두 천주 사람으로, 평생 우리 주로부터 공빙을 발급받아 고려로 가서 장사를 해왔습니다.[12]

참고로 《고려사》에는 이들이 왔다는 기록은 없다. 여기서 천주상인인 류열과 황사순은 항주의 양절 시박사로부터 공빙을 발급받아 고려를 자주 오가고 있었다. 앞서 이충의 공빙에서도 맨 처음에 그의 본적지인 천주를 적고 있었다. 그러므로 이들 역시 천주가 그 본적지란 뜻이다. 그 밖에 송대 중국 사료에서는 명주강수明州綱首라든지,[13] 밀주상인密州商人이라든지 하여,[14] '주州'라고 하는 행정 지역명이 공통적으로 나타나고 있다. 송대의 경우 말단 행정기관인 현縣에서 기초 장부를 작성하고는 주를 단위로 호적을 제작하고 있었다. 그래서 송조 관원들은 본적지를 토대로 해상의 소속 지역을 파악하고 있었던 것이다.

또 대상인 류열과 황사순은 박주 장수의 선박을 이용하고 있었다. 그러므로 그들의 공빙에는 '강수', '류열' 또는 '강수', '황사순'으로 적고, 선박은 타인 '장수'의 선박이라 기록되었을 것이다.[15] 여기서 자기 선과 타인 선을 구별하는 것은, 앞서 언급한 것처럼 선박의 소속, 곧 선적과도 관련이 있다. 예컨대 류열과 황사순 두 사람은 천주사람일지라도, 박주 장수는 항주사람일 수도 있기 때문이다. 이처럼 송조 시박사가 발행한 공빙에는 해상의 본적지, 자기 선 여부, 선적지, 출발지, 목적지, 회항지, 탑승 선원과 화물 등 상세한 정보가 담겨 있었다. 따라서 송조 시박사는 자신들이 발행한 '공빙'을 통해 자국 해상의 본적지뿐만 아니라 선박의 선적지까지도 판별하고 있었다.

한편 일본에는 이충이 가지고 왔던 공빙의 사본과 더불어, 일본 쪽 관원들이 그를 조사했던 〈존문기存問記〉라는 기록도 함께 남아 있다.[16] 이는 장치長治2년(1105) 8월 20일 유시酉時(오후 6시 무렵)에 축전국筑前國 나가군那珂郡 박다진博多津 지하도志賀島 앞바다에 도착한 이충에 대해, 22일에 이르러 일본 쪽 다자이후大宰府(규슈 지방의 행정관청으로 외교나 무역을 담당) 관원들이 문답 형식으로 그를 심문한 내용을 기록한 것이다.

여기에는 먼저 일본 쪽에서 입국 경위를 묻고, 그에 따라 이충이 교역하러 오게 된 사정을 답하고 있다. 이어서 이충은 본향本鄕의 공빙, 다시 말해 본국의 공빙, 그리고 함께 온 사람들의 이름을 제출했다는 것과 자기네 선박의 용적에 대해서도 진술하고 있다. 마지막에 그의 서명과 더불어, 다자이후 관원의 이름과 통사通事(통역인)의 이름도 나타나 있다. 그러므로 일본 다자이후는 송조 시박사가 발행한 '공빙'을 통해서 이충의 신원을 확인하고, 나아가 통역인에 의한 심문을 통해, 그가 입국하게 된 자세한 사정을 파악하고 있었다.

그리고 이 일본 측의 '존문기'를 보면, 이충은 이 이전 강화康和4년 (1102)에도 장엄莊嚴의 무리와 함께 일본에 왔다가, 작년 곧 장치원년 (1104)에 장엄이 '회각廻却'의 관부官符를 받았을 때, 자신도 함께 귀향 했다고 한다.[17] 그러므로 교역이 끝나자 일본의 다자이후 관원은 그들 에게 '회각', 곧 귀국명령을 내렸고, 그에 따라 중국으로 되돌아갔음을 알 수 있다. 이를 통해 고려나 다른 나라들도 송상에 대해서 이와 유사한 입출국 수속을 적용했을 것으로 추정할 수 있다.

외국 해상의 경우

외국 해상의 경우

종래 연구자들은 송상의 공빙이 존재했다는 것에 대해서는 익히 알고 있었다. 그러나 그 반대의 경우, 즉 외국 해상에게도 그들의 국가가 발행한 공빙이 있었다는 사실에 대해서는 그다지 관심을 두지 않았다.

남송 중기에 편찬된 《운록만초雲麓漫抄》를 보면 약 30여 개 나라의 상인들이 매년 천주항에 찾아오고 있다고 기록하고 있다.[18] 그에 따라 계절풍이 부는 시기에 시박 항구에서는 입출항을 하는 외국 또는 자국 선박들로 붐볐을 것으로 짐작해볼 수 있다. 송대 이전인 당대 후기 769년에 광주항廣州港에는 이미 4,000척의 외국 선박이 왔다고 한다.[19] 송대에는 그때보다 해상무역이 더 발달했다고 보는 것이 학계의 통론이다. 북송 중기인 1072년에 항주에 도착한 일본승려 성심에 따르면, 매매하는 크고 작은 선박이 너무 많아, 이루 다 헤아릴 수 없다고 기록하고 있다.[20]

그렇다면 송조 중국의 시박사는 자국에 찾아왔던 수많은 외국 해상의 국적을 어떻게 파악하고 있었을까? 이에 앞서 송조가 국적 관념을 가지고 있었다는 것을 확인해보고자 한다. 이 당시 남중국 광주에는 장기간 이곳에 거주하던 외국 해상이 많이 있었다.

번우番禺(광주廣州)에는 해외의 오랑캐가 잡거雜居하고 있는데, 그 가운데 가장 부유한 사람은 포 씨蒲氏 성을 가진 자이며, '백번인白番人'이라 부르는데, 본래 점성국의 귀인이다. 그는 바다를 건너다니다가 풍랑을 만나 되돌아가는 것을 꺼리게 되었고, 이에 그 국주國主에게 중국에 남아 무역을 돕겠노라 청했다. 국주가 이를 허락하여 선박과 관련된 일은 모두 그에게 의지하여 맡기게 되었다. 세월이 오래 흘러 그 집은 성 안에 거주했고, 가옥이 조금 사치하여 법이 정한 한도를 넘어서게 되었다. 그러나 중국 관리는 외국 해상을 불러들여 나라의 재정을 윤택하게 하는 데 힘쓰고 있고, 또한 그가 우리나라 사람이 아니기에 그 법의 위반에 대해 따지지 않았다.……[21]

이처럼 광주에는 포 씨처럼 점성국 국왕의 무역 대리인이 장기간 거주하고 있었다. 그리고 중국 측 관리는 그를 외국인으로 인식하고 있었으며, 그가 송조의 시박 수입에 기여하고 있다고 하여, 가옥에 관한 사소한 규정 위반 정도는 눈감아주고 있었다.

그런데 이들 외국인 가운데 범죄를 저지르는 자가 있을 경우, 광주의 관청에서 심문을 하고는 번방蕃坊(외국인 거주지)으로 보내 번장蕃長(번방의 우두머리)이 처벌하도록 했고, 다만 '도형徒刑' 이상의 무거운 범죄에 대해서만 광주 관청에서 직접 다스렸다고 한다.[22] 즉, 범죄인의 경우 송조는 당사자의 국적에 따라 재판에 대한 관할권을 달리 처리하고 있었다.[23]

이 같은 사실은 당시 일본해상을 통해서도 확인할 수 있다.

순희2년(1175), 왜선倭船의 화아火兒인 '등태명滕太明'이 정작鄭作을 때려 숨지게 했다. 황제가 조서를 내리기를, '태명'을 형틀에 묶어 그 강수綱首(선장)에게 넘겨, 돌려보내 그 나라의 법으로 다스리라고 했다.[24]

이 인용문을 보면 '화아'인 '등태명'이란 일본선원의 살인 사건에 대해, 송 황제는 그를 일본선의 강수에게 넘기고는 돌아가서 그 나라의 법, 곧 일본법으로 다스리게 했다고 적고 있다. 당시 선박의 나침반을 조작하는 항해장을 화장火長이라 불렀다.[25] 그런데 이 경우 그가 사고를 저질렀기 때문에 송쪽에서 '화아'라 낮추어 표기한 것으로 해석된다. 이처럼 사안이 중대한 만큼 송 조정이 그 배의 선적이나 해상의 국적을 일본이라 확신했기 때문에, 이런 조치를 내렸던 것으로 판단된다. 여기서도 송조가 상인의 소속 국적에 따라 재판관할권을 달리 적용하고 있다. 이를 통해 송조가 자국에 찾아오는 외국 해상이나 자국 시박 항구 도시에 장기간 거주하는 외국인에 대해 분명한 국적 관념을 가지고 있었던 것을 확인할 수 있다.

이를 토대로 송조 시박사가 각국 해상의 국적을 판단했던 근거에 대해 알아보기로 한다. 특히 많은 수의 선박이 계절풍을 이용해 한거번에 오가고 있었던 상황을 감안한다면, 예외 없이 공통적으로 적용하는 법 규정이 있었을 것으로 판단된다. 이를 위해서 먼저 다음의 사료를 소개해보도록 하겠다.

> 희령7년(1074) 정월 1일의 조서,…… 천주나 복건 연해 지방에 '남번南蕃'이나 '해남海南'의 화물선이 오는 경우가 있으면, '공거公據'를 취하여 검사하는데, 만약 이미 추매抽買를 거쳐 세금을 납부하여, 시박무가 발급한 '회인回引'이 있으면, 곧바로 통행을 허가한다.……[26]

이를 보면 '남번(동남아시아 국가)'이나 '해남도海南島(현재 하이난섬)'의 화물선에 대해 가장 먼저 '공거'를 검사하고, 나아가 세금납부 영수증에 해당하는 '회인'을 확인하고 있다. 이는 송조가 외국 선박이 남중국 연해안에 와서 밀무역을 하고 있는지 그 여부를 조사하고 있었음을 보여주는 것이라 하겠다. 위 인용문에 나타나는 '추매'란 추해抽解와 화매和買의 줄임말이며, 전자는 세금, 후자는 시박사가 특정 상품을 강제적으로 구입하는 것을 뜻한다.

여기에서는 매우 중요한 사실을 발견할 수 있는데, 당시 외국 상인들도 자국의 '공거'를 가지고 왕래하고 있었다는 점이다. 이 같은 사실은 다음의 사료에서도 확인할 수 있다.

> 진랍眞臘 대상大商의 배 4척이 함께 가다가, 2척은 이미 도착했으나, 나

머지 2척은 '공험'을 속인 혐의를 받았다. 그 배의 화물과 집기 등은 믿을 수 있었으나, 군인들은 여전히 소란을 떨며 그것을 받아들이려 하지 않았다. 이에 공이 그 우두머리에게 타이르기를, 정말로 이들이 도적이라면 결코 석방할 수 없으나, 이미 그들이 상인인 것을 안 이상, 어찌 가혹하게 다스릴 수가 있겠는가라고 말하여, 비로소 군인들이 물러가게 되었다.[27]

이를 보면 송조 군인들이 진랍 해상 선박의 '공험'을 조사했다고 한다. 이는 앞의 인용문과 마찬가지로 송조의 군인들이 중국을 왕래하는 외국 선박에 대해 해상에서 검문도 하고 있었으며, 이때 '공험'을 조사하고 있었음을 보여준다.

여기서 '공거'나 '공험'이 합법적인 무역선임을 증명해주는 매우 중요한 문서였음을 엿볼 수 있다. 그에 따라 공험이 없거나, 공험에 문제가 있을 경우, 이 경우처럼 그 선박은 군인들에 의해 곧바로 나포되었음을 알 수 있다. 이처럼 송대에는 '남번', 곧 동남아시아의 외국 상인들도 자국의 '공빙(또는 공거, 공험)'을 가지고 송에 오고 있었다. 따라서 이 두 사례를 통해 그 밖의 다른 나라 상인들도 그러했음을 미루어 짐작할 수 있다.

나아가 원대 시박 법령에서도 다음과 같이 규정하고 있다.

번인番人(외국인)이 본국으로 돌아갈 때에도, 그 소재지(곧 시박항)에서는 외국 선박의 '공험'에 가지고 가는 화물을 베껴 적도록 하고, 금지한 물건을 가지고 가는 것을 허락하지 않는다.[28]

이를 보면 원대에도 외국선이 자국의 '공험'을 가지고 왔음을 알 수도 있다. 이를 통해 송·원대에는 공히 외국 상인이나 외국 선박들도 반드시 자국의 '공빙'을 가지고 중국에 왔던 사실을 재삼 확인할 수 있다. 그에 따라 송조 중국의 시박사는 외국에서 발행한 공빙을 토대로, 그 외국인 또는 외국선의 국적을 판별하고 있었다. 결국 송상이 갔던 나라들은 중국의 공빙제도를 알고 있었고, 이들 나라도 자국 상인에게 자기네 공빙을 주어 중국에 보내고 있었던 것이라 해석할 수 있다.

여기서 송·원대 중국 사료에서 나타나는 외국선이 가지고 왔다는 '공빙' 또는 '공험'이란 한자어는 송쪽에서 보았을 때 자국의 그것에 해당한다는 뜻일 것이다. 그래서 한자문화권에 속하지 않는 나라의 경우라면, 그 나라 문자가 쓰였을 가능성도 있다. 그런데 당시 송조 중국의 시박사에는 통역관도 대기하고 있었다. 보통의 경우에서는 그들을 '역자譯者'라 칭했지만,[29] "북방에서는 '통사通事'라 하고, 남변(동남아시아의 여러 나라) 선박들은 '당파唐帕'라 일컬었으며, 서방 만요蠻傜(서쪽의 오랑캐)들은 '포의蒲義'라 불렀다"고 한다.[30] 여기서 당시 시박 관청에 각 나라별로 통역인도 어느 정도 대기하고 있었음을 엿볼 수 있다. 이는 앞서 소개한 것처럼 일본의 경우도 마찬가지였다. 그에 따라 이들에 의해 문자나 언어 소통도 큰 어려움 없이 이루어졌을 것으로 추정할 수 있다.

한편으로 이충의 공빙 아래에 생략된 부분을 보면, 송상의 경우 '공거' 없이 마음대로 나갔을 때 '도徒' 2년의 형벌에 처한다고 적고 있다. 또 북송시대의 '편칙'을 보면, 이 경우 배에 실린 화물도 관청에서 몰수한다고 되어 있다.[31] 공빙이 없는 해상이란 다름 아닌 해적이므로,

송조는 그들의 교역 자체를 아예 인정하지 않았던 것이다. 그리고 그 연장선에서 송조 시박사는 외국 해상에게도 반드시 자국의 공빙 지참을 요구하고 있었던 것이라 하겠다. 즉 송조 시박체제는 공빙을 지닌 합법적인 내외국 상인을 대상으로 설정된 것이라 해석할 수 있다.

이처럼 송조는 국적 관념을 가지고 있었으며, 자국 해상에게는 본적지에 근거하여 공빙을 발급하고 있었다. 또 시박 수속은 문서로 이루어지고 있었다. 한편으로 이 시대에는 다른 나라들도 중국에 가는 자국의 해상에게 공빙을 발급하고 있었다. 그에 따라 송조 시박사는 각 국이 발행한 공빙을 근거로, 그 상인의 국적, 나아가 그 선적을 판단하고, 그들의 출입을 관리하고 있었다.

고려해상의 경우

지금부터는 고려도 해외로 가는 자국 여행자나 해상에게 그 신원을 보증하는 공빙을 발급하고 있었던 사실에 대해 다루어보기로 하겠다. 앞서도 소개한 소식蘇軾의 문집에 따르면, 원우4년(1089)에 천주사람 서전徐戩이 고려국 승통僧統 의천義天을 보좌하는 수개壽介 등 5명을 데리고 항주에 왔다고 한다. 이때 그들은 본국의 '예빈성첩禮賓省牒'을 제출했다고 한다. 거기에는 "본국 왕의 뜻을 받들어 수개 등으로 하여금 의천의 제문祭文을 가지고 가서 항주 승려 원사리源闍黎[32]를 제사하게 함"이라 적혀 있다고 한다.[33] 또 그 '예빈성첩'에는 "원사리를 제사하고, 나아가 여러 곳에서 스승을 찾아 불법을 배우게 함"이라고도 적혀 있다고 한다.[34] 여기서 고려는 중국으로 가는 자국인 여행자의 신원과 함께 도항 목적을 구체적으로 적은 '예빈성첩'을 발급하고 있었음을 알 수 있다.

그런데 이충의 공빙 속의 감회勘會(이는 그 후반부에 기록되어 있는 것으로 앞에서는 생략했다. 여기에는 해상이 지켜야 하는 여러 가지 규정을 담고 있다) 부분을 보면 다음과 같은 부분이 있다.

상판商販(장사)하는 사람은 다른 나라에 가서 망령되이 봉사奉事(외교사절)의 명목을 칭하거나, 표장表章(외교문서)을 만들거나, 칭호를 사용해서는 안 된다. 아울러 그 나라에 가서는 '상판'이라고 분명히 밝혀야 하며, 만약 거기서 모든 공문서에 서명해야 할 경우, 중국의 주현州縣에 신고했던 체례에 따라, 문서에 구체적으로 진술해야 한다.

이를 보면 송조는 자국 해상으로 하여금 상대방 도항국에 가서 공문서에 신고할 때, 중국에서 했던 것처럼 사실대로 기록하라고 규정하고 있다. 그리고 이충의 경우에도 일본에 가서 실제로 그렇게 했다. 그렇다면 송조는 자국에 오는 외국인에게도 '공빙' 제출과 더불어, '입국신고서'와 같은 것을 요구했을 수도 있다.

그런데 이 소식의 문장에 따르면, 고려승려 수개가 '장狀'에서 칭하는 바에 따르면, "출발하는 날, 국모國母의 지휘를 받들어 금탑 2개를 가져 가서 송나라 황제와 태황태후의 장수를 기원하라고 했다"고 한다.[35] 이를 보면 현지에 도착하여, 다시 '장'이라고 하는 오늘날의 입국신고서와 비슷한 서류도 제출했음을 확인할 수 있다. 이를 통해 송조 관원들은 고려에서 온 여행자의 입국 목적을 보다 상세히 판단하고 있었던 것이다. 이처럼 당시 고려는 자국 여행자의 신원을 보증하는 '예빈성첩'을 발급하고 있었고, 한편으로 송쪽 관리들은 그것을 통해 그들을 고려사람이라 판단하고 있었다.

고려상인과
동아시아 무역사

남송 말에 편찬된 경원부의 지방지에는 개경원년(1259) 4월에 송인 강수 범언화范彦華가 몽골군에 잡혀갔다가 탈출하여 고려에 와 있던 한인漢人 3명을 태우고 경원부의 연해제치사沿海制置司(바다를 방어하던 관청, 경원부의 장관이 이를 겸임)로 왔다는 기록을 남기고 있다. 이에 따르면 이들 한인들은 보우6년(1258) 정월에 고려왕을 배알한 뒤에 한어도감漢語都監에서 숙식을 했고, 한편으로 범언화는 이 해 3월에 고려에 들어간 뒤, 해를 넘겨 이듬해 3월에 고려에서 이들을 태우고 다시 되돌아왔다고 한다.[36] 이때 함께 발송된 고려국 '예빈성첩'에서는 다음과 같이 기록되어 있다.

고려국 예빈성이 대송국大宋國 경원부에 첩牒을 보냄. 우리 관청은 귀국 사람인 승포升甫, 마아馬兒, 지취智就 등 3명이 오랫동안 적인狄人(북쪽 오랑캐, 곧 몽골)에게 잡혀 있다가, 작년 정월에 도망쳐 나와 우리나라에 들어왔기에, 잠자리와 식량을 제공하며 보살펴왔다. 이번에 강수 범언화와 유창兪昶 등의 합강선合綱船 편에 바다를 통해 귀국시키고자 하여, 여행에 필요한 식량 3석도 주어 송환시키니, 잘 살펴보기 바란다. 위와 같은 내용을 상세히 갖추어 대송국 경원부에 첩을 보내니, 살펴서 시행하길 바란다. 삼가 첩을 보냄. 기미 삼월 ○일에 삼가 첩을 보냄[37](이 아래에 있는 8명의 고려 관원의 관직명과 그 성명은 생략함).

참고로 이때는 고려가 몽골과 항전하던 시기였다. 그런데 위 '첩'의 앞머리에서 고려 예빈성은 이들을 '귀국 사람'이라 표현하고, 그들이 고려에 오게 된 경위와 더불어, 돌려보내는 선편과 식량까지 구체적으로 적고 있다. 나아가 '첩'의 아래에는 8명의 고려관원과 그 이름을 적고 있는데, 이는 고려조정이 이들 세 사람의 신원에 대해 보증을 하고 있다고 하겠다. 이처럼 당시 고려는 한인의 송환과 같은 경우에 있어서도 반드시 '예빈성첩'이란 공문서를 주어 보내고 있었다. 이는 고려도 문서행정으로써 출입국을 하는 사람들을 관리하고 있었음을 보여준다.

다음으로 해상의 경우에 대해서 살펴보기로 하겠다. 남송 중기에 편찬된 경원부의 지방지에는 다음과 같은 사실을 기록하고 있다.

> 고려와 일본선의 경우, 강수와 잡사雜事는 19분 가운데 1분을 징세하고, 나머지 선객들은 15분 가운데 1분을 징세했습니다.[38]

이 시기 경원부에서는 고려선과 일본선의 경우, 강수와 잡사의 상품에 대해서는 19분의 1을, 나머지 선객(선원이나 객상)의 그것에 대해서는 15분의 1을 각각 세금으로 매기고 있었다고 한다. 여기서 고려선이나 고려강수가 나타나고 있다.

그렇다면 송 경원부는 무엇을 근거로 고려선 또는 고려강수라 판단했던 것일까? 이 역시 고려국 예빈성에서 발급한 '첩'을 통해 그렇게 판단했던 것으로 보아야 하지 않을까? 이는 다음 사료를 통해서 그것을 확인할 수 있다. 같은 책의 시박市舶 항목에서는 중국상인이 고려에 들어갔다가 그쪽 여인과 인연을 맺는 경우도 있다는 사실을 소개한 뒤, 다음과 같이 기록하고 있다.

> 본부本府(경원부)와 저쪽 예빈성은 '문첩文牒'으로써 서로 술잔을 주고받듯이 하며, 모든 '고박賈舶(장사하는 배)'을 오가게 하고 있다.[39]

이를 보면 송 경원부와 고려 예빈성은 '문첩'을 술잔에 빗대어, 서로 주거니 받거니 하면서 '모든' 상선들을 왕래시킨다고 적고 있다.[40] 여기서 '모든'이라는 표현을 쓰고 있기에, 예외가 없다는 것을 보여준다. 본래 중국에서 '첩'이란 행정기관끼리 서로 주고받는 문서이다. 송조 중국의 시박사가 발급한 공빙 역시 외국의 무역 담당 행정기관 앞으로 자국 상인의 신원을 보증하기 위해 발행한 것이므로, 사실상 첩의 성격을 띠고 있다. 그리고 앞서 이충의 공빙에서도 보았듯이, 송조 시박사는 배 1척마다 공빙을 주어 보내고 있었다. 이는 또한 중국에 찾아왔던 남번南蕃의 진랍 선박들도 그러했음을 확인했다. 그러므로 이 인용문에서 나타나는 '문첩'이란 두 나라 행정기관(송 경원부와 고려 예빈성)이 서로 자국의 상선임을 보증하기 위해 모든 선박에게 주어 보내던 것이라 판단할 수 있다. 여기서 고려조정도 남중국으로 가는 고려 해상에게 예빈성의 공빙을 발급하고 있었던 사실을 확인할 수 있다.

그렇다면 송조의 경우 해상무역을 관할하는 시박사란 관청이 상인에게 공빙을 발급하고 있었음에 비추어, 고려는 왜 외교를 담당하는 예빈성이 그것을 발급했을까 하는 의문도 생길 것이다. 송조 중국의 경우 해상들이 수입한 상품 가운데 유향이나 상아 등 8~9종류의 상품에 대해 정부가 전매를 실시하고 있었다.[41] 그에 따라 시박사는 출입하는 해상의 관리나 징세뿐만이 아니라, 이들 상품을 골라내어 중앙의 각화무榷貨務(전매 담당 관청)로 보내는 작업도 함께 맡고 있었다. 한편으로 고려는 송조 중국과 달리 이 같은 전매를 실시하지 않았다. 이 때문에 시박사와 같은 별도의 관청을 필요로 하지 않았던 것이다.

송 경원부가 고려선 또는 고려강수라 판단했던 근거는 다름 아닌 고려국 예빈성에서 발급한 '첩'이었음을 확인할 수 있다. 즉, 이 예빈성첩이 곧 그 선박의 선적이나 해상의 국적이 틀림없이 고려라는 것을 보증하고 있었다고 하겠다. 이 사료는 경원부와 고려 사이에 대해서만 예시적으로 언급하고 있다. 하지만 이 같은 관계는 중국의 다른 시박 항구와 고려 사이의 경우도 마찬가지일 것이다. 이 사실을 통해 고려 국적의 여행자를 비롯해 상인이나 고려 선적의 선박도 남중국을 왕래하고 있었음을 확인할 수 있다.

참고로 원대의 경우이지만, 고려조정은 개경을 떠나 육로를 통해 대도大都에 장사하러 가는 상인에게도 통행증에 해당하는 '문인文引'을 발급하고 있었다. 그에 따라 국경의 관문이나 강을 건너는 곳에서 관리들이 이를 엄격히 검사하고 있었다고 한다.[42] 이 같은 사실들을 참조하면 이 시대 고려와 중국 사이에서는 해로나 육로 할 것 없이, 서로 상대방 나라로 가는 자국 여행자나 상인에게 공통적으로 그 신원을 보증하는 '문서'를 발급하고 있었음을 확인할 수 있다.

공빙제도의 문제점

여느 제도가 다 그렇지만 상인의 국적을 판단하는 이 공빙제도에도 문제점은 있었다. 북송 중기 1076년 즈음에 복건과 광남廣南 사람이 장사하러 교지交趾(베트남 북부)에 갔다가, 그쪽에 남아서 일하는 사람이 있다고 한다.[43] 《송사》에 따르면, 고려의 "왕성王城에는 화인華人 수백 명이 있는데, 이들 대부분은 민인閩人(복건인)으로 상박商舶을 타고 갔고, 고려가 가만히 그들의 능력을 시험하여, 관직으로 유인한 자가 대부분이다"라고 기록하고 있다.[44]

또 남송 말 경원부의 장관이었던 오잠이란 사람도 지금 고려에 관리가 된 경원 사람이 있다고 증언하고 있다.[45] 이러한 사실을 토대로 화교華僑의 기원은 송대부터라고 하며, 고려, 교지, 점성, 삼불제 등지에 그들이 진출해 있었다고 한다.[46] 또한 원대 후기가 되면 이런 추세는 더욱 확대되어 동남아시아 일대에 널리 복건사람들이 거주하고 있었다고 한다.[47] 이처럼 이 당시 화교들은 고려뿐만 아니라 동남아시아에도 있었다.

송나라 해상의 경우 안정된 삶과 이익을 얻는 것이 목적이므로, 이들 가운데에도 해외에 이주하는 경우가 있었을 것이다. 다음 사례는 일찍부터 해외에 진출하여 다른 나라에 살고 있던 송나라 해상의 모습을 보여준다. 이는 북송 초기 순화3년(992)의 일이다.

통역인이 말하기를 지금 박주舶主이자 대상大商인 모욱毛旭이란 자는 건계인建溪人(복건)으로 여러 차례 본국을 왕래하고 있었고, 이런 까닭으로 그들(사파국 사람)을 향도하여 조공하러 온 척 하고 있습니다.…… 또 그 지역 말로 박주를 발하勃荷라 하고, 박주의 처를 발하비니속勃荷比尼贖이라 하는데, 그 배 안에 있는 부인의 이름은 미주眉珠이며, 머리를 상투처럼 묶고 아무런 머리 장식도 없으며, 만포蠻布(오랑캐 의복)를 몸에 두르고 있는데, 얼굴색은 검푸르고 말을 알아들을 수 없으며, 절을 하는 것도 남자처럼 두 손을 이마에 올린 뒤 꿇어앉아 땅에 엎드려 절하고 있습니다.[48]

여기서 선박주 모욱이란 사람이 등장하고 있으며, 그는 사파인 처를 태우고 남중국을 왕래하고 있다. 또 사파사람을 이끌고 왔다고 하므로, 그의 배에 사파 상인들도 함께 타고 있었음을 엿볼 수 있다. 나아가 통역인은 그를 남중국 복건 지방의 건계 사람이라고 소개하고 있다. 그러나 이는 어디까지나 그의 출신 본적이 그러했을 뿐, 현재는 사실상 사파국에 이주하여 그곳에 거주하던 화교라 판단할 수 있다. 여기서 사파 국왕은 이 중국 출신 선박주의 배를 이용하여 조공무역을 하고 있었다. 한편으로 모욱은 사파 국왕을 도와주며 바다를 오가고 있었음을 발견할 수 있다.

이는 중국의 공빙제도의 허점을 노려 자신의 이익을 위해 국적을 넘나들면서 화교가 되어 다른 나라를 위해서 일하는 송나라 상인도 존재할 수 있다는 것을 뜻한다. 사실 이 시대에는 이런 부류의 송나라 해상들이 존재했다. 이로 인해 송조 중국의 정책이 제대로 먹혀들지 못하는 경우도 있었다. 이에 대해서는 2부에서 다시 상세히 다루도록 하겠다.

••• 후속 연구를 위한 제언

이 시대 각 나라들은 공빙이란 문서를 통해 상인들의 국적을 판별하였다. 이로써 고려상인의 활동이 있었다는 사실은 보다 선명해졌다. 문제는 고려의 경우 어떤 절차를 통해 상인에게 예빈성첩이 발급되었느냐 하는 점이 의문으로 남아 있다. 송대 중국에서는 상인이 자신이 살고 있는 본적지의 관청에 출두하여 신고를 한 뒤 그 허가증을 받아, 출항하고자 하는 항구로 가서 시박사로부터 공빙을 발부받아 해외로 나가고, 되돌아와서는 세금을 납부하고 공빙을 반납하는 절차를 밟고 있었다. 고려의 경우도 이와 유사한 형식을 취했을 가능성이 있지만 이에 대해 보다 정밀한 검토를 할 필요성이 있다. 또 예빈성이 파견한 관리들이 예성항에서 고려상인이나 송나라 상인으로부터 관세를 부과했을 가능성도 짙은데 이에 관한 연구도 없다. 앞으로 고려조정이 이들 국내외 상인들을 어떻게 관리하고 있었는가에 대한 종합적인 검토가 필요하리라 본다.

2.

해상海商 왕래의
실태

무역에 대한 송나라의 태도와 고려해상의 활동

••• 당대 후반기 신라 해상들은 중국이나 일본을 왕래하면서 활발한 교역활동을 했으며, 오대 때까지만 하더라도 북중국 산동반도에는 여전히 신라교민 사회가 성립되어 있었다. 고려 초기에도 고려와 남중국의 여러 나라 사이에는 해상의 왕래가 활발했다고 한다.[1] 실제로 우리나라 해상이 오대십국시대(907~960)에 북중국 산동반도에 있는 등주나 청주靑州에서 활동했던 사실은 사료에서도 확인된다.[2] 또 고려박주高麗舶主 왕대세王大世란 사람이 침수沉水(침향목) 1,000근으로 형악衡岳 72개의 봉우리가 조각된 의니산旖旎山을 남중국의 오월왕吳越王 전숙錢俶에게 팔려고 했던 사실도 있다.[3] 이를 통해 중국의 오대십국시대에 고려 해상들이 중국에 건너가 활동했던 사실은 분명히 확인할 수 있다.

그러나 중국에서 송조가 성립한 이후 고려해상의 활동에 관한 연구는 상대적으로 빈약한 실정이다. 종래에는 《고려사》에 나타나는 송상의 기록을 중심으로 이 시대 해상무역을 주로 설명하다가 고려해상의 활동을 인정하기도 했다.[4] 그 뒤에 나온 연구들도 무역 관련 주제를 다루는 가운데 몇 가지 고려해상에 대한 사료들을 추가로 제시하기도 했다.[5] 이로써 고려해상도 이 시대 해상무역에 참여하고 있었다는 사실은 더욱 분명해졌다. 그러나 송상은 초기부터 지속적으로 고려에 건너오고 있음에 비추어, 지금까지 제시된 고려해상에 관한 사료는 너무나 단편적이며 그 시기도 남송대의 것에 한정되어 있어, 종래의 소극적인 이미지를 바꾸기에는 여전히 아쉬움이 남는다. 따라서 이에 대해서는 처음부터 다시 접근해볼 필요가 있다고 판단된다.

그런데 이 시대 고려해상의 활동과 관련해서는 먼저 외국과의 교역에 대한 송조 중국의 태도부터 살펴볼 필요가 있다. 흔히 당대 중기 이후 해상무역이 발달한 것을 염두에 두고, 송조 중국도 처음부터 그것을 장려한 것처럼 이해하고 있지만, 이는 총론에서 볼 때 그렇다는 것일 뿐이지, 각론에 있어서는 전혀 그렇지 않다. 그 단적인 예로 송조는 초기에 여러 차례 '편칙'을 만들어, 자국 해상이 거란이나 고려에 도항하는 것을 금지했다. 따지고 보면 이는 송조가 이웃한 이들 나라들과 해상교역을 하지 않겠다는 방침을 의미하는 것이다. 그렇다면 이 조치는 고려해상이 중국에 도항하는 것에도 당연히 영향을 주었으리라 짐작할 수 있다.

이런 이유에서 이 글에서는 먼저 송조 중국이 이웃한 나라들과의 교역에 대해 어떤 태도를 취하고 있었는가를 구체적으로 살펴보기로 한다. 나아가 그 연장선에서 중국 쪽의 태도 변화와 더불어 고려해상이 다시 활동하게 되었던 모습을 살펴보도록 하겠다. 그래서 여기서는 중국에서 송조가 성립한 이후 끊어졌던 고려해상의 연결고리를 다시 잇는 작업을 해보고자 한다.

무역에 대한 송조 중국의 태도

송대 중국과 주변 외국 사이의 무역방식에는 크게 두 가지가 있었다. 하나는 육로를 통한 '각장교역榷場交易'이고, 다른 하나는 해로를 통한 '해상교역'이다. 그래서 이 둘을 통해 무역에 대한 송조 중국의 태도를 살펴보도록 하겠다.

거란과의 각장교역은 태평흥국2년(977)부터 비롯되었다. 이때에 국경지대 다섯 곳에 각무榷務(각장을 관리하는 관청)를 두고, 향약香藥(향료와 의약품), 서상犀象(코뿔소 뿔과 상아), 차茶를 가져다가 교역하게 했다. 그러나 태평흥국4년(979)에 송 태종이 연운燕雲16주를 되찾기 위해 치른 거란과의 전투에서 패배한 뒤에 이를 폐지했다.[6] 그 뒤 각장은 폐지하거나 설치하기를 반복하다가, 1004년 송과 거란 사이에 '전연澶淵의 맹약'이 성립한 경덕2년(1005) 이후에 세 곳에 다시 두었다.[7] 그리고 인종과 영종 때에는 거란이 맹약을 준수했기 때문에, 호시互市가 끊이질 않았다고 한다.[8] 이처럼 송측은 전쟁이 있었을 때 거란과의 각장교역을 중지했다. 그러나 송과 거란 사이에 '전연의 맹약'이 성립하여, 거란이 조약을 준수함으로써 평화가 지속되자, 송측은 각장교역을 다시 진행했다.

이 같은 각장교역은 송과 서하西夏 사이에서도 있었다. 송은 경덕4년(1007)에 각장을 두어 서하와의 교역을 허가했다.[9] 그리고 그 이후는 다음과 같은 경과를 보이고 있다.

천성연간(1023~1031)에, 섬서 지방에 '각장' 두 곳과, 병대로幷代路(하동로河東路 일대)에도 '장場'을 두었는데, 서하가 평화롭게 교역할 것을 청해,

이를 허락한 것이다. 그 뒤 이원호李元昊가 배반하자 즉각 명령을 내려, 섬서와 하동 지방의 '호시'를 중단토록 하고, 보안군의 각장을 폐지했다. 뒤에는 또 섬서 연변의 주병관主兵官과 속강屬羌이 교역하는 것도 금했다. 상당한 시간이 흘러, 이원호가 신하가 되길 청하며, 수차례 사신을 보내 다시 '호시'하기를 요청하자, 경력6년(1046)에 다시 보안保安과 진융鎭戎 두 군軍(행정 지역)에 '장'을 두게 되었다.[10]

송은 서하와의 경계 지역인 섬서로(오늘날 섬서성 일대)와 하동로(산서성) 일대에 각장을 두고 있었으나, 서하의 공격이 있자 즉각 이를 폐지하고 있다. 그리고 송측은 '속강'과의 교역도 금지하고 있다. 여기서 말하는 '속강'이란 서하의 영향 아래에 있는 강족羌族이라 추정된다. 송측이 '속강'과의 교역도 중단시킨 목적은 '속강'을 통해 송의 물자가 서하로 흘러들어가는 것을 막고, 경우에 따라서는 '속강'의 피폐를 유도하여 그들로 하여금 서하에게 불만을 터뜨리게 함으로써, 그 둘을 이간시키려 한 데에도 그 목적이 있었을 것이다. 그 뒤에 서하가 수차례 사신을 파견해 신하가 되기를 청했다고 하므로, 서하가 송에 입공하여 '각장'을 다시 열어줄 것을 요청하자, 송측은 비로소 그것을 다시 허락했다고 판단된다.

각장교역에 대한 송조의 태도를 정리하면 다음과 같다. 거란의 경우는 전연의 맹약을 준수했기에 송의 각장에서 무역을 지속할 수 있었다. 서하의 경우는 송에 입공하여 더 이상 적대행위를 하지 않음으로써 비로소 송과 교역을 할 수 있었다. 따라서 송과 주변 나라 사이의 각장무역은 송이 주도권을 쥐고 있었으며, 주변 국가가 송에 적대행위를 하지 않을 경우에만 그것을 허가하고 있었다. 이처럼 송조 중국은 교역이라는 무기를 통해서 주변국을 통제하고 있었다.

송조가 고려를 비롯한 이웃 나라들과의 해상교역에 대해 취하고 있었던 태도는 〈경력편칙〉, 〈가우편칙〉, 〈희령편칙〉, 〈원풍 8년 9월 17일의 칙절문勅節文〉 등에 나타나 있다.[11] 이들 법령을 토대로 송상의 도항 금지 지역을 정리하면 〈표 1〉과 같다.

먼저 아래의 〈표 1〉에서 1035년에서 1073년까지 송조는 자국의 해상으로 하여금 고려와 신라, 그리고 '등주와 래주 주계', 그 밖에 '계하', '북계' 등에 가서는 안 된다고 규정하고 있다. 여기서 '등주와 래주 주계'는 거란과 인접한 산동반도 북쪽 지역의 바다, 또 '계하'나 '북계'는 거란과의 국경지대에 있는 북쪽 하천과 그 바다이다. 그리고 '신라'에 대해서는 지금까지 의문의 지역으로 남아 있었는데, 당시 송조는 여진女眞을 '신라'에 비정하고 있었다.[12]

고려의 경우는 처음에 송과 수교하고 있다가, 거란의 침공을 받은 뒤, 순화5년(994)에 부득이 송과 관계를 끊고 거란과 수교했다.[13] 여진의 경우도 처음에 등주항을 통해 송에 여진의 말을 수출하기도 했다. 그러나 이후 거란이 압록강 하구를 점령하면서 해로를 통한 그들의 입공로를 막아버림으로써 송과의 관계가 끊겨버렸다.[14] 이처럼 위의

〈표 1〉 편칙에 규정된 송상의 도항 금지 지역

법령	시행시기	송상의 도항 금지 지역
경력편칙	1035~1043년	고려, 신라, 등·래주계登萊州界
가우편칙	1044~1058년	고려, 신라, 등·래주계
희령편칙	1059~1073년	계하界河, 북계北界, 고려, 신라, 등·래주계
원풍8년 칙절문	1085년 이후	대료국大遼國, 등·래주계

법령들은 거란이나, 거란의 영향 아래에 있는 고려나 여진 지역에 대해 송상의 도항을 금지하고 있다. 따라서 이들 편칙의 법령들은 사실상 송조가 거란을 의식하고 만든 것이라 할 수 있다.

한편으로 위 표에 나타나는 '원풍8년(1085)의 칙절문'에서는 도항 금지 지역에 '고려'가 빠져 있다. 이는 신종의 희령4년(1071) 고려와 송이 다시 외교관계를 맺은 뒤, 그에 이어 송조가 원풍2년(1079)에 '고려교역법高麗交易法'을 반포하여, 송상의 고려 도항을 정식으로 허가한 결과이다.[15] 이처럼 고려와 송이 다시 수교하기 이전에, 송조는 각종 '편칙'을 제정하여 송상의 고려 도항을 금지하고 있었다.

송조는 '전연의 맹약'이 맺어진 뒤, 거란과의 각장무역을 허용하고 있었다. 그럼에도 불구하고 송조는 자국 해상이 거란이나 그 영향 아래에 있는 지역으로 도항하는 것을 계속 금지하고 있었다. 이는 송조가 각장교역과는 또 다른 태도를 지녔던 것을 보여준다. 그렇다면 송조는 왜 해상교역에 있어서 그 같은 조치를 취했을까?

고려 문종이 송에 사절을 파견하자, 신종은 고려의 삼절인三節人 가운데 '연인燕人(거란 지배하의 오늘날 베이징 일대에 살았던 사람)'이 있는지 없는지를 조사하라고 명령하고 있다.[16] 그 뒤 소식蘇軾은 서전徐戩이라는 송상이 항주에서 대장경을 제작하여, 시박사를 거치지 않고 몰래 고려에 가져다 판매한 사건이 일어나자, 이러한 폐단을 그대로 방치해 내버려둔다면, 적국의 간첩이 그 어디든지 오지 않겠느냐고 우려하고 있다.[17] 또 소식은 고려사절이 송에 와서 여기저기서 산천 형세를 그리는 것만으로도 송나라의 허실을 엿보고 있다고 과민 반응을 보일 정도였다.[18] 즉 소식은 고려가 거란을 대신하여 송을 정탐하고 있다고 생각한 것이다. 이를 통해서 송조는 여전히 거란을 적국으로 간주하고 있었음을 확인할 수 있다.

각장교역은 국경 지역에 설치된 일정한 공간 속에서 진행되는 것이므로, 그에 따라 송측 관헌은 두 나라 상인들을 쉽게 통제할 수 있다. 그러나 해상교역의 경우, 해상이 항구를 떠나면 그뿐으로, 그 이후는 딱히 통제를 가할 방법이 없다. 고려와 송이 다시 수교를 한 뒤에 파견된 고려사신은 송 쪽에 대해 "거란으로 몰래 도항하는 해상(곧 송상)이 있으면, 본국의 왕이 이를 잡아 상국上國(중국)에 보내겠다"는 약속을 했다고 한다.[19] 이는 고려에 왔다가 거란으로 가는 송상들이 있었고, 이로 인해 송조가 자국 해상이 적국인 거란의 첩자가 되어 왕래할 가능성을 염려하고 있었던 것을 보여준다. 바로 이 점도 고려와의 수교 이전에 송조 중국이 송상의 고려 도항을 금지하고 있었던 이유 가운데 하나라고 할 수 있다. 이처럼 송조는 거란을 줄곧 적국으로 간주하고 있었다. 그래서 송조는 국방을 위해 거란은 물론이고, 거란과 수교하고 있는 나라와도 해상교역을 허가하지 않았던 것이다.

신법당新法黨 정부의 무역정책 전환과 고려

신법당 정부의 무역정책 전환

이처럼 송조는 인종 대부터 '편칙'을 제정하여 송상이 거란이나 고려에 도항하는 것을 금지하고 있었다. 그러나 이 같은 법령에도 불구하고, 현실적으로는 송상의 불법 도항은 성행하고 있었다. 이 같은 사실에 근거하여 위의 '편칙'이 빈 문장에 불과했다는 점에 대해서는 이미 연구자도 지적한 바가 있다.[20] 《고려사》에는 '경력편칙' 기간 동안에 송상의 내항이 3건, '가우편칙' 기간에는 그것이 늘어나서 12건, '희령편칙' 기간에는 14건의 사례가 각각 있다.[21] 이처럼 송조가 편칙을 통해 자국 해상의 고려 도항을 금지한 시기에도 왕래가 있었고, 그 수는 증가하고 있었다.[22]

그런데 고려에 왔던 송상을 그냥 불법으로 도항해왔던 경우라 해석하기보다는 달리 생각해볼 필요도 있다. 후술하는 것처럼 천주에 시박사가 설치된 것은 원우2년(1087)인데, 그 이전에 이미 이곳에는 외국 선박이 많이 와서 교역이 번성하고 있었다고 한다.[23] 이는 중앙 조정의 방침과는 달리 지방 관청들은 그것을 눈감아주며 재정 수입을 위해 그들을 받아들이고 있었다는 뜻일 것이다. 따라서 송상이 고려에 올 수 있었던 것도 그와 마찬가지로 남중국 쪽 지방 관청의 묵인이 있었기에 가능했던 것이라 하겠다.

북송 신종 대에는 신법당 정부가 등장하여 여러 가지 적폐를 청산하는 개혁정책을 펼쳤다. 이는 부국강병책을 담은 '왕안석王安石의 신법新法'으로 잘 알려져 있다. 신법당 정부는 그에 한하지 않고 기존의 무역정책도 크게 수정했다. 앞서도 소개한 것처럼 이충의 공빙 뒷부분에는 '감회'라는 항목이 있는데, 여기에는 다음과 같은 사실을 기록하고 있다.

'옛 시박법舊市舶法'에서는 상객商客으로 하여금 비록 삼불제 등에 가는 것은 허용했으나, 고려, 일본, 대식 등 여러 외국에 가는 것은 법으로 금하여 허가하지 않았다. 그런데 여러 외국 나라들이 바다라는 환경으로 인해 멀리 떨어져 있다고는 하나 어찌 중국을 엿보지 않았다고 할수 있겠으며, 비록 법으로 우리의 해상들이 건너가는 것을 금지했지만 그것을 끊기 어려웠기에, 법을 어기고 몰래 가는 것을 면하기 어려웠다. 그래서 이제부터는 북계北界나 교지交趾를 제외하고, 여태까지 중국에게 해로움을 주지 않았던 나라에 가고자 한다면, 모두 갈 수 있도록 허용한다.[24]

이 인용문에서는 먼저 '옛 시박법'이 등장하고 있다. 그리고 그 법령에서는 중국해상들로 하여금 삼불제까지만 도항할 수 있도록 허용하고, 고려·일본·대식 등의 나라에 가는 것을 금지하고 있었다고 되어있다. 여기에 '고려'가 들어가 있으므로, 이 '옛 시박법'은 앞서 살핀 것처럼 신종이 즉위하기 이전에 종종 나왔던 각종 편칙에 근거하여 작성된 것이었음을 알 수 있다. 그럼에도 불구하고 그동안 현실적으로는 중국이나 외국 해상들이 서로 오가고 있었기에, 이제 거란과 교지 두 나라를 제외하고, 나머지 모든 나라에 대해서는 도항할 수 있도록 허용했다고 한다.

이처럼 신종 대 신법당 정부는 거란과의 해상교역을 금지하고 있는 편칙의 큰 틀을 유지하면서도 새로운 시박 법령을 제정했다. 그 내용은 거란과 교지 두 나라를 제외하고, 나머지 국가들에 대해서는 모두 개방하는 쪽으로 시박정책의 방향을 틀고 있었다. 다시 말해 이미 여러 나라의 상인들이 중국을 오가고 있었으므로, 신법당 정부는 그 현실을 인정하는 쪽을 선택했던 것이다. 또한 이 당시 송조 중국은 거란과 서하의 군사적 압박에 대응하기 위해 변경 지역에 많은 군대를 배치하고 있었다. 이로 인해 재정적으로도 큰 어려움을 겪고 있었다. 이런 까닭으로 신법당 정부는 해상무역을 개방하여 차라리 시박 세금을 많이 걷는 편이 낫다고 생각했을 것이며 실제로도 그러했다.[25]

태조의 개보4년(971) 광주廣州에 시박사를 설치했다. 지재진 씨止齋陳氏(《문헌통고》의 저자)가 말하기를, 이때 비록 처음으로 시박사를 두었으나, 수입을 얻을 수 없었다. 태종의 순화2년(991)에 처음으로 2할의 세금을 징수하는 법을 만들었으나 그 수입이 매우 적었다. 그런데 신종의 원풍연간(1078~1085)에 이르러 비로소 지방의 장관(전운사轉運使)에게 왕래하는 선박을 감시하게 했으며 이를 위해 망루도 설치했다. 나아가 (철종 대에 이르러서는) 천주, 항주, 밀주密州에 모두 시박사를 두었고, 휘종의 숭녕연간(1102~1106)에 이르러서는 시박 업무를 전담하는 장관(제거시박사制擧市舶使)을 두면서 9년 동안 1,000만의 수입을 거두게 되었다.

여기서 신종의 원풍연간부터 해상에 대한 관리도 보다 체계화했으며 그 결과 휘종 대에 이르러서는 시박 수입도 크게 증가했음을 볼 수 있다. 이는 무역정책 변경의 배후에 송조 중국 쪽의 사정과 계산도 깔려 있었음을 보여준다.

이처럼 신종 대에 이르러 신법당 정부는 '옛 시박법'을 폐기했다. 위 인용문에서 새로운 시박 법령에서는 자기네 송상들로 하여금 나머지 나라에 대해 모두 도항할 수 있도록 허용했다고 표현하고 있다. 그러나 이쪽에서 가면 저쪽에서도 응당 올 수 있으므로, 대식상인을 비롯한 다른 나라의 상인들도 이제 공식적으로 중국에 올 수 있게 되었다고 해석된다.

이 사실에 근거한다면 위 인용문에서처럼 중국에게 직접 해로움을 주지 않는 나라라면, 신종 대부터는 중국과 수교를 하는 것도 가능했음을 보여준다. 이는 고려와 송 사이의 수교를 두 나라에만 국한시켜 생각해서는 안 된다는 것을 의미한다. 이처럼 송 신종과 신법당 정부는 종래와는 달리 전향적인 외교정책을 펼쳤고, 그 하나의 성과로서 고려와의 수교가 이루어졌던 것이다.

또 하나 신법당 정부의 정책 변화 가운데 주목되는 것은 종래까지 있어왔던 조공무역 정책도 이때 함께 폐기했다는 점이다. 다음은 북송 말 휘종 대의 사료이다.

선화4년(1122) 5월 9일의 조서, 여러 외국의 진봉물進奉物은 원풍법元豊法에 의거하여 다시는 수도로 올려보내지 말고, 시박사가 곧바로 그곳에서 팔도록 하라![26]

여기서 외국의 진봉물이 나타나고 있다. 당시 외국 사절이 진봉을 하면, 송 황제는 그에 대해 회사품回賜品을 내렸다. 이 같은 교역 방식은 이른바 조공무역이다. 그런데 '원풍법'에 의거하여 황제가 외국의 진봉물을 더 이상 수도로 올려보내지 않도록 명령하고 있다. '원풍'이란 '희령'에 이어서 만든 신종의 새로운 연호이다. 이 사실은 송조 중국이 신종 대 후반부터 조공무역도 공식적으로 폐기하고 있음을 말해준다. 그럼에도 시박사가 그들을 종종 올려보내는 경우가 있어, 휘종 황제가 이를 거듭 천명했던 것이다. 따라서 이와 함께 지금까지의 사정들을 종합해본다면 북송 신종 대부터 제도적으로도 사무역의 시대가 시작되었다고 할 수 있다.

두 나라 사이의 수교와 무역 문제

이런 분위기 속에서 고려 문종이 1071년에 고려정사 김제를 송에 파견함으로써 두 나라 사이에 다시 수교가 이루어졌다. 종래에는 이를 두고 송이 고려를 이용해 거란을 견제할 수 있게 되었으며,[27] 나아가 송상도 고려에 자유롭게 도항할 수 있게 되었다는 측면에서, 이를 신법당新法黨과 송상에 의한 '관상합작官商合作'이라 평가하기도 했다.[28] 그런데 다음의 사료는 지금까지 알려지지 않은 또 다른 사실을 보여 주고 있다.

> 원풍3년에, 고려국 사은겸진봉사謝恩兼進奉使 류홍柳洪과 부사副使 박인 량朴寅亮 등 121명이 수공전垂拱殿에서 신종황제를 알현하고는, 각기 직 급에 따라 하사품을 받았다.《요록要錄》에서 말하기를, 고려가 입공入貢 을 하게 된 시초는 고려사람이 자주 명주에 와서 상판商販을 했고, 이에 신종이 발운사發運使(동남 지역의 조세를 수도로 운반하던 책임 장관) 나증羅拯에 게 조서를 내려 고려의 입공을 기획하게 했다. 그래서 나증이 사람을 파견하여 바다를 건너가서 설득했고, 그에 따라 그쪽 국왕이 입공하게 된 것이다.[29]

남송 대 사람으로 위 사료의 저자인 이도李燾는 원풍3년(1080)에 중국 에 왔던 고려사절에 대해 언급하면서,《요록》이란 책을 인용하여 고려 와 외교관계를 맺기 전에 고려사람들이 자주 명주에 와서 무역을 했다 는 사실을 들고 있다. 그래서 신종황제가 이 사실을 접하고 나증에게 명령하여 고려의 입공을 기획하게 했다고 기록하고 있다. 이를 보면 송 쪽에서 먼저 고려에게 수교를 제의했는데, 그 이유는 고려사람이 자주 명주에 와서 무역했기 때문이라 한다. 따라서 편칙 시행기간에 송상이 고려에 왔던 것처럼, 고려해상도 문종 대 무렵부터 송에 자주 가고 있 었던 것을 알 수 있다. 이는 고려도 나름대로 대응을 하고 있었다는 것

고려상인과
동아시아 무역사

이다. 참고로 여기서 말하는 《요록》이란 《송조요록宋朝要錄》으로, 《속자치통감장편》의 저자인 이도가 종종 인용하고 있는 책이다.[30]

여기서 수교의 배후에 무역 문제도 개입되어 있었던 느낌을 주지만, 이 인용문만으로는 그 상세한 내막을 엿보기에는 한계가 있다. 이를 위해 다음의 사실을 소개해보도록 하겠다. 북송의 관료 가운데 전협錢勰이란 자가 있었다. 그는 원풍7년(1084) 고려 문종이 사망하자 송조정의 조문사절로 고려에 파견되었던 사람이었다.[31] 그런 그가 고려에 와서 여진인 40여 명이 있는 것을 보았다. 이에 전협은 천주상인 곽적郭敵에게 명령하여, 여진인에게 몰래 다가가서 그들의 수령으로 하여금 송에 입공하게 하고 무역도 하도록 전하라고 했다. 그러나 기다리던 여진인은 결국 오지 않았다고 한다.[32] 여기서 전협은 송상을 밀사로 내세워 여진인에게 접근하여 무역 문제를 이야기하며 수교를 촉구하고 있다. 이는 송조가 무역이라는 당근을 사용하여 여진을 자국 쪽으로 끌어들이려 하고 있었음을 보여준다.

이를 통해 볼 때 신종 초기에 명주에 자주 찾아오는 고려상인들을 보고, 신종이 송에 입공을 하면 공식적으로 무역도 할 수 있다고 고려에 제의했고 이것이 수교로 이어졌던 것이라 판단할 수 있다. 한편으로 고려의 입장에서 본다면 거란 한 쪽 방향의 외교적 틀에서 벗어나 송조 중국과도 수교하게 되어 그 입지가 넓어졌다고 할 수 있다. 동시에 중국과 공식적으로 무역도 할 수 있게 되었으므로 나쁘지 않은 선택이었다고 판단할 수 있다. 이처럼 고려 문종의 수교에는 무역 문제도 배경으로 자리 잡고 있었다.

고려 문종이 송과 수교를 맺은 뒤, 남송 초기까지는 사신의 왕래도 자주 있었다. 그리고 고려국 '예빈성첩'이 남송 말까지도 경원부에 줄곧 오고 있는 것으로 보아, 양국의 외교관계는 계속되었을 것이다. 그에 따라 후술하는 것처럼 고려해상도 남송 말까지 남중국에 찾아오고 있었다.

그런데 특이한 것은 고려 문종이 송과 수교를 한 후,《고려사》에는 문종27년(1073)부터 갑자기 일본인이나 일본상인이 수차례에 걸쳐 고려에 왔던 사실이 기록되어 있다.[33] 일본 사료에서도 이 당시 고려에 왕복하는 상인들이 "심히 많다甚多候也"고 기록하고 있어,[34]《고려사》의 기록을 뒷받침해주고 있다. 송상의 경우 송과 일본 사이, 아니면 송과 고려 사이를 각각 왕래하고 있었다고 한다.[35] 그런데 원풍3년(1080)에 고려정사高麗正使 류홍柳洪은 일본에서 만든 수레를 북송 신종에게 선물로 보내고 있다.[36] 여기서 고려정사가 왜 일본에서 만든 수레를 굳이 중국의 황제에게 선물로 보내고 있었을까 의문이 든다.

이와 유사한 사례는 오대십국시대 남중국에서도 있었다. 송 태조 개보4년(971)에 남당南唐이 사신을 송에 파견했는데, 이때 점성, 사파, 대식국이 보내온 예물을 가지고 입공했다고 한다.[37] 이는 이들 나라가 남당을 통해 북중국에 새로이 성립한 송조와 교섭을 시도하며 자신들의 존재를 알리려 했음을 보여주는 것은 아닐까 한다. 이를 참고하면 이때 일본도 고려와 송조가 다시 수교한 사실을 알고, 변화하는 국제 상황을 파악하는 동시에 고려를 통해 중국과 간접적으로 교섭을 시도하려 했던 것으로 생각된다.

이를 참고한다면 고려해상의 중국 진출로 인해, 고려와 송, 고려와 일본 사이를 잇는 새로운 무역로가 출현했음을 보여준다.[38] 이는 고려의 예성항이 송과 일본 사이를 잇는 삼각무역의 한 거점이 되었음을 말해준다. 이처럼 고려 문종 대 이후 동아시아 해상무역은 송상 위주에서 벗어나 고려상인도 여기에 동참함으로써 그것이 다각화하는 계기가 되었다.

고려 문종의 수교 이후 고려해상의 활동

북송시대의 경우

여기서는 고려상인 또는 고려선박과 관련된 사료들을 최대한 빠진 기간 없이 제시함으로써, 이 시대 고려해상의 활동에 대해서 확인해보도록 하겠다. 이들 사료 가운데는 필자가 새로 발굴한 것도 있고, 종래 연구자들이 이미 제시한 것들도 포함되어 있다. 이를 위해 먼저 송대 중국의 시박 관청에 대해 〈표 2〉로 정리해보았다.

〈표 2〉에 보이는 시박사나 시박무는 모두 해상무역을 담당하는 관청이다. 그리고 항주와 명주(경원부)의 경우는 각각 무務로 삼아, 이 둘을 함께 묶어 양절 시박사兩浙市舶司라고도 한다.[39] 그리고 〈표 2〉 오른쪽의 시박무는 모두 양절 시박사의 하위기관이었다.[40]

〈표 2〉 송대 중국의 시박 관청

시박사市舶司	시박무市舶務
광주廣州(971)	상해진上海鎭(1074)
항주杭州(989)	수주 화정현秀州 華亭縣(1113)
명주明州(999)	수주 청룡진秀州 靑龍鎭(1131)
천주泉州(1087년)	온주溫州(1131년 이전)
밀주 판교진密州 板橋鎭(1088)	강음군江陰軍(1145)

먼저 일본승려 성심成尋의 일기에 따르면, 희령5년(1072) 4월 23일, 성심이 항주의 숙소에 있을 때, 고려선인高麗船人이 찾아와서 일본어를 안다고 알렸다고 적고 있다.[41] 일본승려가 항주에 왔다는 소식을 듣고 만나러 왔다는 것을 보면, 이 '고려선인'은 항주라는 도시는 물론이고, 중국어도 가능했으리라 추정해볼 수 있다. 게다가 그는 일본어도 한다고 했으므로, 일본에도 갔을 가능성이 크다.

그리고 다음의 사료에서는 수교와 더불어 고려해상의 활동이 본격

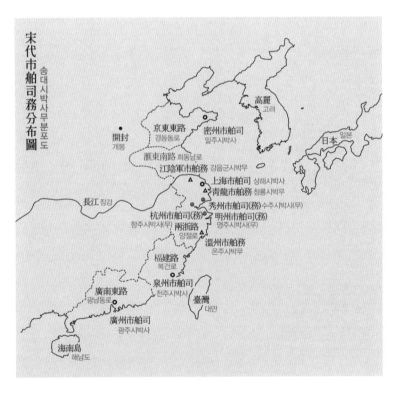

송대 시박사 위치(石文濟, 〈宋代市舶司的設置〉에서 인용)

고려상인과
동아시아 무역사

화하는 모습을 볼 수 있다. 북송 신종 대에 중앙관으로 활약했던 증공 曾鞏은 "고려나 교지交趾와 같은 나라가 기이하고 처음 보는 물건奇産無 名之貨들을 많이 모아서 중국에 가져와 파는데, 중국인이 그것들을 좋 아하고 탐하여, 천화泉貨(송나라 동전)로 다투어 사들이므로, 그들은 받 은 천화를 싣고 돌아가, 자기네 풍속에 맞도록 녹여서 구리그릇을 만 들므로, 중국의 동전이 날로 줄어들고, 백성 또한 날로 빈곤해지고 있 다"고 증언하고 있다.[42]

그런데 신종의 희령7년(1074)부터 철종의 원우6년(1091) 사이에 새 로운 편칙이 실시되어, 이 기간에는 송나라 동전의 해외유출이 허용 되었다.[43] 고려상인이 송나라 동전을 가져갈 수 있었던 데에는 이 같 은 배경이 있었다. 그런데 증공이 이 글을 쓴 목적은, 다른 송대 관료 들이 종종 그랬던 것처럼, 자국 동전의 해외유출을 우려했기 때문이 다. 그는 많은 양의 송전이 고려와 교지에서 온 해상들에 의해 유출되 고 있는 현실을 보고, 자국 안에서 동전 부족 현상(이를 전황錢荒이라고 한다)이 생길까 염려해서 이 글을 적은 것이다. 그러므로 이는 한두 차 례 왔다는 것을 의미하는 것이 아니다. 이처럼 희령4년(1071)에 수교 를 한 뒤, 고려해상들이 송에 와서 송나라 동전도 종종 교역해갔던 것 을 알 수 있다.

북송 말 휘종의 정화연간(1111~1117)에는 고려사절이 거의 매년 송 에 왔다고 한다.[44] 그리고 이 당시 송조 중국은 고려사高麗使를 국신사 國信使로 승격시키고, 그 예우를 서하사西夏使보다 위에 두기도 했다.[45] 이처럼 고려와 송 두 나라의 관계가 호조를 보이면서 외교사절은 빈 번히 왕래했다. 그러나 이 시기 고려해상에 대한 직접적인 사료는 신 종 대와 마찬가지로 여전히 빈약하다. 다만 이와 관련해서는 돗자리

양주揚州에 복원된 고려사관高麗使館 유적

고려사절은 남중국 명주에서 여러 운하를 거쳐 개봉까지
이동하였다. 긴 운하 여정 중에 이 같은 고려사관이나
고려정高麗亭에 들러 숙박하거나 휴식하기도 하였다.

와 관련하여 종래에 소개된 사료가 있다.

> 고려인들은 돗자리를 많이 짜는데, 용수석이나 등나무 줄기로 짠 자리
> 도 있다. 지금 뱃사람들이 팔러 오는 것은 모두 풀로 짠 것인데, 그 짜
> 임새가 좁고도 촘촘하다.[46]

이 인용문에서 뱃사람들이 중국에 돗자리를 '팔러' 온다고 적고 있
다. 그러므로 이 글에서 말하는 뱃사람이란 고려상인이다. 그런데 이
인용문은 《계림지雞林志》에 실려 있는 내용이라 한다. 이 책은 북송 말
휘종의 숭녕연간(1102~1106)에 유규劉逵와 오식吳拭이 고려에 각각 정
사와 부사로 갔을 때, 그들과 함께 했던 서기관書記官 왕운王雲이란 사
람이 돌아와서 지은 것이라 한다.[47] 그리고 이들은 고려 숙종8년(1103)
6월에 고려에 왔다고 기록되어 있다.[48] 그러므로 이는 이 무렵 고려해
상의 활동을 보여주는 사례이다. 따라서 지금까지의 사례를 통해 볼
때 북송 대의 경우 중국의 신종과 고려 문종 사이의 수교를 앞둔 시점
부터 고려해상의 활동이 사료에서 줄곧 확인되고 있다.

남송시대의 경우

고려 의종 대(1147~1170: 남송 고종 소흥16년~효종 건도6년)에, 예성강 사
람들이 환자宦者 백선연白善淵 등에게 뇌물을 바쳐 예성강을 '현縣'으로
승격시키려는 운동을 했다. 이에 백선연이 의종에게 이곳에 행차하기
를 권했고, 이곳 사람들은 거주자들로부터 백금白金 300여 근을 거두
어 왕을 위해 곡예행사를 마련했다. 그런데 의종이 이곳에 와서 배 50
여 척이 동원된 수희水戲를 보기 바로 직전에, 한 사람이 귀신놀이를

연출하면서 불을 잘못 내뿜어 배 한 척을 태워버리자, 왕이 크게 웃었다고 한다.[49]

이 사료에서 주목되는 점은 이곳 사람들이 예성강 지역을 '현'으로 승격시키려는 운동을 하고 있다는 것이다. 이를 통해 이곳에는 그 이전부터 많은 사람들이 거주하면서 번영하고 있었음을 알 수 있다. 그래서 이곳에 선원들이나 상인을 위한 숙박업소나 상품을 보관하던 창고가 즐비했음을 상상해볼 수 있으며, 또한 이곳을 드나들던 선원이나 상인들을 위한 유희 공간도 마련되어 있었음을 엿볼 수 있다. 이는 의종 대에 이르러 해상무역이 번성하고 있었으며 예성항도 점차 국제 항구로서 자리 잡아가고 있었음을 보여주기도 한다.

이런 까닭으로 남송대부터는 중국 쪽 사료에서 고려해상의 활동을 보다 폭넓게 관찰할 수 있다.

> 소흥4년(1134), 추7월, 신미, 고려 나주도羅州島 사람인 광금光金과 그 무리 10여 인이 바다를 건너 천주泉州에 이르고자 했으나, 바람에 돛대가 부러져, 태주泰州와 초주楚州 경계에 정박했다. 황제는 조서를 내려 연해제치사沿海制置使 곽중순郭仲荀에게 먹을 것을 대어주고, 선편을 살펴 돌려보내도록 했다. 광금이 진술한 바에 의하면, 4월 3일에 바람을 맞아 모라도毛羅島에서 배가 출발했고, 28일에 이르러 바람에 따라 회남淮南 지역에 도착했다고 한다.……[50]

이 인용문을 보면 남송 초기에 '천주'에 가려다 돛대가 부러지는 사고를 당하여, '태주'와 '초주'의 경계(송대의 회남로淮南路에 해당하며, 오늘날 장강 북쪽 강소성 남부 연해안에 위치함)에 도착한 고려선원에 대해 적고 있다.

이 당시 해상들에게는 이 같은 일들이 흔히 있었다. 서긍에 따르면 송나라 사신을 태운 선박조차도 방향타가 부러져 위험한 지경에 빠진 경우가 있었다고 적고 있다.[51] 또 《송사》에는 일본이 건도9년(1173)에 이르러 비로소 중국과 외교관계를 맺은 이후, 남중국 여러 연해안 지역에서 발생한 일본해상의 조난 사례들을 소개하며, 100여 명이 남송의 수도인 임안부臨安府에까지 와서 걸식을 하고 있었다든지, 송 조정이 그들을 상평창常平倉과 의창義倉의 돈과 쌀로 구제하여 돌려보냈다는 내용이 기록되어 있다.[52]

또 남송 말 보우4년(1256) 경원부의 장관이었던 오잠에 따르면, 조난당한 일본인이 돈이 없어 밥을 사먹을 수 없게 되자, '아인牙人'의 집에 기대어 식사를 해결했다고 한다. 이때 아인은 밥값 장부에 이를 기록해두었다가 나중에 많이 청구했고, 조난당한 일본인은 다른 일본인으로부터 돈을 빌려 갚았다고 한다. 그래서 오잠은 조정의 경비로 이들을 구제해야 한다고 주장하고 있다.[53] 이 같은 사례들은 이 시대 해상교역에서 조난 사고가 빈번하게 일어나고 있었음을 보여준다.

남송 초기 건염3년(1129)에서 4년 무렵에는 금나라 군대가 남하하여 남송 황제를 추격하면서 항주와 명주까지 잇달아 함락시켰다. 그에 따라 고종은 명주에서 배를 타고 도망쳐 나와 해상에서 지내기도 하면서, 태주台州를 거쳐 온주溫州로 거처를 옮기기도 했다.[54] 그리고 항주와 명주에 있던 양절 시박사의 경우 이때의 난리로 인해 종래 가지고 있던 문서도 모두 없어져버렸다고 한다.[55] 게다가 남송 조정은 소흥2년(1132)에 이르러 항주와 명주에 있었던 양절 시박사를 수주秀州 화정현華亭縣(오늘날 상하이 남부)으로 옮기는 조치를 취하기도 했다.[56]

이런 사정들을 참고한다면 이 당시 양절 시박사 관내 항구는 매우 불안하고 어수선했음을 짐작할 수 있다. 그런데 이와는 대조적으로 건염4년(1130) 천주항에는 여전히 외국 상인들이 오가고 있었다고 한다.[57] 주목되는 점은 위 인용문에서 소흥4년(1134) 시점에 광금 등이 천주에 가려고 했다고 적고 있다. 그러므로 이들은 이 무렵 남중국 쪽 시박 항구의 사정을 잘 알고 있었고, 그에 따라 천주에 가려고 했던 것으로 볼 수 있을 것이다.

한편 이보다 불과 6년 전, 고려조정은 남해 일대에서 좌성佐成 등의 해적 무리들이 활동하자, 곧바로 이들을 모두 소탕한 적이 있었다.[58] 이는 고려조정이 해상의 치안에 대해서 항상 주의를 기울이고 있었으며, 또한 불법행위를 다스릴 능력도 갖추고 있었음을 보여주는 것이라 하겠다. 이런 사실을 감안하면, 이 광금 등의 해상을 밀무역 상인이라 볼 수도 없을 것이다. 그러므로 이들은 고려조정의 허가를 받아 천주를 오가던 해상으로 판단된다.[59]

이런 배경에서 볼 때 송쪽에서 이 광금의 본적지를 고려국 '나주도',[60] 그 입국 목적지를 '천주'라고 판단했던 근거는 다름 아닌 고려국 '예빈성첩'으로 보아야 하지 않을까? 그리고 앞서 소개한 고려승려 '수개'의 경우처럼, 송조는 이들로 하여금 입국신고서를 작성하게 하고, 그에 따라 이들이 4월 3일에 '모라섬'에서 출항하여, 28일에 '회남'에 도착한 사실도 확인하고 있다. 그런데 광금 무리가 4월 3일에 모라섬을 출발했다고 진술하고 있는 것을 보면,[61] 이들도 계절풍에 대한 정확한 지식을 가지고 있었다. 한편으로 《고려사》에 따르면 송상들 가운데도 10여 명이 고려에 왔다는 기록이 있다.[62] 그러므로 이 광금의 사례는 적은 수로 구성된 고려상인도 해상교역에 직접 참여하고 있었던 사실을 보여주는 것이다.

고려상인과
동아시아 무역사

이 당시 남중국의 양절 지방에서 북중국의 산동반도에 있는 등주나 밀주密州까지는 북양北洋이라는 바다를 거쳤는데, 그 해로는 매우 험악했다고 한다.[63] 그런데 당시 북쪽 사람들이 남쪽 상품을 좋아하여, 상인들이 이곳에 그것을 가져다 팔면 10배의 이익을 낼 수 있었다고 할 정도로[64] 당시 해상무역은 위험했지만 큰 수익을 거둘 수 있었다. 이런 까닭으로 이 광금과 같은 적은 무리의 사람들도 남중국으로 도항했던 것이라 하겠다.

남송 고종의 소흥29년(1159)에 "양절 시박사는 고려상인이 구리그릇(동기銅器)을 팔러 왔으니, 세금을 거둔 뒤에 이를 팔도록 하자고 청했고. 이에 황제는 명령을 내려 주전사鑄錢司(동전 제조를 담당하는 관청)에 넘기도록 했다"[65]는 기록이 있다. 그런데 당대 개원통보開元通寶 동전의 구리 함유량은 83퍼센트 이상이며, 북송대 태평전太平錢은 65퍼센트 이상이었으나, 남송 초 소평전小平錢의 경우는 54퍼센트 정도였다.[66] 즉 시간이 지날수록 구리 함량이 떨어지고 있었는데, 이는 구리 가격의 상승과 관련이 있었다. 특히 남송 초의 경우 동전 1,000문文(문은 동전 1개를 의미하는 동시에 그 가치를 의미함)을 만드는 비용은 2,400문에 이르게 되었다.[67] 이처럼 이 당시 중국 쪽에서 동전의 주조는 구리 가격의 급등으로 인한 채산성 악화로 부진을 면치 못했다. 따라서 고려해상들은 그 같은 정보를 접하고 구리그릇을 팔러 왔던 것이다.

그리고 남송 효종 대 강음군江陰軍에서는 조공趙公이란 사람이 시박무 업무를 사심 없이 처리하자, 처음에 한 척이 왔던 고려의 선박이 이듬해에 그 소문을 듣고 6~7척이나 왔다는 기록이 있다.[68] 이 강음군(현재 강소성 강음시)은 장강을 거슬러 올라간 곳에 위치하고 있어, 연해안에 있는 다른 시박 항구에 비한다면 내륙 쪽 후미진 곳에 위치하고 있다.

강음에서 바라보는 장강의 모습

당시 고려해상들은 그동안 다른 시박무를 드나들며 교역해오다가, 우연히 한 척의 고려선박이 강음군에 들렀다가 시박 업무가 비교적 공정하게 처리되고 있다는 사실을 깨달았고, 이 정보에 근거하여 이 듬해에는 6~7척이나 몰려왔음을 알 수 있다. 그러므로 위 사료는 고려해상들이 한두 차례 산발적으로 남중국 연해안의 항구에 나타났던 것을 의미하지 않는다. 오히려 그들은 지속적으로 이곳에 오고 있었고, 이곳 지리에도 익숙해 있었다고 볼 수 있을 것이다. 그래서 그들끼리 서로 정보를 공유하면서, 여건에 따라서는 시박 항구까지도 선택하고 있었던 것이다.

그리고 다음의 사료도 고려해상의 활동을 보여주는 것이다. 이는 종래의 연구에서도 인용된 사료이다.

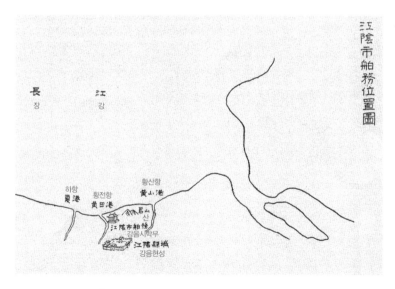

• 장강 하류에 있었던 강음 시박무(石文濟,《宋代市舶司的設置》에서 인용)

하루는 해박海舶 수백 척이 국문國門 바깥 쪽 기슭으로 다가온다는 보고
가 있었다. 조정의 안팎이 놀라 당황했는데, 이에 주상이 공公을 불러
물으니, 공이 대답하기를 이는 틀림없이 외이外夷(외국인)의 장삿배가 폭
풍으로 인해 이곳에 이르렀을 것이라 했다. (나중에 알아보니) 과연 고
려 오랑캐의 장사치들이었다.[69]

이 사료는 '국문' 밖에 해양선 '수백 척'이 출현함으로써 남송 조정이
긴장하고 있는 모습을 보여주고 있다. 그리고 당시 그 선박의 정체를
묻는 황제의 물음에 대해 공公은 필시 외국 상인일 것이라 답변했다.
여기에 나타는 공公은 우윤문虞允文(1110~1174)이다. 그는 남송 효종의
건도5년(1169) 8월에서 건도8년(1172) 9월까지 재상을 역임했다.[70]

국문이란 수도首都의 성문으로, 남송의 임안臨安(임시 수도의 의미로, 곧
항주)에는 남쪽에 1개, 서쪽에 4개, 동쪽에 7개, 북쪽에 1개, 등 모두 13
개의 성문이 있었다.[71] 해양선이 국문 바깥쪽 기슭으로 다가왔다는 표
현에 주목할 경우, 여기서 말하는 국문은 바로 전당강錢塘江에서 임안
성으로 상륙하는 남쪽이나 동남쪽 성문을 가리키는 것으로 판단된다.
그리고 당시 임안성 남쪽 전당강에는 절강浙江, 용산龍山, 어산魚山이라
는 세 곳에 부두가 있었다고 한다.[72]

이 인용문만으로는 그 사정을 정확히 알 수는 없지만, 이들 선박이
정해진 부두를 벗어나 다른 강기슭 쪽으로 접근했거나, 아니면 당시
금나라 쪽에서 특이한 동향이 없다는 것을 알고 있었던 재상 우윤문
이 외국 상인의 선박일 것으로 판단했던 것은 아닐까 한다. 이 대목에
서 중요한 사실은 남송의 궁전이 전당강 쪽 가까이에 위치하고 있었
다는 점이다. 당시 임안성문 주위에는 수도와 궁성을 방어하는 핵심

군대인 전전사殿前司와 시위사侍衛司, 그 밖에 토군순검사土軍巡檢司의 요새도 배치되어 있었다.[73] 그러므로 이 선박의 수치는 국문 쪽을 방어하던 병사가 '황제'에게 보고한 내용에 따른 것이므로, 이를 단순히 넘겨서도 안 될 것이다. 또 이에 대해 황제도 관심을 갖고 있었으므로, 나중에 알아보니 고려 장사치의 배였다는 사실은 그 지시에 따른 보고의 결과라 판단된다.

기상악화로 선박들이 일제히 인접한 항구에 몰려드는 것은 예나 지금이나 흔한 광경이다. 이를 감안하면 당시 고려선박들이 명주항으로 가는 도중에 폭풍우를 만나자, 황급히 항주만으로 방향을 틀어 들어가 전당강 기슭으로 함께 대피했던 것이 아닌가 한다. 이런 사실들을 감안한다면, 수백 척이 왔다는 이 기록은 고려상인들이 계절풍을 이용하여 특정한 시기에 한꺼번에 움직였고, 거기에다 안전을 위해 집단으로 무리를 지어 항해하고 있었던 상황 속에서 벌어졌던 하나의 사례가 아닌가 한다.[74]

이 사건과 거의 같은 시기에 해당하는 건도3년(1167)에, 앞서도 소개한 강선이란 사람은, "매년 여름철이면 고려와 일본의 외국 선박들이 명주 시박무를 찾아온다"고 증언하고 있다.[75] 여기서 '매년'이란 말과 '여름철'이란 말을 주목할 필요가 있다. 먼저 '매년' 왔다는 것은 고려해상의 활동이 일상적이란 것을 의미한다. 또 고려선박이 '여름철'에 왔다고 하므로, 때에 따라 남중국에서 폭풍을 만나는 일도 종종 벌어졌을 것이다.

그리고 명대 강음현의 지방지에 따르면, 남송 중기 가정연간(1208~1224)에 양절 시박사 소속의 강음군 시박무가 있던 황전항黃田港에 고려와 일본선박이 오지 않았다는 기록이 있다.[76] 그런데 이는 다음의 사실과 관련이 있었다. "영종寧宗황제의 경화更化 이후에 강음, 온주, 수주에 상선이 정박하는 것을 금지하면서 세 지역의 시박무가 없어졌는데, 이로써 중국의 장사치나 고려와 일본처럼 여러 나라에서 중국에 오는 경우, 오직 경원부에서만 받아들이고 내보낸다"[77]고 한다.

여기서 말하는 '경화'란 가정원년(1208)에 사미원史彌遠이 재상으로 새로 집권하면서 그 이전의 권신이었던 한탁주韓侂胄로부터 핍박을 받았던 주희朱熹를 비롯한 도학道學 계열에 속한 인사들의 명예를 회복시켜준 것을 말한다.[78] 그리고 이후 금나라가 쇠락하면서 몽골의 압력이 직접 남송에게 가해지게 되었다. 이런 배경으로 '경화' 이후 경원부를 제외한 세 곳의 시박무가 폐쇄되었고, 그로 인해 고려와 일본선박이 강음군에 사실상 올 수 없었던 것이다. 이처럼 고려선박이 오지 않

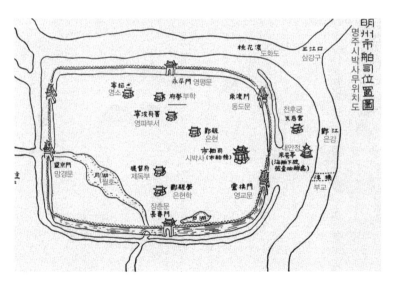

• 명주 은현鄞縣에 이었던 시박무의 위치(石文濟, 〈宋代市舶司的設置〉에서 인용)

고려상인과
동아시아 무역사

° 명주 시박무가 있던 곳

현재 영파 시내 중심에 있는 천일광장天一廣場으로 송대에는 이곳에 시박무가 있었다.
고려상인들은 여기서 세금을 납부하고 중개인을 통해서 현지 상인들과 교역하였다.

°° 영파의 삼강구三江口

앞쪽으로 보이는 강이 용강甬江으로 바다와 연결되었다.
고려사절이나 상인들은 이 삼강구에서 출발하여 고려로 향했다.

고려사절이 방생을 위해 비둘기를 샀던 상주常州의 운하

● 양주 부근의 운하
현재의 것은 명대 이후 북경과 항주를 잇는 경항운하.

왔다고 하므로, 그 이전에는 항상 오고 있었음을 짐작할 수 있다.

한편 남송 중기 보경연간(1225~1227) 경원부 시박사는 고려와 일본 상인의 상품에 한해서 세율을 인하하여 적용했다.[79] 당시 세율의 변동은 아래의 〈표 3〉과 같다.[80]

당시 경원부의 상세商稅(지방세로서 상인들이 판매한 상품의 액수에 따라 거두는 세금) 수입은 해양 선박의 내항 여부에 따라 차이가 있어 미리 예측할 수 없다고 한다.[81] 이는 경원부의 지역경제가 해상무역과 밀접히 맞물려 있었음을 보여준다. 그러므로 앞서 강음군처럼 남중국의 지방지에서 고려나 일본해상이 오지 않았다는 사실을 기록하고 있는 것이나, 이 경우 경원부처럼 시박 세율을 인하하고 있다는 것은, 출입하는 해상의 감소로 인해, 시박사의 수입은 물론이거니와 그 지역경제도 영향을 받았음을 시사한다. 따라서 이 조치는 보경연간에 이르러 시박사가 고려나 일본의 해상을 더 많이 유치하기 위해 시박 세율을 인

〈표 3〉 경원부(명주) 시박 세율의 변동

시기	세색細色	추색麤色
북송 말	1/10	3/10
소흥 6년(1136)	1/10	1/15
소흥 14년(1144)	4/10(4종류에 한정)	
소흥 17년(1147)	1/10	
융흥 2년 이전	1/15→1/10	
융흥 2년(1164)	1/10	
보경 2년 이전	2/10	2/15
보경 2년 이전	1/19, 1/15(고려, 일본)	왼쪽과 같음
보경 2년(1226)	위와 같음, 1/10(점성 등)	왼쪽과 같음

하했다고 해석할 수 있을 것이다.

다음은 남송 말 보우6년(1258) 즈음, 경원부의 사정을 기록한 것이다. 당시 일본선들은 국주國主나 귀신貴臣의 물건인 판목板木과 유황硫黃 이외에, 선원들이 개인적으로 소량의 사금을 휴대하고 중국에 왔다. 그런데 사금의 세율이 높았기에, 일본선원들은 시박사를 통해 사금을 파는 것을 꺼리게 되었고, 이 속내를 간파한 시박사의 '아인'들은 그들로 하여금 그것을 자기네에게 몰래 팔도록 유혹했다. 이 과정에서 아인들은 사금을 갈취하고는, 그들이 대금을 요구하면 불법을 저지른 것을 약점 잡아 협박하기도 했다. 그래서 아인에게 당한 일본선원들은 불만을 토로하지도 못한 채 한을 품고 떠났다고 한다.[82] 이 사료에서 사금은 왜상倭商 자신의 것이라 적고 있다.[83] 이를 통해 이 당시에는 선원도 상인이었음을 알 수 있다.[84]

참고로 여기에 등장하는 '아인牙人'은 가격이나 도량형에 능한 자로, 외지의 객상과 현지의 상인을 알선해주고, 삼자 협의 아래 가격을 정하여 거래를 성사시켜주며 수수료를 챙기는 중개인이었다.[85] 이들 가운데는 시박 관청에 속해 있으면서 해상이 가지고 온 상품에 대한 평가와 가격 책정 등을 맡고 있기도 했다.[86]

그런데 이 같은 일본상인의 불만을 '려인麗人'이 전달했고 마침내 연해제치대사사沿海制置大使司가 시박사로부터 보고를 받고는 그에 대한 면세를 조정에 건의하고 있다.[87] 여기서 '려인', 곧 고려인이 나타나고 있다. 그리고 이 일본상인의 사금에 대한 면세를 오공吳公이 적극 나서서 주장했다고 한다.[88] 여기에 나타는 '오공'이란 다름 아닌 앞서 소개한 오잠이다. 오잠은 몽골의 위협 속에서 갑, 을, 병, 정의 형태로 자기네 선박이 고려를 왕래한다고 했다. 그러므로 이때는 고려조정이 강화도에 천도해 있을 무렵이며, 이로써 이 시기에도 고려상인이 남중국에 줄곧 건너오고 있었음을 확인할 수 있다.

이 당시 고려가 동아시아에서 중국의 최대 교역국이었다고 보는 연구자도 있다.[89] 《보경사명지》 시박 항목에서는 다른 나라에 앞서 고려의 수입품이 맨 먼저 등장하고 있다. 이것 역시 지방지의 편찬자가 그 사실을 우회적으로 나타내는 것이라 여겨진다. 시박사에서 일하던 아인은 외국 해상이 가지고 온 상품에 대해 현장에서 가격을 책정하고 세금을 매기는 실질적인 권한을 가지고 있었으므로, 그 과정에서 때로는 여러 가지 농간을 부리며 부정도 자행했을 것으로 추정된다. 그 연장선에서 그들은 일본선원의 사금을 갈취하는 일도 서슴지 않았던 것이라 하겠다. 이를 계기로 일본상인과 마찬가지로 아인들의 비리에 시달리던 고려상인이 나서서 시박사의 고위 관리에게 그 시정을 강력히 요구했다고 보아야 하지 않을까 한다.

다음은 남송 중기에 해당하는 보경원년(1225)에 천주泉州 시박사의 장관이었던 조여괄趙汝适의 기록이다.

신라국은 변한弁韓의 후손이다. 그 나라와 천주 앞바다는 서로 마주보고 있다. 음양가의 '자오지설子午之說'에 구애되는 습속으로 인해, 그들이 장사하러 올 때는 반드시 먼저 사명四明(명주 또는 경원부)에 이르고, 나중에 거기서 다시 출발해 천주로 오거나, 혹은 천주로 가는 수세水勢가 점점 낮아지기 때문에, 반드시 먼저 '사명'을 경유한다고도 한다.[90]

이 사료에서는 신라국이라 표현하고 있지만, 그 밖의 내용에서 송 태조 건륭2년(961)에 그쪽에서 사신이 왔다고 기록하고 있는 것을 감안하면 고려국이다. 그러므로 고려상인들도 천주에 오고 있다. 그런데 그들이 장사하러 올 때 음양가의 '자오지설'에 구애되는 습속이 있어 반드시 '사명'을 거쳐 온다고 한다. 조여괄은 "그 나라에서는 음양陰陽과 귀신을 섬겨, 행함에 있어서 꺼리거나 주저하는 것이 많다"고 기록하고 있는 것으로 보아,[91] 이는 항해의 안전과 관련된 미신으로 판단된다.

여기서 명주항에서 천주항 사이의 항로를 잠시 소개해본다. 송 말에서 원대의 사람인 호삼성胡三省에 따르면 복건에서 출발하는 선박은 ① 복주양福州洋→ ② 온주양溫州洋→ ③ 태주양台州洋→ ④ 천문산天門山[92]→ ⑤ 명주明州 상산양象山洋→ ⑥ 명주 잠강涔江→ ⑦ 명주 열항洌港 등을 거쳐 산동반도 등주에 이른다고 한다.[93] 그러므로 이 반대 방향이 천주로 가는 항로이다.

그런데 북송 말 남송 초의 사람인 장방기張邦基는 자신이 기우제를 지내기 위해 명주 창국현昌國縣에 있는 보타산寶陀山 관음동觀音洞에 들렀던 사실을 소개하며 다음과 같이 적고 있다.

> 해박海舶이 이곳에 이르면 반드시 기도를 한다. 이 절에 있는 종이나 독경할 때 두드리는 악기처럼 구리로 된 물건들은 모두 계림鷄林의 장사치들이 시주한 것이 많으며, 저쪽 나라의 연호가 새겨져 있다. 또한 외국인이 남긴 글도 있는데, 문장이 매우 화려한 것도 있다.[94]

이를 보면 이곳을 지나는 해상들은 반드시 명주 보타산 관음동을 찾아 기도를 올린다고 한다. 서긍도 고려로 떠날 때 이곳에 들렀는데, 항해하는 선박은 모두 이곳에 이르러 복을 빌었다고 하며, 옛적부터 사신도 여기서 기도를 드린다고 적고 있다.[95] 이 인용문에서는 계림의

· 주산군도 보타산과 보제사普濟寺
고려사절이나 고려상인들은 이곳에 들러
항해의 안전을 기원한 다음 명주나 천주로 가든지
고려로 되돌아오기도 하였다.

상인들이 시주한 구리 물건들이 많다고 하므로, 그것을 팔러 갔던 상인들도 이곳을 찾았던 것을 알 수 있다. 그리고 외국인이 남긴 문장도 있다고 하는데, 아마도 고려사절도 이곳에 들러 시 한 수를 남겼던 것이 아닐까 추정된다. 아무튼 고려선의 경우 여기서 명주항 또는 경원항에 들어가거나, 아니면 이곳에서 남쪽 연해안을 따라 태주 바다, 온주 바다, 복주 바다를 거쳐 천주에 이르고 있었다고 하겠다. 그리고 남송대 이 지역의 지방지들을 보면 이 일대 연해안에는 오대시대부터 붙여진 신라 지명도 있다.[96]

남송 중기 사람인 조언위趙彦衛가 쓴 《운록만초》에는 천주 시박사에 '항상 찾아오는常到' 외국 선박 가운데 고려국이 등장하고 있다.[97] 그러므로 고려해상이 천주에까지 왔다는 것은 의심의 여지가 없고, 그것도 일상적으로 자주 오고 있었다. 따라서 명주나 경원부가 고려를 대상으로 하는 시박 항구라 알려져 있지만, 고려해상은 그에 한하지 않고 천주에도 가고 있었다.

앞서 소개했듯이 경원부는 고려와 일본선에 대해서 세율을 인하했다. 사료에서는 이를 마치 특혜를 베푼 것처럼 기록하고 있지만, 따지고 보면 이는 경원부가 천주로 가는 고려나 일본 배들을 붙잡기 위해 내린 조치라 보아야 하지 않을까 한다. 남송대에 이르러 광주廣州 항구는 발전이 더딘 가운데 천주항은 날로 번창해가고 있었다고 한다. 그 결과 원 말에 이르면 천주항이 세계 최대 항구 가운데 하나가 되었다고 한다.[98] 이처럼 남중국의 시박항들은 외국 해상의 유치를 위해 자기네끼리 서로 경쟁도 하고 있었다. 그에 따라 마침내 천주가 동서 두 세계의 상인들이 만나는 또 다른 중계항으로 성장했던 것이다.

최근에는 복건성 천주에 있었던 신라촌新羅村과 신라사新羅寺의 존재가 확인되었다. 이는 청대 강희康熙11년(1672)에 편찬된《남안현지南安縣志》에 나타나 있는 것으로, 그 위치는 남안현 22도都에 있었다.[99] 특히 같은 지역에 있었던 신라사는 '송 말末末'에 세워진 것이라 하며,[100] 신라원新羅院이라 하기도 했다.[101] 그리고 현재 천주에는 고려항高麗巷, 고려촌, 고려산, 고려묘도 존재하고 있다고 한다. 그리고 이들은 모두 신라나 고려의 상인이나 승려들이 이곳을 찾아왔기 때문이라 해석되고 있다.[102] 송대에도 중국인들은 고려를 신라라고 종종 표기하고 있기 때문에, 고려시대에 해상이나 승려의 잦은 내항으로 인해 그와 같은 사찰이나 지명이 형성되었다고 추정해볼 수도 있다.

나아가 원대에도 고려해상들은 남중국을 계속 왕래하고 있었다.

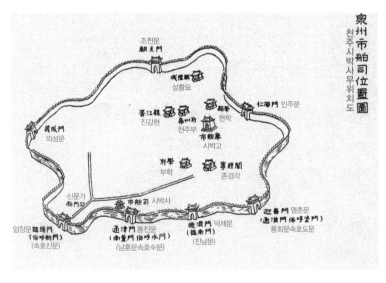

● 천주 시박사의 위치(石文濟, 〈宋代市舶司的設置〉에서 인용)
천주성 남쪽에 있는 진강晉江을 통해 바다와 연결되어 있다.

원대의 주청朱淸과 장선張瑄의 해운창海運倉이 이곳(평강로平江路 류가항瀏家港)에 있었고, 해외의 외국 선박들이 통했다. 대체로 고려와 류규琉球 여러 섬들이 왕래하며 교역을 했기에, 이를 6국 마두馬頭(부두)라 한다.……[103]

이 인용문에 나타나는 주청과 장선은 원나라 세조世祖 쿠빌라이 시기에 바다를 통해 남중국에서 수도인 대도大都까지 상공미上供米(지방에서 수도로 세금으로 올린 보낸 식량)의 운송을 담당했던 대상인이다.[104] 여기서는 원조 몽골의 강남 지배 초기에 류가항(현재 상하이시 서북의 강소성 태창시太倉市 류가진瀏家鎭)의 6국 부두에 고려나 류규의 선박들이 와서 교역한 것으로 나타나 있다. 이곳에는 시박사가 설치되어 있지 않았으나, 당시 세력가였던 주청이 자신의 근거지에 외국 상인들을 불러들였기에 해외무역으로 번성했다고 한다.[105]

그리고 원대 대덕大德2년(1298)의 기록에 따르면, 경원로慶元路 창국주昌國州(송대 경원부 창국현昌國縣) 서북 30리에 있는 잠강항岑江港은 '6국항'이라고도 불렸으며, 남북의 선박들이 모여들던 곳이라고 한다.[106] 또 이 '창국주'에 대해 "고려, 류규, 모인毛人과 같은 사람들이 끊임없이 이어지듯이 해외 여러 외국의 배들이 지나치는 길이며, 일본이 교역하러 오면 병사를 파견해 주둔하며 바닷길을 지킨다"고 기록하고 있다.[107] 그러므로 원대에도 고려상인들이 끊임없이 남중국에 가고 있었다.

지금까지 고려해상에 대해서만 주로 언급했다. 그러나 원대에도 남중국 선박이 고려에 오고 있었다. "고려와 일본 두 나라의 경우 큰 배가 남풍을 만나면 출발하는데, 바람이 매우 순조로우면 7~8일 만에 그 나라 성城 아래에 이르러 교역을 한다"는 기록도 있다.[108] 이를 통해

130

《고려사》에는 나타나 있지 않지만, 원대에도 신안침선과 맞먹는 중국 상인의 큰 배들이 남중국과 고려 사이를 여전히 자주 왕래하고 있었음을 확인할 수 있다.

••• 후속 연구를 위한 제언

여기서는 중국 쪽 사료에 남아 있는 고려상인에 대한 기록을 제시함으로써 고려상인이 남중국의 시박 항구에 와서 실제로 무역활동을 했다는 사실을 소개했다. 이에 앞서 고려와 송 사이의 수교가 두 나라 상인으로 하여금 공식적으로 해상무역을 하게 된 계기가 되었다는 점도 소개했다. 이처럼 교역 문제는 외교적 합의와 서로 밀접한 관계에 있었다. 한국 쪽에서 중국과 해상무역을 하고 싶다고 해서 마음대로 되는 것은 아니다. 이 점은 조선시대 중국과의 무역에도 그대로 적용되었다. 조선시대에 들어와 해상무역이 끊긴 것은 한국 쪽에 사정이 있었다기보다는 명청대 중국이 자기네가 정한 조공무역 정책에 저촉된다고 하여 그것을 거부했기 때문이다. 한편으로 이 글에서는 주로 남중국을 중심으로 두 나라 상인들이 해상무역을 전개한 사실만 서술하였다. 그러나 북중국에도 밀주密州 시박사가 설치되어 있었으므로, 예성항과 밀주 사이의 해상무역에 관해서도 앞으로 연구가 진행되어야 할 것으로 본다. 실제 송조는 밀주상인을 통해 자기네 외교문서인 국신國信을 세 차례 고려에 보냈다는 기록이 있다.[109] 또 고려도 밀주에 예빈성첩을 보내왔다는 기록도 있다.[110] 이런 사정을 감안하면 고려상인도 그곳에 갔을 가능성이 짙다.

송도강 탁영과 서덕영의 정체

••• 여기서 다루고자 하는 것은 《고려사》에 송에서 고려로 내항來航
해왔던 해상으로 이름이 등장하는 송도강宋都綱 탁영卓榮과 서덕영徐
德榮이다. 이들에 대해서는 종래 국내 연구에서도 주목했다. 먼저 탁
영은 남송과 금 사이의 전쟁 상황을 고려왕에게 보고하는 특이한 해
상으로, 그리고 서덕영은 고려에 다섯 차례나 내항한 인물로서, 고려
를 대신해 송과 외교교섭을 하거나, 송 황제의 밀지密旨를 가지고 고
려에 왔던 것으로 주목받았다.[1]

　근래에 이르러서는 송쪽 사료에 탁영과 서덕영이 고려인 해상으로
등장하고 있다는 점에 주목하여, 그가 송에 거주하면서 고려를 왕래
하고 있었으나 고려 측에 의해 파견되었기 때문에 송쪽으로부터 그렇
게 불렀을 것이라는 흥미로운 견해가 제시되기도 했다.[2] 이는 같은 시
기 송인 해상으로 일본여인과 결혼하여 후쿠오카에 장기간 거주하고
있었다는 '하카타 강수'를 의식한 것이다.

　이 글에서는 먼저 이들 송도강 탁영과 서덕영의 정체가 과연 무엇
이었나에 대해서 다루기로 하겠다. 그 방법론으로 당시 고려사절에
대한 송조 관료들의 주장을 통해 이를 확인해보기로 하겠다.

송쪽 사료에 기록된 고려강수高麗綱首 탁영과 서덕영

다소 번거롭게 보이겠지만 논지의 전개를 위해, 이에 관한 송측 사료들을 인용해보기로 한다.

〈사료 ㉮〉: 소흥2년(1132) 윤4월, 고려왕 개해(인종仁宗)가 최유청崔惟淸과 심기沈起를 파견해 입공해왔다.…… 이달에 명주 정해현定海縣에서 진언하기를, "정강의 변靖康之變(금의 침입으로 북송이 멸망한 사건)으로 고려에 망명했던 자가 80명가량 있는데, 저쪽에서 표表를 받들어 환국시키기를 원하고 있습니다"라고 했다. 이에 조서를 내리기를, 그들이 도착할 때, 고려강수 탁영 등에게 헤아려서 은혜를 내리겠다고 했다.[3]

〈사료 ㉯〉: 소흥32년(1162) 3월, 이달에 명주가 진언하기를, 고려국 강수 서덕영이 본주에 와서 말하기를, "본국에서 (효종 등극) 축하사절을 보내고자 합니다"라고 했다.[4]

〈사료 ㉰〉: 융흥2년(1164) 4월 14일에 명주가 상주하기를, 진무부위進武副尉(품계가 없는 무계)[5] 서덕영의 선박이 고려로부터 정해현 항구로 들어왔는데, 그가 칭하기를 "작년 5월에, 황제의 뜻을 받들어 국신國信(외교문서와 예물)을 싣고 고려국에 파견되어 갔고, 이번에 저쪽 나라 사절인 내전숭반內殿崇班 조동희趙多曦, 좌시금左侍禁 손자고孫子高, 객군客軍 박광통朴光通, 황석黃碩, 친수親隨 조봉趙鳳, 황의黃義, 영종득永從得, 유생儒 박규朴圭 등 8인과 함께 돌아왔으며, '국신'이 선박에 있으니, 명령을 내려주기를 청합니다"라고 합니다.[6]

〈사료 ㉣〉: (건도5년: 1169) 근래에 (우리가) 교서膠西에서 대첩을 거둔 이후로, 바다가 안정되어 있었으나, 항복해온 자가 말하기를, 금나라가 바다를 통해 우리 영토를 직접 공격하려 했던 처음의 계획을 지금 꾀하려 하고 있다고 하며, 나아가서는 고려와 연계하여 공격하려 한다는 확실치 않은 정보도 있다고 했다. 주상과 신하가 이를 의심했으나, 숭혜왕崇憲王께서는 더욱 전함을 건조하고 훈련을 엄히 실시하여 군대를 튼튼히 했다. 또 군인郡人 서덕영을 고려에 보내 엿보아 정보를 얻어 돌아오도록 하여, 마침내 동쪽 변경의 근심을 사라지게 했다.[7]

이처럼 탁영과 서덕영은 사료에 따라서 '송에서 고려로 파견한 송인 해상'(〈사료 ㉣〉), 또는 그 반대로 '고려에서 송으로 파견된 고려해상'(〈사료 ㉮〉, 〈사료 ㉯〉, 〈사료 ㉰〉)으로 기록되어 있다. 그런데 〈사료 ㉯〉를 보면, 고려국 강수 서덕영이 명주에 와서, "본국에서 (효종 등극) 축하사절을 보내고자 합니다"라고 했다. 여기서 서덕영이 고려를 '본국'이라 부르고 있는 점을 눈여겨볼 필요가 있다. 만약 그가 단순히 송과 고려 사이를 왕래하던 송인 해상이라면, 결코 그런 표현을 쓰지 않았을 것이다. 따라서 이 점에 근거한다면, 송측에서는 그가 고려인이라는 것을 분명히 인식하고 '고려강수'라 불렀을 가능성이 있다.

그렇지만 이는 어디까지나 추론일 뿐이므로, 이를 뒷받침해주는 사료가 필요할 것이다. 그런데 본론에서 제시될 송조 관료들의 주장 속에 나타나는 '원풍8년의 법령'과 그 뒤의 추이를 보면, 이 고려강수의 정체가 보다 분명히 드러난다. 그래서 이 법령의 추이를 통해서, 이들은 고려에 귀화한 송인 해상이었고, 고려사절을 태우고 송에 갔던 시점에서는 어디까지나 고려해상이었기 때문에, 송측에서도 그들을 고려강수라 부를 수밖에 없었다는 점을 밝혀보고자 한다.

북송 원풍8년(1085) 법령의 성립과 삭제

송과 고려 사이의 국교 재개는 송 신종이 복건전운사 나증을 통해 고려에 국교 회복을 타진해왔고, 고려 문종이 이를 받아들여 송에 사절을 파견함으로써, 양국의 외교관계는 다시 복원되었다. 그렇지만 이때 고려는 거란과도 여전히 수교하고 있었고 나아가 거란 황제의 연호를 사용하고 있었기 때문에, 송쪽 관료들 가운데 일부는 고려를 부정적으로 보기도 했다.

원풍8년(1085) 북송 신종이 죽고 철종이 즉위했다.[8] 그러나 그의 나이가 어렸기 때문에 할머니인 선인태후宣仁太后 고 씨高氏가 수렴청정을 했다. 이때 그녀는 구법당舊法黨 관료들을 많이 등용했다. 그들은 신법당이 만든 정책을 폐기하기도 했으며, 고려와 수교를 추진했던 신법당 관료들 대부분을 지방으로 좌천시키기도 했다. 그 결과 원우 연간(1086~1093)에는 구법당 관료가 북송 조정의 실권을 장악했다. 이 구법당 관료 가운데 특히 소식蘇軾이란 사람은 고려사절이 중국에 오는 것에 대해 매우 부정적으로 보았다.

신이 엎드려 살피건대, 희령연간 이후 고려인이 자주 조공해 들어와, 원풍연간 말에 이르기까지 16~17년 동안, 관대館待(접대비)와 사예賜豫 (회사품)로 쓴 비용이 이루 셀 수 없습니다.[9]

이를 보면 소식은 신종의 재위기간 동안에 고려가 자주 입공해와서 그로 인해 많은 비용이 들었다고 한다. 그는 또 이른바 '고려의 다섯 가지 해로움(고려오해론高麗五害論)'을 주장하기도 했는데 이는 다음과 같이 정리할 수 있다.

① 고려로부터 얻은 공헌貢獻(진봉물)은 모두 가지고 노는 쓸 데 없는 것이고, 그들에게 지출한 것은 모두 탕름帑廩의 실비實費로 백성의 고혈膏血이다.

② 고려인 사절이 이르는 곳마다 사람과 말, 물건들을 징발하거나 빌려 항시行市를 혼란스럽게 하며, 정관亭館(고려정과 고려관)을 고치고 장식하여 암암리에 민력을 해치고 있다.

③ 고려가 송 황제로부터 얻은 사예賜豫(회사품)를 거란과 나누기로 했기 때문에, 거란이 고려의 입공을 허락했고, 고려가 의義를 사모해왔다고 칭하나, 실제로는 이익을 위해서 왔기 때문에, 결과적으로는 적에게 무기를 빌려주는 꼴이며, 도둑에게 식량을 주는 것과 마찬가지이다.

④ 고려인 사절이 이르는 곳에서는 산천 형세를 그리고 있는데, 이는 거란에게 이용당하여 송의 허실을 대신 엿보고 있는 것이다.

⑤ 조정이 고려의 입공을 받아들임으로 인해 나중에 거란에게 좋지 않은 구실을 줄 수도 있다.[10]

이처럼 소식은 다섯 가지 이유를 들어 고려사절이 송에 오는 것을 매우 비판적으로 보고 있었다.

이와 더불어 소식은 고려사절을 도와주던 자국 해상에 대해서도 마찬가지로 부정적으로 보고 있었다. 원우5년(1090) 8월 10일, 명주의 보고를 기초로 하는 전운사轉運司의 문서가 항주의 장관인 소식에게 전달되었다. 이에 따르면 이자의李資義를 비롯한 고려인 사절 269명이 잇달아 명주에 기항했다고 한다. 그런데 작년 6월 항주 시박사의 공빙을 가지고 고려국에 장사하러 갔던 해상 이구李球가 고려인 사절에 앞서 '실봉문자일각實封文字一角(봉인된 문서 한 장)'과 '잣 40포대'를 싣고 도착했다고 한다. 이에 소식은 객인 이구는 고려와 밀접히 연계하여 그들을 '향도嚮導(길 안내)'함으로써 많은 이익을 얻고 있다고 비판하고 있다.[11] 《고려사》에는 선종6년(1089년) 10월에 송상 이주李珠, 양보楊甫, 양준楊俊 등 127인이 왔다고 하는데,[12] 여기에 나타나는 송상 '이주'가 객인 '이구'라 판단된다.

당시 외교사절이 상대국을 방문할 경우, 미리 연락을 하도록 되어 있었다. 원풍원년(1078) 송의 사절로 고려에 왔던 안도安燾의 경우, 이해 4월에 송 명주 교련사教練使가 미리 연락해왔고, 안도는 그 뒤 6월에 도착하였다.[13] 서긍 역시 중국의 사신이 고려에 갈 경우, 그 기일에 앞서 반드시 소개서를 미리 보낸다고 적고 있다.[14] 따라서 여기서 말하는 '실봉문자일각'은 고려가 자국 사절의 방문을 송에 미리 알리는 문서임을 알 수 있다. 이처럼 송나라 상인들 가운데는 고려사절이 송에 가는 것을 도와주면서, 그 과정에서 이익을 추구하는 자들이 존재했다. 이 같은 까닭으로 고려사절이 송에 오는 것을 못마땅하게 여기고 있던 소식은 그것을 도와주던 자기네 상인에게조차도 매우 부정적인 시각을 보였던 것이다.

그에 따라 소식은 자신이 항주에서 근무하고 있을 때인 원우5년(1090) 8월 15일에, 송상의 고려 도항을 다시 금지해야 하며, 그와 아

본래 혜인원惠因院이었으나 대각국사 의천이 이곳에서 수학하고 시주를 하였던 인연으로
송대에는 고려사高麗寺로 불렸다. 소식蘇軾에 따르면 이곳 주지인 정원淨源은 평범한 승려에
불과하나 복건 해상들이 고려에 가서 망령되이 그를 추켜세웠기에 의천이 이곳에 와서 수학하게
되었다고 하며, 이로써 이 혜인원도 많은 시주를 얻게 되었다고 부정적인 태도를 보이고 있다.
또 정원 법사가 입적하자 이곳 승려들이 바다를 건너가서 고려에 알렸기에, 대각국사 의천이
수개 등의 고려 승려를 제사하러 항주에 파견했다고 한다《蘇軾文集》卷30, 論高麗進奉第二狀).
이 고려사는 청말까지 존속했으나 없어져버리고 원래의 지점에서 약간 벗어난 곳에 최근 다시
복원되었다. 원래 지점은 이 옆에 있는 화가산장花家山莊.

화가산장

이곳에 원래의 고려사가 있었다.

岷峨遺雲挾天灑

東坡亭

人亠乀吂兀氕亼

長留真相在西湖

江漢流湯駈硯海

✱항주 고려사 터에 남아 있는 소식의 석상과 정자

현재 관광지로 유명한 항주 서호西湖에는 소제蘇堤라는 둑이 있다.
이는 소식이 만든 둑이란 뜻이다. 항주의 장관이었던 소식은 고려사 동남쪽에
있는 적산赤山의 흙을 파내 소제를 건설하고자 하였다. 이때 고려사 쪽에서는
적산을 파내면 사찰의 풍수에 해롭다고 반대하였다. 그러나 소식은
이를 강행하고는 자신이 불법佛法을 보호하겠노라 천명하였다고 하며
이런 이유로 후세에 이르러 소식의 정자와 석상이 이곳에 세워졌다고 한다.

울러 원풍8년(1085) 9월에 제정된 '송나라 사람의 선박에 외국의 입공사절이나 상인을 태울 수 있도록 허락하는 조항(許海舶附帶外夷入貢及商販一條)'도 삭제해주도록 요청했다.[15] 이에 대해 중국 쪽 관찬사료에서는 형부刑部가 원우5년 11월부터 송상의 고려 도항만을 금지한 것으로 나타나 있으나,[16] 소식의 문집에서는 자신이 주장한 것을 조정이 하나하나 모두 받아들였다고 적고 있다.[17]

그런데 원우7년(1092)에 고려사절이 송에 왔다.[18] 소식에 따르면 이 때 고려사절은 민상閩商(복건상인) 서적徐積의 선박을 타고 왔다고 한다. 이에 소식은 관리를 통해서 민상 서적에게 원풍8년의 법령이 '삭제'된 사실을 지적하도록 했다. 이에 대해 서적은 자신은 고려 도항이 금지되기 이전에 공빙을 발부받아 고려에 갔기 때문에 그 사실을 알지 못했다고 답변했다. 그러자 소식은 이미 여러 해가 경과했기 때문에 해외에서 이 사실을 모를 리가 없다고 하고, 진헌陳軒이란 사람의 〈어록語錄〉을 인용해 고려는 이 조항을 알고 있었다고 적고 있다.[19] 참고로 《고려사》에는 이 '서적'이란 인물이 왔다는 기록이 없다. 그리고 진헌이란 인물은 이 원우7년에 고려사절이 개봉에 갔을 때, 그곳 숙소인 동문관同文館에서 고려사절을 맞이하여 수행하던 송측 관반관館伴官(동문관에서 접대를 맡았던 관료)이었다.[20] 또 그의 〈어록〉이란 그가 고려사절과 나누었던 대화를 낱낱이 적어 송 조정에 올린 일종의 보고서이다.

그렇다면 여기서 원풍8년(1085) 9월에 송 조정이 왜 '송나라 사람의 선박에 외국의 입공사절이나 상인을 태울 수 있도록 허락하는 조항'을 만들었는가에 대해 알아보기로 한다. 원풍8년에 송 신종이 사망하고 철종이 새로운 황제가 되었다. 고려에서는 그 해 8월에 조문과 등

●소식이 만든 항주 서호의 소제蘇堤

서호는 북송대까지 인근에 있던 천목산天目山에서 흘러나온 물을 가두기 위한
저수지의 역할을 하였다. 그러다가 남송이 수도를 항주로 정하자 이때부터 시민들이 유락하는
장소로 변하였고 오늘날에는 중국의 대표적인 명승지의 하나로 손꼽히게 되었다.

극을 축하하는 사절을 동시에 파견했다.[21] 중국 쪽 기록을 보면 이때 고려사절은 우제虞際, 성숭盛崇, 이원적李元積 등 3인이 송인 선주가 모는 송나라 선박을 타고 왔다고 한다.[22] 그런데 위 조항은 원풍8년 9월에 제정되었다. 여기서 고려사절이 송나라 선박을 탑승한 시점(8월)과 조항이 만들어진 시점(9월) 사이에는 약 1개월 차이가 나고 있다. 그래서 이 조항은 송 조정이 뒤이어 그것을 인정한 것이라 해석할 수도 있다.

그런데 이 경우 고려사절이 송나라에서 일을 마치고 고려로 되돌아갈 때에도 역시 그들의 선박을 탑승해야 하지 않을까? 그러므로 이 법령 조항은 그 경우를 대비하여, 송 조정이 공식적으로 법령을 만든 것이라 해석된다. 그러므로 원풍8년 9월의 법령은 당시 송 조정, 특히 신법당 정부가 많은 수의 고려사절이 일부러 자기네 황제의 조문과 등극을 축하하러 온 것을 고맙게 여겨 이들을 배려한 조치라 보아도 좋을 것으로 여겨진다.

따라서 구법당에 속했던 소식이 이 법령을 삭제하자고 요청한 것은 그가 품고 있던 거란에 대한 적대감, 신법당의 정책에 대한 반감,[23] 고려에 대한 불신감, 나아가 자국 해상에 대한 부정적인 태도 등이 함께 맞물려 있었다고 하겠다. 소식으로서는 이 법령을 없애버리면, 고려사절이 송나라 선박을 타고 와서 거란을 대신하여 염탐하거나 그로인해 생기는 여러 가지 폐해를 막을 수 있다고 생각했던 것 같다.

남송 초 황악黃鍔의 주장과 고려강수

앞서 살핀 것처럼 원우5년(1090) 11월 형부는 소식의 주장을 모두 받아들였다. 즉 형부는 송상의 고려 도항을 금지했을 뿐만 아니라, 원풍 8년(1085)에 만들어진 위 조항도 삭제했다. 그런데 선인태후 고 씨가 원우8년(1093)에 죽고, 철종이 친정을 시작하면서 신법당 관료들을 다시 조정에 등용했다. 그에 따라 이듬해 소성원년(1094) 윤4월에 이르러, 신법당 정부는 약 3년 동안 금지되어 있던 송상의 고려 도항을 다시 허용했다.[24] 그리고 이 방침은 그 이후 남송 말기 나아가 원대까지도 그대로 유지되었다.

그렇다면 그 이전 원우5년 11월에 삭제되었다고 하는 위 법령 조항은 어떻게 되었을까? 앞서도 소개한 북송 말 숭녕4년(1105) 6월 양절 시박사가 일본에 가는 강수 이충에게 발급한 공빙의 끝 부분에 '감회'라고 하는 조항이 있고, 여기에는 송상의 해상활동에 대한 상세한 규정이나 지침을 담고 있다. 이 가운데 다음과 같은 조항이 있다.

> 만약 외국 상인이 송상의 선박을 타고 송나라에 오려고 할 경우 그것을 허락한다.[25]

이 규정은 외국 상인이 송상의 선박에 탑승해 중국에 오는 경우를 허락하고 있다. 즉 원풍8년 9월의 규정처럼 외국 상인을 태울 수 있다고 규정되어 있다. 그러나 위 공빙의 '감회' 부분에서는 그 어디에도 외국의 입공사절에 대한 언급은 없다. 따라서 이를 근거로 한다면, 철종의 친정 이후에도 입공사절에 대한 조항은 여전히 '삭제'된 상태로 있었을 것으로 추정할 수 있다.

그런데 이에 관한 법령은 남송 초에 다시 등장하고 있다.

건염2년(1128) 10월 17일, 사농경司農卿 황악黃鍔이 상주했다. "신이 듣기에 원우연간(1086~1093)에 예부상서 소식은 편칙에 의거하여, 항주와 명주에서 배가 출발하여 고려에 가는 것을 모두 불허하며, 이를 위반한 자는 도徒 2년에 처하고, 아울러 재화를 몰수하여 (신고한 자에게) 상으로 주도록 하며, 나아가 원풍8년 9월에 새로이 만들었던 '송나라 사람의 선박에 탑승하여 외국 사절이 중국에 입공해오는 것과 외국 상인이 중국에 와서 상판할 수 있도록 하는 조항'을 삭제해주기를 바라는 상주를 올려, 조정으로부터 모두 허가를 받아 낱낱이 시행하게 되었습니다. 그런데 신은 근래에 '우리나라 선박이 마음대로 외국의 입공사절을 싣고 오는 것에 대한 조약(海舶擅載外國入貢條約)'을 갖추어 이를 아뢰었고, 또 도성都省(상서성尙書省)으로부터 여러 가지 사정을 알려주는 문서를 받기도 했습니다. 그리고 신은 이미 박호舶戶(선주)인 진지陳志와 채주적蔡周迪을 문책했습니다. 신은 상주장에서 앞으로는 송인 박호가 마음대로 외국 사절을 태우고 와서는 안 되며, 만약 위반 때에는 '도徒' 2년, 재물을 관청에서 모두 몰수하는 죄에 처하도록 요청했습니다. 바라옵건대 특별히 여러 지방의 전운사轉運司와 시박사 등에 처분을 내려주시어, 마땅히 이를 준수하도록 하고, 위반하는 것을 불허하여 주십시오." 이에 따르다.[26]

남송 초기 사농경 황악은 먼저 원우연간에 소식의 상주에 따라, 원풍8년(1085) 9월에 제정된 조항이 삭제되었다는 것을 언급하고 있다.

이어서 황악은 최근에 자신도 그와 동일하게 송나라 상인의 선박에 외국 사절을 태울 수 없도록 하는 조약을 아뢰었다고 한다. 그에 따라 앞으로 외국 사절을 태우고 오면 죄를 주도록 하며 지방 관청들도 이를 철저히 준수해줄 것을 요청하고 있고 이것이 관철되고 있다.

아마도 그동안 입공사절에 관한 조항이 '삭제'된 상태로 있었기 때문에, 송인 선주들은 왕왕 태워도 되는 것으로 오해했던 것 같다. 그래서 황악이 이를 보다 분명히 하는 차원에서 입공사절에 관한 문구를 다시 공빙에 만들어 넣고, 게다가 처벌조항까지 만든 것으로 여겨진다.

여기서 남송 초 건염2년에 이르러 황악이란 인물이 위 법령을 다시 거론하여 법안을 만들고 있음을 볼 수 있다. 참고로 다른 사료에서는 건염3년(1129) 11월에, 해박海舶이 마음대로 외국의 입공사절을 싣고 오는 것을 금지하고, 이를 어길 경우 도형徒刑과 재물을 몰수하는 죄에 처한다는 명령이 확인되고 있다.[27] 그리고 남송대 경원연간 (1195~1200)까지의 법령을 모은 《경원조법사류慶元條法事類》에도 건염3년의 칙勅으로 이 규정을 담고 있다.[28]

그런데 남송의 건도3년(1167) 10월, 복건 시박사의 상주에 따르면, 복건 지역 출신의 강수인 진응陳應 등이 점성국으로 간 뒤, 돌아올 때에는 선박 5척에 점성의 정·부正副 사절과 더불어 유향과 상아 등의 진공물 그리고 그들이 판매할 물건을 싣고 왔다고 한다.[29] 이에 대해 황제는 사절의 상경을 면제하고 관리를 천주에 파견해 예우하게 하고 있다.

이를 보면 황악이 주장한 때로부터 약 30여 년이 지난 건도3년에 이르러, 점성국 사절은 아무런 제재 없이 복건인 강수 진응의 선박을 타고 오고 있다. 앞서 언급했듯이 황악이 주장한 내용은《경원조법사류》에도 분명히 실려 있었다. 그런데도 이들 해상은 점성국 사절을 태우고 왔다. 그래서 이때에 이르러 법령은 있었지만 그것이 제대로 지켜지지 않고 있었다고 해석할 수 있다. 그렇지만 다음과 같은 사정을 감안하면 달리 해석할 수도 있다.

황악의 주장은 남송 초 건염2년(1128) 10월에 나왔다. 이때는 송과 금이 한창 전쟁을 하고 있었을 때이며 송은 수세에 몰려 있었다. 그런데 바로 이해 6월 송 조정은 양응성楊應誠을 고려에 보내 금나라에 대한 협공을 제의했다.[30] 그러나 고려는 그것을 완곡히 거절했고, 양응성은 8월에 빈손으로 귀환했다.[31] 이 사실을 감안하면 이해 10월에 나왔던 황악의 주장은 고려에 대한 남송 조정의 기대가 허탈하게 무산된 것과 관련이 있었을 가능성이 있다.

그리고 이보다 불과 2~3년 전에는 다음과 같은 일도 있었다.

흠종欽宗이 즉위하자 고려의 축하사절이 명주에 왔다. 이때 어사 호순척胡舜陟은 다음과 같이 말했다. "고려는 50년 동안 우리나라의 국력을 소모하게 했고, 휘종의 정화연간(1111~1118) 이후에는 사절이 매년 와서 회남과 절강 지방의 백성에게 고통을 주었습니다. 예전에는 거란의 신하가 되었으니, 이번에는 반드시 금나라의 신하가 될 것이므로, 어찌 우리의 허실을 엿보아 알리지 않는다고 하겠습니까? 그러니 사절이 오는 것을 막아야 합니다"라고 했다. 이에 황제가 명령을 내려 고려사절을 명주의 숙소에 머물도록 하고, 그 진봉물만을 받도록 했으며, 이듬해에 비로소 귀국하게 했다.[32]

북송의 마지막 황제인 흠종이 즉위한 정강원년(1126)에, 고려에서는 김부식을 정사로 삼아 그 등극을 축하하는 사절을 송에 파견했다.[33] 송쪽 기록에서는 이때 292명이 왔으며, 명주 정해현定海縣의 낙빈관樂賓館(고려사절을 위한 숙소)[34]에 머물다 이듬해 4월에 떠났다고 한다.[35]

위 인용문을 보면 당시 어사였던 호순척은 고려가 자국의 허실을 염탐해 금나라에 알릴 우려가 있다고 주장하고 있다. 그런데 소식도 고려가 자주 송에 와서 거란을 대신하여 염탐하고 있다고 했다. 황악의 발언에서도 소식을 거론하고 있으므로, 소식이나 호순척 그리고 황악은 모두 고려를 부정적으로 보고 있었다고 해도 무방할 것이다.

게다가 황악의 주장이 있기 직전에 고려는 송의 협공 요청을 거절하기도 했다. 이런 배경에서 본다면 황악도 고려를 의식하여 자기네 송나라 선박에 외국 사절을 태우지 못하도록 하자는 발언을 했을 가능성이 크다. 이런 이유로 앞서 언급한 점성국 사절의 경우는 아무런 제재를 받지 않았다고도 해석할 수 있다.

황악의 주장이 있고 나서 4년 뒤, 송과 금 사이에 전쟁이 한창 벌어지고 있던 남송 초 소흥2년(1132)에 탁영이 고려사절을 태우고 송에 왔다. 나아가 남송 고종 소흥30년(1160)에는 금나라의 해릉왕海陵王 완안량完顔亮이 송을 침략했다. 이로써 두 나라 사이에서 다시 전쟁이 벌어졌다. 그리고 완안량이 부하에게 살해당한 뒤 남송 효종은 금나라의 정국 불안을 틈타 융흥원년(1163)부터 북벌을 추진하기도 했다. 서덕영은 바로 이 무렵인 소흥32년(1162)부터 송과 외교 접촉을 하고 있고, 그 뒤 융흥2년(1164)에 고려사절을 태우고 송에 왔다. 이처럼 탁영과 서덕영이 고려사절을 태우고 송에 왔을 때, 공교롭게도 중국 쪽에서는 전쟁이 한창 벌어지고 있었다.

앞서 1절에서 인용한 〈사료 ⑭〉에서 소흥32년(1162) 3월에, 명주는 "고려국 강수 서덕영이 와서 본국(고려)에서 사절을 파견하고자 한다"는 사실을 소개했다. 이 사료에서는 그에 이어서 다음과 같이 기록하고 있다.

황제는 조서를 내려 수신守臣(주州의 장관)[36] 한중통韓仲通을 타일러 그 요청을 받아들이려 했다. 그런데 전중시어사殿中侍御史 오불吳芾이 말하기를, "고려는 금나라 사람과 경계가 붙어 있고 예속당하여 부림을 받고 있습니다. 소흥6년(1136)에도, 일찍이 김치규金稚圭의 입공을 허락했는데, 이미 명주에 이르러, 조정이 그 정탐을 두려워하여, 다급하게 되돌려보냈습니다. 이로부터 20년이 지나, 막 양국(송과 금)이 교전하고 있으니, '덕영'의 의중이 가히 의심스럽고, 지금 만약 이를 허락하여 사신이 과연 온다고 해도 곧 뜻밖의 우려가 있을까 두려우며, 만일 오지 않는다면 곧 외국의 웃음을 살 것입니다"라고 했다. 주상이 그 요청에 따라 마침내 그것을 그만두게 했다.[37]

이를 보면 송측은 소흥6년(1136)에 고려정사 김치규가 갔을 때나,[38] 소흥32년(1162)에 서덕영이 갔을 때 모두 고려가 염탐하러 올까 매우 의심하고 있었던 것을 알 수 있다. 한편 주희朱熹는 이때 오불의 주장을 소개하며, 서덕영이란 이름 대신에 '고려박주高麗舶主'가 왔다고 기록하고 있다.[39]

이 같은 상황에서 탁영과 서덕영 두 해상이 고려사절을 태우고 송에 갔을 때 송쪽에서는 고려에 대해 '송나라 사람의 선박에 외국의 입공사절을 태울 수 없도록 하는 법령'을 적용하려 했을 것이다. 그렇다

고려상인과
동아시아 무역사

면 두 해상이 고려사절을 태우고 갔던 선박은 당연히 '송나라 선박'이 아니어야 할 것이며, 그 선박을 조종하던 선장도 '송나라 해상'이 아니어야 할 것이다.

같은 시대 남송 초 중국에서는 부족한 재정수입에 기여한 공로로, 천주에 살고 있었다고 하는 외국 상인에게 무계武階(무신의 관품)의 관직을 내린 경우도 있었다.[40] 그러므로 앞의 〈사료 ㉠〉에서 서덕영이 받았다는 '진무부위進武副尉'란 무계는 황제가 심부름을 보낼 때 붙여진 것으로 국적과는 아무런 상관이 없다. 또 중국의 황제가 주변국 국왕에게 책봉을 내릴 때도 자기네 관직을 붙인 경우는 허다하다.

앞서 소개했듯이 중국 쪽에서는 공빙을 근거로 외국 해상이나 외국 선박의 국적을 판별하였다. 이를 입증이라도 하듯이 당시 송측 사료에서는 탁영과 서덕영을 '고려강수'라 기록하고 있으며, 또 주희도 서덕영을 '고려박주'라고 보고 있었다. 나아가 서덕영 자신도 분명히 고려를 '본국'이라 밝히고 있었다. 이 당시 고려사절이 갔지만, 송측 관원과 직접 접촉한 사람은 그들이 아니라 탁영이나 서덕영이었다. 고려왕은 그를 선장으로 삼아 '예빈성첩'과 더불어 '강수'라는 직함을 주어 파견했던 것이며, 그로 인해 송쪽에서는 이들을 '고려강수'라 판단했던 것이다.

서덕영 행적의 재구성

《고려사》에 따르면 아래의 〈표 1〉에 나타나는 것처럼 송도강 서덕영은 고려에 다섯 차례나 왔던 것으로 나타나 있다.

1절의 〈사료 ㉯〉에서 살핀 것처럼 서덕영은 소흥32년(1162) 3월에, 고려 쪽의 사절 파견 의사를 전하기 위해 명주에 와 있었다. 그런데 《고려사》에서는 의종16년(1162) 6월에 서덕영이 고려에 왔다고만 기록하고 있다. 따라서 《고려사》에서는 서덕영이 고려에 왔다고 하지만, 사실은 전중시어사 오불이란 자의 반대로 인한 남송 조정의 교섭 거절 의사를 전하기 위해 고려에 다시 되돌아왔다고 해야 정확할 것이다. 이를 통해 서덕영은 소흥31년(1161)에는 고려에 있었고, 이듬해 소흥 32년(1162) 3월에 남송 명주에 갔으며, 그 해 6월에 고려로 되돌아왔다.

고려(출발일 불명)→명주(1162년 3월 도착)→고려(1162년 6월 도착)

아래의 〈표 1〉처럼 서덕영은 이듬해 융흥원년(1163) 7월에도 고려에 왔다. 《고려사》에 의하면 이때 그가 송 황제의 밀지와 예물을 가지고 왔다고 한다.[41] 그리고 1절에서 인용한 송쪽 〈사료 ㉰〉에 따르면 이 해 5월(1163)에 황제의 뜻을 받들어 국신을 싣고 고려국에 파견되어 갔다고 했다. 그러므로 그는 이해 봄에 다시 송으로 갔던 것으로 추정할 수 있다. 그리고 이때 그는 고려 쪽의 어떤 의도를 송에 전달했고, 그

〈표 1〉 송도강 서덕영 내항표

의종3년(소흥19년: 1149)	송도강 구적丘𢛼, **서덕영** 등 105명.
의종5년(소흥21년: 1151)	송도강 구적 등 35명, **서덕영** 등 67명.
의종16년(소흥32년: 1162)	송도강 **서덕영** 등 89명, 오세전吳世全 등 142명.
의종17년(융흥원년: 1163)	송도강 **서덕영** 등.
명종3년(건도9년: 1173)	송에서 파견한 **서덕영**.

고려상인과
동아시아 무역사

에 따라 서덕영은 이해 5월에 송 황제의 밀지를 가지고 명주를 출발하여, 7월에 고려에 되돌아왔다고 보아야 할 것이다.《고려사》에서는 여기서도 그가 왔다는 것만으로 간단히 기록하고 있다.

고려(1163년 봄? 명주 도착일 불명)→명주(1163년 5월 명주 출발)→고려(1163년 7월 도착)

《고려사》에서는 의종18년(1164) 3월 임인에 차내전숭반 조동희와 차우시금 박광통을 송에 파견하여 놋쇠로 된 구리그릇을 선물로 보내면서, (작년에) 서덕영이 고려에 왔던 것을 알렸다고 기록하고 있다.[42] 이에 대해 1절의 〈사료 ㉑〉에서는, 융흥2년(1164) 4월 14일에 진무부위 서덕영이 고려사절 8명과 함께 명주에 입항했다고 보고하고 있었다. 그리고 《송사》에서도 이해 4월에 고려가 입공했다고 적고 있다.[43] 그러므로 서덕영이 융흥2년(1164년) 3월에 고려사절을 태우고 다시 송으로 갔던 것을 알 수 있다. 그러므로 서덕영은 이 일을 마친 뒤, 그들을 선박에 태워 다시 고려로 되돌아왔을 것으로 추정해볼 수 있다. 그러나 《고려사》에는 서덕영은 물론이고 사절이 되돌아왔다는 기록도 없다.

고려(1164년 3월 출발)→명주(1164년 4월 도착)→고려(도착일 불명)

지금까지 서덕영의 행적을 송측 사료로써 보완하면,《고려사》에서처럼 다섯 차례 고려에 온 것이 아니라, 아래의 〈표 2〉에서 보는 것처럼, 최소한 여섯 차례 고려와 송 사이를 왕래한 것으로 확인된다. 그리고 1절에서 인용한 〈사료 ㉔〉를 보면, 1169년 명주의 장관인 조백 규로부터 정탐을 의뢰받은 서덕영은 송에 있었으므로, 이를 감안하면 훨씬 더 많이 왕래했을 것으로 판단된다.

서덕영에 관한 기록이 최초로 나타나는 시기는 1149년 7월이며, 마지막으로 나타나는 때가 1173년 6월이다. 이처럼《고려사》에 남아 있는 기록만 보아도 그의 활동기간은 24년이다. 그러므로 사료에 남아 있지 않는 앞뒤 기간까지 감안한다면, 그의 경우는 고려에서 평생을 살며 해상활동에 종사했던 한족계漢族系 고려해상, 달리 말하면 화교 華僑라 해석할 수 있다. 따라서 이 같은 송 출신 도강들이 고려에 이미 존재했고, 이로 인해 소식이나 황악이 자국 선박에 외국의 입공사절 을 태울 수 없도록 한 송나라 조정의 법령도 사실상 무의미했다고 평 가할 수 있다.

••• 후속 연구를 위한 제언

이 글에서는 송도강 탁영이나 서덕영이 고려에 귀화한 화교해상이란

〈표 2〉 서덕영의 왕래 복원

고려→송	송→고려
?	1149년 7월(고려 도착)
?	1151년 7월(고려 도착)
1162년 3월(명주 도착)	1162년 6월(고려 도착)
1163년 봄?(명주 도착)	1163년 7월(고려 도착)
1164년 4월(명주 도착)	?
?	1173년 6월(고려 도착)

점을 밝혔다. 필자는 송상의 경우도 이 같은 사례가 꽤 있었을 것으로 짐작하고 있다. 앞글에서도 소개한 고려승 수개 일행은 혜인 고려사의 정원법사를 제사하기 위해 예빈성첩을 가지고 항주에 왔었다. 이때 그들을 안내한 사람은 서전徐戩이었다. 소식蘇軾에 따르면 이 서전은 수개 등 다섯 사람의 고려승려와 더불어 수주秀州에 상륙하였다가 붙잡혀 항주까지 압송되었다고 한다. 《고려사》 세가에서는 송상 서전이 와서 대장경을 바쳤다고만 간단히 기록되어 있다. 그런데 소식의 문장에 따르면 이 서전이란 상인은 천주사람으로 항주에서 조각해 만든 대장경판을 고려에 가져다 팔았으나 정작 항주에서는 아무도 이 사실을 몰랐다고 한다. 그리고 중요한 사실은 그가 대장경을 고려에 팔고는 '본국本國'으로부터 두터운 상(후상厚賞)을 받았다고 소식은 기록하고 있다.[44] 이는 이때 서전이 항주에 붙잡혀 와서 고려를 '본국'이라 진술했을 가능성을 보여준다. 또 소식은 서전과 같은 부류의 복건상인이 매우 많다고도 적고 있다. 이는 고려 문종 대 이후 송과 해상무역을 다시 시작하면서부터 이 같은 상인들이 두루 나타났던 것으로 추정할 수 있다. 송상들 가운데 자기 자본이 적은 사람은 고려와 송 사이의 해상무역을 주선하며 이익을 챙기기 위해 고려에 귀화하는 자도 많이 있었다고 여겨진다. 또 고려상인들은 이들을 가이드로 삼아 정보를 얻거나 통역도 부탁하면서 남중국을 오가고 있었던 것이 당시 해상무역의 실태가 아닌가 한다. 또한 이 과정에서 그들 화교해상도 나름대로 무역을 하면서 부를 축적하고 있었다고 보아야 하지 않을까? 덧붙인다면 송대의 복건 지방은 지협민빈地狹民貧이라 하여 농사를 지을 땅이 부족하여 가난한 백성이 많았다. 그로 인해 해상무역에 진출하는 사람들도 많았다.

고려도강都綱을 이용한 해상무역

•••《고려사》세가를 보면 송상과 더불어 송도강이 내항해왔다고 기록되어 있다. 이는 사관史官이 송상과 송도강의 성격이 서로 달랐다는 것을 알았기에 그렇게 기록한 것이라 할 수 있다. 만일 이 둘의 업종이 같았다면 굳이 수고스럽게 하나하나 구분하지도 않았을 것이다. 앞서 살핀 것처럼 탁영과 서덕영도 '도강'이었다. 한편으로《고려사》세가를 보면 문종 대 고려와 송이 수교하면서부터 고려에 찾아왔던 '일본상인'과는 별도로, 의종원년(1147)에 '일본도강日本都綱' 황중문黃仲文 등 21인이 왔다는 기록도 있다.[1] 또 일본 쪽 사료에도 하카타 강수의 사례로서 '장도강사張都綱使'라는 인물이 등장하고 있다.[2] 이처럼 고려나 일본 사료에는 공통적으로 도강이 등장하고 있다. 그런데 문제는 이 '도강'의 의미에 대해서 지금까지 이렇다할 연구가 전혀 없다는 것이다. 이런 배경에서 먼저 도강의 의미에 대해서 살펴보기로 하겠다. 나아가 탁영과 서덕영이 고려에 귀화한 화교였다면, 일본 쪽에 살고 있었다는 하카타 강수라는 존재도 그러했을 가능성이 짙다. 여기서는 당시 고려나 일본이 귀화한 도강을 이용하여 해상무역을 하고 있었다는 사실에 대해서 다루어보고자 한다.

도강의 의미와 성격

도강의 의미

일본승려 성심成尋의 일기에 따르면, 희령6년(1073) 5월 28일 날짜에 유곤劉錕 '도강', 30일 날짜에는 '유도강劉都綱'이 각각 나타나 있는데, 이들은 항주에서 성심과 행동을 같이하거나 긴밀히 연락을 취하고 있다.[3] 이는 유곤이란 사람이 성심에게 자신을 도강이라 소개했기 때문에 그렇게 기록했을 것이다. 이 사료 부분은 성심의 일기 가운데 마지막에 해당한다. 그리고 이 사료의 뒷부분을 보면 성심 자신은 중국에 남은 채 그의 일기와 제자들을 일본에 돌려보냈다. 그러므로 이때 도강은 성심 제자들의 귀국과 관련이 있었음을 엿볼 수 있다. 이를 통해 이 시기 중국에서도 도강이란 용어가 이미 쓰이고 있었음을 확인할 수 있다.

남송대 중국 사료에서도 도강이 나타나고 있다.

㉮ 성城의 동쪽에 박주舶主 도강묘都綱廟가 있다. 사람들이 이를 존경하며 믿었는데, 기도하고 점을 치면 곧바로 응답을 받았으므로, 선박들이 오갈 때는 반드시 제사를 올린 뒤에야 떠나간다.[4]

㉯ 봉소무封昭武란 자는 여항餘杭(항주)의 술꾼인데, 불우하게 떠돌아다니다가, 배를 타고 신라新羅에 들어가고자 하여, 마침내 계도강季都綱을 알게 되었는데, 계도季都는 대박주大舶主였다.[5]

먼저 ㉮에 따르면, 해남海南 만안군萬安軍의 성 동쪽에 '박주 도강묘'

가 있다고 한다. 여기서는 '박주 도강묘'라고 하므로, '박주'와 '도강'이 서로 연관성을 가지고 있음을 보여주고 있다. 즉 '선박주船舶主'이자 '도강'이었던 사람의 사묘祠廟로, 적어도 '박주'가 경우에 따라서는 '도강'도 될 수 있다는 느낌을 준다. 이를 통해 ⓝ의 '계도'가 '대박주'였다고 되어 있지만, 실은 '계도'에서 '강'이란 글자가 생략된 상태로, '계도강'이 다름 아닌 '대박주'였다고 보아도 무방할 것 같다. 이 ㉮와 ⓝ 두 사례는 도강이 박주, 곧 선주船主와 관련을 가지고 있었음을 보여주고 있다.

다음의 사례는 이 시대 사료에서 종종 나타나고 있는 신비로운 이야기인데, 여기에도 도강이 등장하고 있다.

원풍연간(1078) 초에 안도安燾 후경厚卿과 진목陳睦 화숙和叔 두 학사가 삼한三韓에 사신으로 파견되어 신주神舟를 타고 바다를 건너가고 있었다.…… 나머지 한 귀신이 매우 절실하게 간구하기를, '도강' 아무개가 쓰고 있는 모자를 나에게 넘겨주기를 원한다고 했다. 뱃사람이 그 까닭을 묻자, "이 사람은 일찍부터 불경을 전하러 다닌 바가 많았고, 그 모자를 오래 쓰고 있었기에, 거기에는 큰 공덕이 쌓여 있다"고 했다. 재빨리 이를 취해 주자, 고맙다고 말하며 곧 사라졌다.[6]

이 기록을 보면 안도(후경은 그의 자字)와 진목(화숙 역시 그의 자)이 고려에 사신으로 파견되어 바다를 건널 때, 한 귀신이 나타나 '도강'의 모자를 구했다고 한다. 믿거나 말거나 하는 이야기이지만, 주목되는 점은 중국의 외교사절이 타고 가는 배에 도강도 함께 하고 있었다는 것이다. 여기서 도강이 이들 배에 함께 타고 있었다는 사실이 눈길을 끈다. 그렇다면 박주 도강이 배에 탑승하여 무엇을 하고 있었는지가 그 성격 해명의 또 다른 작업이 되리라 본다.

앞서 살핀 것처럼 남송 초기에 고려사절은 송도강 탁영과 서덕영이란 사람의 배를 타고 송에 가고 있었다. 그런데 남송대 소흥25년(1155) 10월에, 점성국 진봉사進奉使 부령部領 살달마薩達麻, 부사副使 방마가탈滂摩加奪, 판관判官 포옹蒲翁, '도강都綱' 이차以次(李次?) 등 25인이 송에 와서 입공했다는 사례가 있다.[7] 여기서도 도강 이차란 사람이 나타나고 있다. 고려사절의 사례에 따른다면 점성국 사절도 이 도강의 배를 타고 왔을 가능성이 높다. 여기서 나타나는 도강은 사람을 태우고 운송을 하고 있다.

이 같은 도강의 모습은 다음의 사례에서도 나타난다. 예종3년(1108)에 고려왕은 서우徐祐란 사람을 거란에 방물方物을 보내는 데에 파견하고 있다.[8] 그런데 이 서우는 고려 선종 11년, 곧 헌종 즉위년(1094)에 선원 69인과 함께 고려에 왔던 송도강으로 기록되어 있다.[9] 지금까지 살핀 사례에서 본다면 도강은 선박주로서, 우연이라 보기 어려울 정도로 모두 운송과 관련을 맺고 있다.

그런데《고려사》세가의 끝 부분에 해당하는 공민왕 7년(1358) 7월의 기사에서는 이 도강의 성격과 관련하여 매우 주목할 만한 내용을 전하고 있다.

왜가 검모포黔毛浦(전북 부안)에 침입하여, 전라도의 조운선漕運船을 불태웠다. 그때 왜구의 방해로 인해 조운이 통하지 않았다. 그래서 한인漢人 장인보張仁甫 등 6인을 '도강都綱'으로 삼고, 각기 당선唐船(중국선) 1척에 전졸戰卒 150인을 주어, 전라의 세조稅租를 운송하도록 했다.······[10]

위 인용문은 고려 말기 왜구의 침입으로 인해 연해의 조운선이 불타 없어졌을 때, 고려조정이 중국인 '도강'을 고용하여 전라의 세조를 운송하도록 했다는 사실을 전하고 있다. 이를 자세히 들여다보면 고려조정은 여섯 명의 도강을 이용해 조운을 재개하고 있는데, 각기 당선 1척에 전줄 150인을 주었다고 하므로, 이때 여섯 척의 배를 동원했음을 알 수 있다. 이처럼《고려사》세가에서 송도강이 내항해왔다고 기록했던 사관史官도 '장인보'라는 사람의 이름까지 들어가며, 도강이 곧 '운선업자'라는 사실을 분명하게 전하고 있다. 따라서 도강은 선박주로서 운선업에 종사하던 사람이라 판단할 수 있다.

객상의 활동과 운선업

탁영이나 서덕영과 같은 운선업자인 도강이 고려에 존재했다면 당시 해상무역에서도 운선업이 행해지고 있었을 것이다. 여기서는 이 사실에 대해서 다루어보도록 하겠다. 송대 중국의 내지에서는 고선계雇船契(선박을 빌리는 계약)가 출현해 있었다.[11] 당시 중국상리들은 자신의 선박을 직접 타고 상품을 판매하러 다녔던 경우도 있었지만, 또 다른 상인들 가운데는 '선박주'와 '고선계약'을 맺고, 그가 모는 선박을 빌려 타고 상품을 팔러 다니기도 했던 것이다. 그리고 이것은 원대의 법령에서도 확인된다.[12] 이는 분업의 한 형태로 운선업이 이 시대에 이미 존재했음을 보여주고 있다. 물론 선박을 가진 상인이 자신의 상품을 팔고 난 뒤 돌아갈 때 다른 사람이나 상품을 태울 수도 있다. 이런 경우라면 상품 판매와 운선업은 그 경계가 모호해질 수도 있다. 그렇지만 당시 해상무역에서는 큰 선박을 가지고 운선업을 전문적으로 하는 해상도 출현해 있었다.

북송 말 1119년 주욱朱彧이란 사람이 편찬한 책에 따르면, "해박海舶으로 큰 것은 수백 명을 태우고, 작은 것은 백여 명을 태우는데……배의 깊이와 넓이는 각기 수십 장丈이며, 상인은 각기 공간을 할당받아 상품을 싣는다. 사람이 들어설 수 있는 공간은 겨우 수 척(1척은 30센티미터 가량)뿐으로, 아래에 화물을 깔고, 밤에는 그 위에서 자는데, 화물의 대부분은 도기陶器(질그릇)이다"라고 했다.[13] 이처럼 당시 중국의 수많은 객상들은 다른 사람 소유의 배를 빌려 타고 왕래하고 있었다. 또 이 같은 현상은 용적이 큰 첨저선의 출현으로 인한 것임을 엿볼 수 있다. 다시 말해 용적이 큰 첨저선의 출현이 해상무역의 형태를 완전히 바꾸어놓았던 것이다.

주욱은 이어서 대식으로 가는 상인의 모습도 기록으로 남기고 있다.

해남海南(중국 바다 남쪽)의 여러 나라에는 각기 추장이 있고, 삼불제가 가
장 큰 나라라 부를 만하다.…… 서쪽으로 대식에 도착하려면 아주 먼
데, 화인華人(중국사람)이 대식에 가려면, 삼불제에 이르러 배를 고치고
화물을 옮겨 싣는다.[14]

이를 보면 대식에 가기 위해서는 먼저 삼불제로 가서, 거기서 배를 고치고 화물을 옮겨 싣는다고 했다. 아마도 그 사이 험한 항해로 인해 배를 수리해야 할 필요가 생겼고, 이를 위해 삼불제에 도착하여 짐들을 모두 내렸던 것이라 해석된다. 이를 보다 자세히 알기 위해 다음의 사료를 인용해보도록 하겠다.

천주를 떠나 40여 일에 남리藍里에 이르러 장사를 하며 겨울을 나고, 이

듬해 다시 출발해 순풍을 타고 60여 일을 가면 그 나라(대식국)에 이른다.[15]

여기에 나타나는 남리는 삼불제의 속국이었다.[16] 그러므로 이 두 인용문을 비교해보면 중국상인 가운데 삼불제에서 내릴 사람은 내리고, 대식으로 가고자 하는 사람은 여기서 겨울을 난 뒤, 앞의 인용문처럼 고친 배를 타고 다시 출발했음을 알 수 있다. 다음은 대식까지 가는 또 다른 모습을 보여주고 있다.

중국의 박상舶商이 대식에 가고자 한다면, 반드시 고림故臨에서부터는 작은 배로 바꿔 타고 간다. 거기서 1월의 남풍을 이용해서 그곳에 이르게 되는데, 그래서 왕복하는 데 2년이 걸린다.[17]

여기서 중국의 '박상'이 나타나고 있으며, 그들은 고림故臨(인도 서남부 해안 Kollam, 곧 Quilon)[18]에서 배를 바꿔 타고 '대식'으로 간다고 한다. 이는 중국의 객상이 이곳에서부터는 다시 인도나 대식의 배를 타고 목적지까지 갔던 것을 보여준다. 지금까지의 세 가지 기록을 종합해보면, 중국의 객상들은 삼불제와 고림이라는 두 중계 지역을 거쳐 대식까지 가고 있었다.

한편으로 대식상인들의 경우에 대해서는 다음과 같이 기록하고 있다.

대식국에서 오는 방법은 작은 배를 타고 남쪽으로 가서 고림국에 이르고, 거기서 큰 배로 바꿔 타고 동쪽으로 가서 삼불제국에 이르는데, 거기서부터는 삼불제가 중국에 오는 것과 매 한가지이다.[19]

이를 보면 송나라의 주요 교역국이며 남중국의 광주에 번방蕃坊까지 가지고 있었던 대식국 상인들은 자기네 나라에서 고림까지 작은 배를 타고 와서, 거기서 큰 배로 갈아타고 삼불제로 온 다음, 이곳에서 계절풍을 기다려 다시 남중국으로 건너오고 있었다.

여기서 배를 바꿔 탄다는 것은 대식상인들도 중국의 객상처럼 자기 배가 아니라 다른 운선업자의 배를 탔다는 것을 나타낸다. 이 기록에 의거해 종래 연구자들은 대식상인들이 고림에서부터 중국의 큰 선박을 타고 삼불제를 거쳐 남중국으로 왔던 것으로 해석하고 있다.[20]

요컨대 이 당시 동서東西 두 세계를 연결하는 중계항에는 여러 나라의 객상을 상대로 운선업을 전문으로 하는 해상도 출현해 있었다. 이런 까닭으로 당시 해상무역을 하는 상인들은 굳이 자신의 선박을 소유할 필요가 없었고, 그로 인해 객상과 같은 소자본을 가진 상인도 해상무역에 참여할 수 있었던 것이다.

《고려사》세가에 나타나는 송도강

1부에서 살핀 것처럼 당시 고려의 전통선박은 평저선이다. 또 명대 일본선의 경우에서 볼 때 송·원대 일본의 경우도 이와 마찬가지였다. 이들 두 나라의 전통선박은 속도나 크기에서 모두 중국선박에 비해 부족함을 가지고 있었다. 이 때문에 고려나 일본상인이 남중국 명주나 천주까지 가서 무역하기 위해서는 그쪽 바다를 항해하기 알맞은 첨저선과 더불어 저쪽과 소통해줄 수 있는 사람도 필요했다. 이 글에서 송상보다 송도강에 초점을 맞추는 이유는 이 점에 있다.

북송 원풍원년(1078)에 송나라 조정에서는 고려에 사신을 파견하기로 결정했다. 이에 예전부터 고려와 교역을 하던 복건과 양절 지방의 해상들이 그 소문을 듣고, 경주輕舟(가볍고 민첩한 배)로 서로 다투어 고려에 가서 이 사실을 알려 많은 사례금을 얻어내려 했다고 한다. 그래서 신종황제는 각 지방의 감독관청으로 하여금 이들을 조사하여 '편칙'에 의거해 처벌하라고 지시하고 있다.[21]

또 송 조정의 관원이 거란으로 밀항한 복건해상을 추궁하면, 바람이 좋지 못해 표류해 갔다고 교묘히 변명했다고 한다.[22] 남송대에도 남중국상인들은 종종 북쪽 금나라로 몰래 도항하는 경우가 있었고, 남송조정은 바람과 조류를 핑계로 대는 것은 더 이상 용납하지 않는다고 법으로 공포하고 있다.[23] 이처럼 송나라 해상들은 자신의 이익을 위해 공공연히 법을 어기고 있었다. 또 고려를 오가며 활동하던 자국 상인에 대한 소식의 부정적인 시각에서도 그것을 엿볼 수 있었다. 이같은 사례는 송나라 해상들이 마음만 먹으면 국적도 넘나들 수 있었다는 것을 보여준다.

17세기 사례이지만, 중국인 해상은 태국泰國에 진출하여 화교가 되어, 그곳에서 중국의 선박과 똑같은 것을 건조하여 중국을 오가면서 무역을 하고 있었다. 또 이 같은 화교들 가운데 자본이 적은 사람은 태국 왕실로부터 자본을 빌려 선박을 건조하고, 왕실의 보호 아래서 무역을 하고 있었다고 한다.[24]

탁영이나 서덕영 역시 당시 고려에 거주하던 화교해상이었다. 이 사실은 고려 쪽에서 굳이 배를 만들거나 중국과 소통할 수 있는 사람을 양성할 필요가 없었으며 가만히 앉아서도 사람이나 첨저선과 같은 배도 얼마든지 구할 수 있었다고 보아야 하지 않을까?《고려사》에서는 외국인의 고려 귀화를 '투화投化'라 기록하고 있다. 특히 송도강과 관련해서는 다음의 사료가 있다.

예빈성이 송도강 황흔의 글을 상주했다. 칭하기를, "신은 포안浦安과 세안世安 두 아들을 데리고 고려에 '투화'했습니다만, 본국에 82세가 된 모친이 있어, 보고 싶어 슬픔을 가눌 길 없습니다. 청컨대 장남 포안만이라도 돌려보내 공양토록 하소서." 왕이 일컫기를 "남녘에서 날아온 새도 고향에 가까운 남쪽 가지에 둥지를 틀거늘, 하물며 사람이랴!" 하고, 이를 허락했다.[25]

이 사료는 고려 문종9년(1055)의 것으로 고려가 송과 다시 수교하기 이전의 것이다. 송상들이 자주 고려에 찾아왔던 것처럼 이미 이때부터 고려에 투화해 있던 송도강도 있었다. 따라서 탁영이나 서덕영도 이 황흔처럼 고려에 스스로 귀화한 송도강이었다.

당시 고려가 첨저선을 필요로 했으므로 그들의 선박에 대해서도 살펴볼 필요가 있을 것이다. 앞서도 소개했지만 《고려사》에서는 의종18년(1164) 3월 임인(17일)[26]에 차내전승반 조동희와 차우시금 박광통을 송에 파견하여 놋쇠로 된 구리그릇을 선물로 보내면서, (작년에) 서덕영이 고려에 왔던 것을 알렸다고 기록하고 있다.[27] 이에 대해 송측 사료에서는, 융흥2년(1164) 4월 14일에 진무부위 서덕영이 고려사절 8명과 함께 명주에 입항했다고 보고하고 있다.[28] 이때 걸린 시간은 약 27일이며, 예성항에서 명주까지 이 항해시간은 첨저선이 아니고서는 생각하기 어렵다.

이 당시 외국인의 귀화를 허용할 수 있는 권한은 왕이나 권력자에게 있었다. 송도강 탁영의 경우는 외교교섭 이외에도, 중국 쪽의 전쟁 상황을 탐색하여 고려왕에게 보고하고 있었다. 그리고 그는 이때 송 황제가 월주越州(오늘날 절강성 소흥紹興)에 거처하고 있으며, 연호를 '건염'에서 '소흥'으로 바꾸었다고 하는 구체적인 정보까지 고려왕에게 보고하고 있었다.[29] 또 서덕영의 경우는 송나라 전중시어사 오불의 말대로 한다면 그들의 사정을 염탐하고 있었다. 이처럼 그들은 일반 고려 출신 사람들이 해내기 어려운 일들을 하고 있었다.

고려조정은 송나라 사람의 경우 아무나 받아주는 것이 아니라 재능에 따라 '선별적'으로 허용하고 있었다고 한다.[30] 이는 고려조정이 스스로 고려에 찾아와 투화를 타진했던 송도강들 가운데서 유능한 사람을 뽑아 그것을 허용했음을 보여주는 것은 아닐까 한다. 그리고 고려조정은 그들로 하여금 고려에서 운선업을 하면서 나름대로 먹고살게 해주고 때때로 위와 같은 특별한 일에도 활용하고 있었다고 해석해야 하지 않을까 한다. 한편으로 송도강의 입장에서는 고려조정이 자신들의 귀화를 허용해주었기에 위와 같은 명령을 충실히 수행하고 있었다고 판단된다.

《고려사》 세가世家라고 하는 항목은 중국 정사正史의 본기本紀에 해당한다. 이 '본기'란 황제의 정치행위를 편년체로 기록한 것이다. 그러므로 《고려사》 '세가' 역시 왕의 통치와 관련된 기록물이다. 이 사실에 따른다면 여기에 등장하는 송상이나 송도강은 그 어떤 식으로든 고려왕을 대표로 하는 고려조정과 관련을 맺고 있었던 사람들이라 판단된다. 그 대표적인 사례가 송과 외교 접촉을 했던 탁영과 서덕영이다.

다음 〈표 1〉은 《고려사》에서 송도강의 내항 기록만을 뽑은 것이다.

<표 1> 송도강의 내항 기록

내항시기	송도강의 성명
덕종2년(1033) 8월	송천주상 도강 임애林藹 등 55인
문종9년(1055) 9월	송도강 황흔黃忻
헌종 즉위년(1094) 6월	송도강 서우徐祐 등 69인
헌종 즉위년(1094) 7월	송도강 서의徐義 등
헌종 즉위년(1094) 8월	송도강 구보歐保, 유급劉及, 양보楊保 등 64인
숙종5년(1100) 9월	송도강 이기李琦 등 30인
숙종9년(1104) 8월	송도강 주송周頌 등
예종8년(1113) 5월	송도강 진수陳守
예종11년(1116) 4월	송도강 양명楊明 등
인종9년(1131) 4월	송도강 탁영卓榮
의종원년(1147) 5월	송도강 황붕黃鵬, 진성陳誠 등 84인
의종2년(1148) 8월	송도강 곽영郭英, 임대유林大有 등 330인
의종3년(1149) 7월	송도강 구적丘迪, 서덕영徐德榮 등 105인
의종3년(1149) 8월	송도강 요제廖悌 등 64인
의종3년(1149) 8월	송도강 임대유, 황고黃辜 등 71인
의종3년(1149) 8월	송도강 진성 등 87인
의종5년(1151) 7월	송상도강 구통丘通 등 41인
의종5년(1151) 7월	송도강 구적 등 35인, 서덕영 등 67인
의종5년(1151) 8월	송도강 진성 등 97인
의종5년(1151) 8월	송도강 임대유 등 99인
의종6년(1152) 7월	송도강 허서許序 등 49인
의종6년(1152) 7월	송도강 황붕黃鵬 등 91인
의종6년(1152) 8월	송도강 요제 등 77인
의종16년(1162) 3월	송도강 후림候林 등 43인
의종16년(1162) 6월	송도강 등성鄧成 등 47인
의종16년(1162) 6월	송도강 서덕영 등 89인, 오세전吳世全 등 142인
의종16년(1162) 7월	송도강 하부河富 등 43인
의종17년(1163) 7월	송도강 서덕영 등
명종3년(1173) 6월	송도강 서덕영
명종5년(1175) 8월	송도강 장붕거張鵬擧 등
고종16년(1229) 2월	송상도강 김인미金仁美 등 2인

고려상인과
동아시아 무역사

이를 보면, 의종 대에 송도강이 고려에 왔던 기록이 가장 많다. 여기서 서덕영과 관련된 사실을 뽑아보면, 의종3년(1149) 7월에 서덕영은 송도강 구적과 함께 왔다고 하며, 의종5년(1151) 7월에도 서덕영은 그와 함께 왔다. 그리고 의종16년(1162) 6월 송도강 서덕영은 오세전과 함께 왔다. 이처럼 함께 행동을 한다는 것은 그들이 같은 무리라는 것을 의미할 것이다. 앞 장에서 살핀 것처럼《고려사》에서는 탁영이나 서덕영이 송에서 고려로 왔다고 했지만 사실은 고려에 살면서 송을 오가고 있었다. 또 고려라고 하는 한 국가에 귀화한 도강이 1~2명가량 있었을 것이라곤 상식적으로 이해가 되지 않는다. 그러므로《고려사》세가에 나타나는 송도강 가운데는 고려에 투화해왔던 사람들도 꽤 있었을 것으로 여겨진다.

《고려사》세가에는 의종2년(1148: 소흥18년) 10월에 특이한 기록을 남기고 있다.

이에 앞서 이심李深과 지지용智之用이 송인 장철張喆과 공모를 했다. 이심은 이름을 바꾸어 동방흔東方昕이라 칭하여, 송나라 대사大師 진회秦檜(남송 초기의 권신)에게 편지를 보냈는데, "만약 당신이 금나라를 정벌한다는 명목으로 고려에 길을 빌려달라고 하고, 우리는 여기서 내응을 한다면, 곧 고려를 점령할 수 있을 것이다"라고 했다. 지지용은 이 편지와 류공식柳公植의 집에 보관되어 있던 고려 지도를 송상 팽인彭寅에게 주어 진회에게 전달하도록 했다. 그런데 이번에 송도강 임대유林大有가 그 편지와 지도를 가져와서 알렸으므로, 장철, 이심, 지지용 등 3명을 옥에 가두고 추궁하니, 그들이 다 사실대로 고백했다. 그 후 이심과 지지용은 옥에서 죽고, 장철은 사형에 처했으며, 그들의 처는 모두 먼 섬

으로 귀양을 보냈다.[31]

여기서 송도강 임대유가 역모사건과 관련된 증거들을 고려조정에 알리고 있는 것을 볼 수 있다. 〈표 1〉을 보면, 이 임대유는 의종2년 8월, 의종3년 8월, 의종5년 8월에 걸쳐, 모두 세 차례 고려에 왔던 것으로 나타나 있다. 위와 같은 반역사건의 음모와 전달은 아주 몰래 이루어졌을 것인데 의종2년에 처음으로 고려에 왔던 임대유가 과연 이런 일을 할 수 있었을까 납득하기 어렵다.

이런 까닭에 임대유 역시 탁영이나 서덕영처럼 고려에 귀화한 도강으로서 활동하다가 그 비밀을 접하고 조정에 신고한 것이 아니었나 하는 생각이 강하게 든다. 〈표 1〉에서 번잡함을 피하기 위해 생략했지만, 임대유는 의종2년 8월에 송도강 곽영, 장화莊華, 황세영黃世英, 진성陳誠 등 4명과 함께 왔다. 또 의종3년에는 황고와 함께 오고 있다. 그렇다면 이들도 모두 서덕영이나 탁영처럼 귀화한 해상이 아닐까? 심증은 있지만 안타깝게도 이를 뒷받침해주는 사료가 없다.

그 대신 다음의 사례를 소개해보도록 하겠다.《고려사》세가에서 의종시대에 등장하는 송도강은 서덕영을 비롯해 모두 16명가량이 확인된다. 앞의 2부 1장에서 남송 효종 대 우윤문이 재상으로 지낼 무렵(1169~1172)에 전당강에 수백 척의 고려선박이 출현했다는 사료를 소개했다. 그 시기는 대략 의종 말기에서 명종 초기에 해당한다. 그런데 북송 중기 천주항에는 1척의 배가 20척을 매달고 왔다는 기록도 있다.[32] 중국에서는 큰 선박에 반드시 작은 선박이 함께하고 있었다고 한다. 큰 선박에 문제가 생겼을 때 작은 선박이 사람들을 구조했으며, 나아가 바람이 없을 때는 이들 작은 선박이 앞장서서 노를 저어 큰 선박을 이끌고 나아갔다고 한다.[33] 후술하듯이 이에 대해서는 구체적인 사례도 있다. 이런 사실에 근거한다면 만일 10척의 배가 갔다고 해도 딸려 갔던 작은 배까지 합치면 가볍게 200척이 되어버린다. 그러므로 이 점도 송도강의 고려 귀화와 관련하여 참조할 필요가 있지 않을까 한다.

또 고려 고종18년(1231)에 무신 권력자인 최우崔瑀는 '송상'에게 광포廣布를 주어 무소뿔(수우각水牛角)을 사오도록 명령했다. 그런데 되돌아온 송상은 그것이 송나라의 수출 금지품이어서 구해오지 못했다고 변명하면서, 그 대신에 채단綵段(채색 비단)을 가져왔다. 그러자 최우는 '도강'의 처를 가두고, 가져온 비단을 가위로 잘라버렸다. 송상이 하는 수 없이 물소 네 마리를 다시 바치자, 그제야 최우는 인삼 50근과 포 300필을 주었다고 한다. 이때 송상의 변명을 보면, "(송쪽에서 말하기를) 우리나라에서 듣기로, 너희 나라汝國에서 무소뿔을 구해서 활을 만든다고 해 칙명으로 매매를 금한다고 하여, 제가 사오지 못했습니다"라고 대답하고 있다.[34]

그런데 저쪽에서 굳이 '너희 나라'라고 했던 것은 이 상인의 국적이 곧 고려라는 것을 가리킨다. 또 《고려사》를 편찬한 사관史官도 이 상인을 고려사람으로 인식하고, 그것을 드러내고자 일부러 그 같은 표현을 기록으로 남겼던 것이라 보아야 하지 않을까? 그러므로 이때의 '송상'이란 표현은 그 과거의 출신을 나타낼 뿐, 사실은 고려에 귀화한 사람이라 해석할 수 있다. 또 이 사료에서는 최우가 '도강'의 처를 가두었다고 하므로 그도 여기에 개입해 있었다. 여기서 최우는 송나라의 수출 금지품인 무소뿔 구입이라는 특별한 일에 이들을 동원하고 있다. 최우가 송상이 처음에 가져왔던 채단을 가위로 잘라버렸던 것은 그 정도라면 누구나 할 수 있다는 뜻일 것이다.

1절에서 소개했듯이 예종3년(1108)에 고려왕은 서우란 사람을 거란에 방물을 보내는 데에 파견하고 있었다. 〈표 1〉에서 보듯이 그는 헌종 즉위년(1094)에 고려에 왔던 송도강이다. 당시 고려왕은 거란으로 몰래 도항하는 송나라 해상이 있으면 붙잡아 중국에 보내겠다는 약속을 했다.[35] 서우가 글자 그대로 송도강이었다면 고려왕이 스스로 그 약속을 저버린 것이다. 그러므로 이 서우도 그 어느 시점에 고려에 귀화한 사람이라 이해하는 편이 무리가 없을 것이다.

이런 여러 가지 사례를 감안하면《고려사》세가에 등장하는 송도강은 고려에 귀화한 화교들이었을 가능성이 높다. 고려왕이나 조정은 이들의 선박을 이용해 왕실무역을 하거나 외교사절을 파견하기도 하고, 고려상인들 역시 이들 배를 타고 왕래하고 있었던 것으로 여겨진다. 위 무소뿔 사료에는 송도강이나 송상만이 등장하고 있으나 그 도강의 배에 그 송상만이 타고 갔을 리는 없고 다른 여러 고려상인도 함께 승선하여 갔다고 판단하는 편이 자연스럽다.

〈표 1〉을 보면 고종16년(1229) 송상 도강 김인미金仁美 등 두 사람이 왔다는 기록을 마지막으로, 세가에서는 더 이상 도강이 나타나지 않고 있다. 그렇지만 위에서 소개했던 최우의 무소뿔 구매 사례는《고려사》열전의 기록으로 1231년의 것이다. 또 중국 사료에서는 이 이후에도 계속 고려선박들이 오고 있었다. 그러므로 기록에는 나타나 있지 않지만, 그 이후에도 귀화한 고려도강들이나 그 후예들이 계속 활동하고 있었다고 보아야 하지 않을까 한다. 다만 몽골과의 전쟁으로 인한 영향은 있었을 것이다.

고려상인과
동아시아 무역사

고려도강과 해상무역

이와 관련하여 하카타 강수라는 해상이 살고 있었다는 일본 쪽의 사정도 살펴보기로 한다. 이 당시 고려나 일본 모두 중국계 도강들이 살고 있었다. 그러므로 일본 쪽 사정은 고려 쪽의 해상무역을 살피는 데에도 참고가 될 것이다. 송대 일본의 하카타에는 당방唐房이 있었다고 한다. 여기에는 일본여인과 결혼하여 장기간 거주하는 송인 해상이 있었다. 이곳은 당인唐人 거주 구역, 일본인 거주 구역, 묘지 등으로 구분되어 있었다. 그러나 12세기에 이르러서는 당방과 일본인 거주 구역 사이의 경계가 사라졌다고 한다. 이는 이들이 일본여인과 결혼을 하게 됨으로써 자연히 혼거하는 국면을 가져오게 된 결과라 한다. 또 고고학적 발굴 성과에 의하면 이 당방에서는 11세기 후반부터 12세기까지의 유물이 집중적으로 출토되고 있다고 한다.[36] 그리고 이들 하카타 강수는 명주의 도로 건설에도 참가해 공동으로 헌금을 보낸 사실도 있다.[37]

그런데 중국 쪽 사료에서는 이들의 배를 일본선, 이 배의 선장을 일본강수라 기록하고 있다. 이는 결국 그들이 일본국의 공빙을 가져왔기 때문에 그렇게 불렸던 것이라 판단된다. 그러므로 '하카타 강수'도 일본에 투화한 화교라고 해석하는 편이 자연스럽다. 일본사 연구자에 따르면 '하카타 강수' 가운데는 신사神社나 사찰에 정기적으로 중국상품을 상납하는 의무를 부담한 자도 있었고, 나아가 일본 명문가의 후손과 결혼한 부유한 상인도 있었다고 한다.[38] 또한 그들 가운데는 일본의 토지를 구입한 사례도 있었다고 한다.[39] 이처럼 일본여인과의 결혼이나 토지 구입은 일본조정이 그들의 귀화를 허용하고, 호적도 제공했다는 것을 보여주는 사례가 아닐까 한다. 따라서 일본이 송상에 의한 수동적인 무역을 하다가 남송대부터 능동적인 무역을 했다고 보았던 모리 카츠미森克己의 견해는 여전히 설득력을 갖고 있다.[40]

1251년 무렵 일본선과 관련해서 다음과 같은 중국 쪽의 기록이 있다.

㉮ 왜선이 추해抽解(세금 징수)하는 장場터에 가져왔던 것은 처음에는 주로 판목板木이나 라두螺頭(전복 껍질)와 같이 변변치 않은 것에 불과했을 뿐이었고, 그것으로 우리의 동전과 바꿔서 돌아가곤 했다.…… 듣기로 요즘에는 매년 왕래하는 것이 40~50척을 밑돌지 않으며,…… 또한 왜선은 높고 크며 깊고 넓다.[41]

먼저 여기에 나타나는 세금을 징수하는 장터란 시박 관청이 있는 곳을 말한다. 중국이나 외국 상인들은 바로 이곳에서 현물로 세금을 납부하고 그에 이어 현지 상인과 거래했다. 그러므로 이 장터란 표현이 당시 시박 관청의 모습을 생생하게 묘사하고 있다.

2부 1장에서 소개했던 것처럼 1258년《개경사명속지》의 기록에 나타나는 일본선의 경우 그 배에 실려 있던 목재 등은 그 국주나 귀족 관료들의 물건이었다. 이처럼 목재를 운송한 경우라면 당연히 그 배가 컸어야 할 것이다. 또 위 인용문에 나타나는 것처럼 그 배의 모습이 높고 깊다는 표현에서는 첨저의 형태를 짐작하게 한다. 이처럼 위 인용문에 나타나는 일본선박은 그 국주나 귀족관료의 상품을 가져다가 팔고 있었다. 그러므로 하카타 강수 속에는 상인도 있었겠지만 운선업자인 도강이 주축을 이루고 있었던 것으로 판단된다. 이처럼 일본은 이들의 선박을 이용하여 상품을 팔고 있었다.

다음에 소개하는 1263년 6월의 《고려사》의 기록은 당시 일본의 사정을 보다 구체적으로 보여주고 있다.

㉯ 송나라에 불교를 배우러 가는 대사大使 여진如眞 등을 태운 일본의 관선官船이 풍랑을 만나 표류하여, 승려와 속인俗人 230명은 개야소도開也召島(전남 신안군 임자도)에 닿았으며, 265명은 군산과 추자楸子(북제주) 두 섬에 도착했다. 한편 다자이후大宰府 소경少卿 전전殿의 배에 탔었다고 아뢰는 78명이, 송나라에서 본국으로 돌아가다가 풍랑에 배를 잃고 작은 배로 선주宣州 가차도加次島에 표류하여 왔기에, 전라도 안찰사에게 명령하여 양식을 주고 배에 태워 그 나라에 호송해주었다.[42]

앞서 1부 계절풍 주제에서 살핀 것처럼 송나라 사절 서긍이 탔던 배도 여러 차례 강한 남서풍을 만나 나아가지 못하고 군산이나 그 주변의 섬을 맴돌며 되돌아오기도 했다. 일본과 남중국 사이에는 이 같은 섬들이 없었기 때문에 심한 풍랑을 만나면 의지할 곳을 찾아 자연스레 고려 쪽 섬들에까지 표류해왔던 것이다. 또 풍랑에 배를 잃고 작은 배를 타고 왔다는 사실은 앞서 소개했듯이 큰 선박에 딸려 갔던 배가 있었다는 것을 말해준다.

위의 ㉮와 ㉯ 두 사료를 통해 다음과 같은 사실을 확인할 수 있다. 당시 일본에는 '관선'과 함께 '다자이후 소경 소유의 배'가 있었다. 이 무렵 일본은 40~50척의 배를 이용해 국주나 귀족관료의 목재를 판매하고 있었다. 이는 일본조정이나 권문이 송인 해상의 귀화를 허용하고 그들을 이용해 상품을 팔고 있었음을 의미한다. 당시 일본은 카마쿠라 막부시대였기에 여기에 나타나는 관선은 막부나 일본조정에, 그리고 다자이후 소경의 배는 권문에 각각 등록되어 있었음을 말하는 것이라 여겨진다. 이처럼 《고려사》는 일본선박의 소속까지 기록으로 전하고 있다.

그런데 위에서 소개한 1263년의 사료 ㈎에서 주목되는 것은 이 일본의 관선이 승려와 더불어 '속인' 230명을 태우고 있다는 점이다. 이 당시 고려에 표류한 일본상선 가운데에는 30명이 탔던 경우도 있었다.[43] 그러므로 이때 일본의 관선은 작은 배가 아니다. 여기서 이 배에 탔던 '속인'이 어떤 사람을 가리키는 것인지 분명치 않다. 그래서 다음의 사료를 소개해보도록 하겠다. 이는 명대 남중국 절강의 온주溫州의 지방지에 실려 있는 것으로, 그 내용은 원대의 기록이다.

연우延祐5년(1318) 겨울, 일본선이 평양주平陽州 52도都에 있는 깊숙한 해안에 정박했다. 그 사람들의 모습은 중국과 비슷했으나, 머리에 뾰족한 두건을 이고 승려처럼 머리를 깎고 있었다. 또 백포白布에 남청색 꽃무늬 옷을 입고 있었는데 소매는 크고 짧았으며, 허리에는 칼을 차고 있었다. 통역 두 사람으로 매수지梅守志와 임경화林愛華, 강수 두 사람으로 견각見覺과 도원道願이 있었다. 이들이 신고한 바에 따르면, 배 안에 본국의 객상 500여 명이 타고 있으며, 금, 진주, 백포白布 등의 물건을 싣고, 9월 27일에 배를 조종해 바다로 나가, 원나라 경원부 시박사로 가서 동전이나 약재, 향화香貨 등과 교역할 예정이었으나, 10월 7일에 뜻하지 않게 해풍을 만나 며칠 동안 표류하다가, 15일 진시辰時(오전 8시 전후)에 이곳에 이르게 되었다고 한다.……[44]

이 인용문을 보면 이때 일본선에는 통역 2명, 강수 2명, 그리고 객상 500명이 타고 있었다. 여기서 강수가 2명이었다고 하므로, 이때 2척의 배에 각각 250명씩 태우고 왔던 것을 알 수 있다. 또 여기서도 직함으로는 강수라 되어 있지만, 그는 큰 배를 가지고 객상을 상대로 사실상 운선업을 하고 있었다. 한편《지정사명속지至正四明續志》에 일본의 수출품으로 '왜금倭金'이 등장하고 있는데,[45] 이 일본금은 이 같은 수많은 객상들이 가져온 것임을 알 수 있다.

나아가《고려사》에 의하면 이와 비슷한 시기인 1324년 7월에 "일본 선박이 풍랑에 밀려 영광군靈光郡(전남 영광)에 도착했는데, 그 인원이 220여 명이었으며, 우리나라에서 선박을 준비하여 그들을 본국으로 돌려보냈다"고 한다.[46] 이처럼 이 당시 일본은 큰 배에 많은 객상을 태우고 남중국을 왕래하고 있었다. 이들 사례를 참조하면 앞서 일본의 관선에 타고 있었다는 '속인'이란 다름 아닌 객상이라 짐작할 수 있다. 이처럼 당시 일본의 선박은 국주나 권문의 상품을 팔러다니기도 하고 때로는 여객이나 객상을 모집하여 가기도 했다.

이처럼《고려사》나 중국 지방지의 기록을 통해 본다면, 일본의 객상도《평주가담》에 나타나 있는 중국의 객상처럼 큰 배를 타고 무역에 참여하고 있었다. 앞서 경원부의 지방지에 "고려와 일본선의 경우, '강수'와 '잡사'는 19분 가운데 1분을 징세하고, 나머지 '선객'은 15분 가운데 1분을 징세한다"라는 사료를 소개했다.[47] 지금까지 확인된 사실을 통해서 본다면, 여기에 나타나는 고려의 선객에는 승려와 같은 여행자에 한하지 않고, 다수의 객상도 포함되어 있었던 것으로 해석된다.

이에 대해서는 다음과 같은 사료도 있다. 남송 중기의 사채백謝采伯이란 사람의 말에 따르면, "내가 명주 시박무를 감독하고 있을 때, 고려국 사람이 '도강' 장적張迪 등에게 인삼 2근(송나라 근수로 1근은 596.82g)

을 손에 쥐어주는 것을 보았다"고 적고 있다.[48] 이 도강 장적이란 인물은 《고려사》에 등장하고 있지 않다. 어쨌거나 이를 통해 고려사람이 도강의 선박을 이용하여 남중국 명주에 인삼을 팔러 가고 있었음을 확인할 수 있다. 당연한 이야기가 되겠지만 예성항에서 출발하는 고려상인의 경우는 이들 고려도강의 선박을 이용했을 것으로 판단된다. 물론 광금이나 명대 일본선의 사례에서 볼 때 서남해 지역의 상인들은 고려의 전통선박을 타고 가기도 했을 것으로 여겨진다.

지금까지의 여러 사례를 통해 볼 때, 당시 고려에는 용적이 큰 첨저선을 가진 도강이 존재하고 있었으므로 고려상인도 굳이 자기 배가 필요하지 않게 되었다. 그에 따라 왕복운임을 감당할 수 있는 능력만 갖춘다면 객상도 이들 도강의 배를 타고 해상무역에 참여하고 있었다고 판단된다. 또한 그들이 중국의 통관 업무나 상업에 관한 여러 가지 정보도 제공해주었고, 그에 따라 이전과는 달리 많은 상인들이 보다 손쉽게 해상무역에 참여할 수 있게 되었다고 여겨진다. 또한 다음 장에서 언급하는 바와 같이 당시 많은 양의 고려상품이 남중국에 판매되고 있었다. 이처럼 고려도강의 출현은 고려상인의 해상무역에 긍정적인 역할을 했다고 판단된다.

••• 후속 연구를 위한 제언

여기서는 고려도강을 이용한 해상무역을 다루었다. 이 사실은 고려시대를 더 이상 한국사의 시각만으로 바라보아서는 안 된다는 것을 보여준다. 이제 고려상인이면 응당 고려 출신 사람일 것이라는 단순 논리는 더 이상 적용하기 어렵게 되었다. 한편으로 이 같은 화교도강이 무역에 개입하고 있었다고 해서 그들이 주도한 것처럼 이해하여 소극적으로 생각하는 것도 편협한 시각이다. 당시 고려는 자체적으로 첨저선을 제작하기보다는 그것을 가진 사람들을 받아들여 이용하는 합리적인 선택을 하고 있었다. 이는 요즘 종종 화두로 떠오르고 있는 공유경제의 개념과 마찬가지이다. 고려조정은 고려상인과 화교도강이 서로 상생하는 방법을 택하여 송도강의 귀화를 받아들였던 것이다. 2부 1장에서 오대시기에 고려박주 왕대세란 사람이 침향으로 만든 의니산을 남중국의 오월왕 전숙에게 팔려고 했다는 사실을 소개했다. 이 글에서 다룬 탁영과 서덕영의 사례를 통해서 본다면 그 역시 고려에 귀화한 화교가 아니었을까? 만일 그러하다면 이미 오대부터 고려는 이 같은 화교도강을 통해서 남중국과 교섭하거나 교역을 하고 있었을 가능성도 있다. 이 점 역시 후속 연구에서 다루어야 할 내용이라 여겨진다.

3.
고려의 무역품과
은 무역

고려와 남중국 사이의 무역품
송·원대 남중국과 동남아시아 사이의 무역품
송·원대 고려와 남중국 사이의 무역품

원조 중국의 은銀 무역과 고려은의 유출
남중국과 동남아시아 사이의 은 무역
은 유출의 결과
육로를 통한 고려와 중국 사이의 은 무역

고려와 남중국 사이의 무역품

••• 송대 중국과 다른 나라들 사이의 해상교역품에 관해서는 일찍부터 많은 연구가 있었다. 이는 고려와 중국 사이의 경우도 예외가 아니다. 그런데 이 시대에는 동서 두 세계가 바다를 통해 연결되어 해상들의 활동은 그 이전보다 매우 광범위하게 이루어지고 있었다. 이런 까닭에 분석의 시각을 계속 동아시아라고 하는 한 지역의 범주에 머물러 이 문제를 다룬다면, 종래의 연구 결과와 별다른 차이가 없을 것이다. 이런 배경에서 이 글에서는 방법을 달리하여 이 문제에 접근해보고자 한다.

당시 이슬람 지역과 남중국 사이는, ㉮ 이슬람 지역↔남인도, ㉯ 남인도↔말라카해협, ㉰ 말라카해협↔남중국, 이렇게 크게 세 영역으로 나누어지며, 여기에는 또 남인도와 말라카해협, 두 곳에 중계지점이 있었다. 이곳에는 이슬람 상인, 인도 상인, 동남아시아 상인, 중국 상인들이 함께 교역에 참여하고 있었다고 한다.[1] 그런데 이 시대 해상교역을 다룬 중국의 사서에서는 자기네 해상들이 비교적 자주 드나들었던 말라카해협 일대의 중계지점에서 이루어지고 있었던 교역 상황에 대해 풍부한 기록을 남기고 있다.

이 글에서는 먼저 남중국과 말라카해협 일대의 동남아시아 지역 사이에서 교역되던 상품들의 면모에 대해 살펴보고자 한다. 이어서 같은 시대 고려와 남중국 사이의 그것에 대해서도 검토해보기로 하겠다. 이처럼 두 지역을 놓고 비교해본다면, 해상들 사이에서 교환되던 상품의 유사성을 찾을 수 있겠고, 그에 따라 지금까지 알려지지 않았던 새로운 사실도 찾아낼 수 있지 않을까 한다. 나아가 이에 관한 다른 지역의 연구 결과까지 참조한다면 이 시대 고려가 속했던 동아시아 해상무역의 실태도 보다 확연히 드러날 것으로 여겨진다. 한편으로 이 당시에는 금은金銀으로 대표되는 귀금속 무역도 널리 이루어지고 있었다. 그런데 다른 나라의 경우는 어느 정도 그에 대한 연구가 이루어져 있음에도 불구하고,[2] 정작 고려와 남중국 사이의 경우는 그 중요성에 비해 연구가 미흡한 실정이다. 그래서 뒤늦은 감은 있지만 이에 대해서도 함께 살펴보기로 하겠다.

이런 배경에서 이 글에서는 고려와 남중국 사이의 해상교역품에 대해 검토해보기로 한다. 그리고 그 시기는 중국의 송대를 중심으로 하되, 그 연속성을 감안하여 원대까지도 시야에 넣어 살펴보도록 하겠다.

송·원대 남중국과 동남아시아 사이의 무역품

송대 중국인들이 알고 있던 세계에 관해 가장 상세히 기록하고 있는 서적은 《제번지諸蕃志》라 할 수 있다. 이는 남송대 복건로 시박이자 천주 시박의 장관이었던 조여괄趙汝适이 보경원년(1225)에 기록했던 것이다.[3] 물론 이 책의 내용 가운데는 이미 그 이전 순희5년(1178)에 편찬된 주거비周去非의 《영외대답嶺外代答》의 기사를 다시 손을 보아 인용한 부분도 있다.

그런데 《영외대답》이 서남부 중국의 사정이나 외국의 지리, 풍토, 특산물, 중국과의 외교관계 등을 함께 다루고 있다면, 《제번지》는 오직 외국만을 대상으로 그 풍속이나 화폐 사용, 특산물, 그리고 해상들 사이에서 거래되던 다양한 상품을 일목요연하게 정리하고 있다는 특징을 가지고 있다. 이런 까닭으로 무역품 연구에는 《제번지》가 연구자들 사이에서 자주 인용되고 있다.

이 《제번지》를 보면, 각 나라의 산물을 적고, 이어서 그 산물과 바꾸는 상품도 전하고 있다. 예컨대 진랍국에 대해서는 다음과 같이 기록하고 있다.

> 토산물로 상아象牙, 잠속세향暫速細香, 조숙향粗熟香, 황랍黃蠟, 취모翠毛(이 나라에 가장 많다), 독누뇌篤耨腦, 독누표篤耨瓢, 번유番油, 강피薑皮, 금안향金顏香, 소목蘇木, 생사生絲, 면포綿布 등의 물건들이 있고, '**번상흥판**番商興販'은 금은金銀, 자기瓷器, 가금假錦, 양산涼傘, 북피고北皮皷, 술酒, 사탕糖, 젓갈醢醝 등의 종류를 가지고 서로 바꾼다.[4]

그런데 이 인용문에서 주의를 끄는 부분은 '번상흥판'에 관한 것이다. 여기에 나타나는 금은, 자기, 가금(불명), 양산, 북, 술, 사탕, 젓갈 등의 상품이 어디서 생산되었는가를 먼저 분명히 할 필요가 있다. 다시 말해 중국해상이 이들 상품을 번상番商, 곧 그 지역 상인에게 팔았다는 것인가, 아니면 번상들이 이들을 서로 교역했다는 것인가 하는 점이다. 연구자들은 대체로 전자의 경우로 해석하고 있으나,[5] 명확치 않은 부분이 있어 보다 자세히 살펴보기로 한다.

이와 관련하여 원대 1296년 주달관周達觀이 이곳에 사신을 따라갔다 돌아와서 적은 《진랍풍토기眞臘風土記》를 참고할 필요가 있다.[6] 이 책에는 원대 진랍인들이 '얻고 싶어 하는 당화唐貨', 곧 중국상품에 대한 항목이 있고, 그에 대해 다음과 같이 기록하고 있다.

> 이곳에서는 금은이 나지 않아 당인唐人의 금은을 첫 번째로 치며, 오색의 가벼운 비단을 다음으로 치고, 그다음으로는 진주眞州의 백랍白蠟, 온주溫州의 칠쟁반, 천주의 푸른자기이다. 나아가 수은水銀, 은주銀硃, 지차紙箚, 유황硫黃, 함초焰硝, **단향**檀香, 초궁草芎, 백지白芷, 사향麝香, 마포麻布, 황초포黃草布, 우산雨傘, 쇠솥鐵鍋, 구리쟁반銅盤, 유리구슬水珠, 오동기름桐油, 대나무참빗篦箕,[7] 나무빗木梳, 바늘針이 있다. 나아가 조금 거칠고 무거운 것으로는 명주의 돗자리席가 있고, 매우 얻고자 하는 것은 숙맥菽麥이나, 상인들이 다만 가지고 가지 않을 뿐이다.[8]

이 《진랍풍토기》의 기사를 참조하면, 원대에 중국의 금은, 각종 광산품, 약재, 마포와 같은 섬유제품, 우산, 솥, 참빗, 바늘 등 다양한 일상품이 진랍에 팔려나가고 있었던 사실을 볼 수 있다. 이를 참조하면 위 《제번지》에서 말하는 '번상흥판'의 대상물은 일단 '송상이 그곳 번상과 교역하던 중국의 상품'이라 해석해도 좋을 것이다.

그런데 위 '당화' 속에서 문제가 되는 부분은 인용문에서 나타나는 '단향'이란 상품이다. 이에 대해 단향은 중국이나 동남아 일대에 자생하는 식물로, 중국해상이 동남아에서 구입하여 진랍으로 가져갔을 수 있고, 아니면 중국의 광주에서 다시 가져갔을 수도 있다고 애매하게 해석되고 있다.[9] 이에 대해서는 아래의 점성국의 사례에서 다시 다루어보기로 하겠다.

《제번지》에서 진랍 이외에, 송상이 다른 몇몇 나라의 상인들에게 팔았던 중국상품을 정리하면 〈표 1〉과 같다.[10]

먼저 점성국의 경우를 보면, 송상이 뇌향腦香, 사향麝香, 단향을 팔았다고 한다. 그런데 《제번지》를 살펴보면, 이 가운데 사향목은 점성과 진랍에서 난다고 한다.[11] 그러므로 점성에서 나는 물건을 송상이 이곳에다 되팔았다는 것은 이치에 맞지 않기에 달리 접근해볼 필요가 있다.

그런데 사향목의 경우, 생목生木을 자른 것은 냄새가 강해 하급품으로 치며, 복건사람들은 화리목花梨木(꽃무늬를 촘촘히 새긴 나무 장식품)처럼 일상용품으로 만들어 많이 사용한다고 한다.[12] 따라서 여기에 등장하는 뇌향, 사향, 단향은 향목 그 자체가 아니라, 그 가공품이라 판단

〈표 1〉 송상이 동남아시아 각국에 팔았던 상품

국가	송상의 판매상품
점성국	뇌향, 사향, 단향腦·麝·檀香, 돗자리草席, 양산凉傘, 비단絹, 부채扇, 칠기漆器, 자기그릇瓷器, 아연鉛, 주석錫, 술酒, 사탕糖
삼불제국	금, 은, 자기그릇瓷器, 비단, 사탕, 쇠鐵, 술, 쌀米, 건량강乾良薑, 대황大黃, 장뇌樟腦
단마령국單馬令國	비단양산絹傘, 우산雨傘, 하지힐견荷池纈絹(불명), 술, 쌀, 소금鹽, 사탕, 자기그릇瓷器, 그릇盆鉢, 금은쟁반
릉아사가국凌牙斯加國	술, 쌀, 하지힐견荷池纈絹, 자기그릇
불라안국佛囉安國	금, 은, 자기그릇, 철기鐵器, 칠기漆器, 술, 쌀, 사탕, 보리麥
사파국	협잡금은夾雜金銀(불명), 금은그릇, 오색꽃무늬비단五色纈絹, 조릉皂綾, 천궁川芎, 백지白芷, 주사硃砂, 녹반綠礬, 백반白礬, 붕사鵬砂, 비상砒霜, 칠기漆器, 쇠솥鐵鼎, 청백자기 그릇淸白瓷器

된다. 이를 통해 앞서 원대 진랍인이 얻고자 했다는 중국상품 속의 단향도 중국에서 만든 가공품으로 보는 편이 좋을 것 같다. 따라서《제번지》에서 나타나는 '번상흥판'의 대상물은 송상이 그곳 상인과 교역하던 중국의 상품이란 것을 재확인할 수 있다.

〈표 1〉를 통해, 당시 송상은 점성, 삼불제, 단마령(말레이Malay반도 중부),[13] 룽아사가(말레이Malay반도 동해안),[14] 불라안(말레이Malay반도 중부),[15] 사파 등의 나라에, 각각 향나무 가공품, 금과 은 같은 귀금속, 금은쟁반과 같은 귀금속 가공품, 비단, 양산이나 우산, 칠기, 자기그릇과 같은 수공업 제품, 각종 약재, 녹반이나 백반과 같은 염색 촉매제, 나아가서는 사탕이나 술, 철기나 쇠솥鐵鼎, 쌀, 소금과 같은 일상품까지 동남아시아 지역에 판매하고 있었던 사실을 알 수 있다. 이는 송상들이 중국 국내 시장에서 일반적으로 판매되던 상품을 가지고 해외에 가서 판매하고 있었음을 보여주기도 한다.

주목되는 점은 〈표 1〉을 보면, 동남아시아의 여러 나라가 공통적으로 중국으로부터 쌀米을 수입하고 있었다는 사실이다. 이는 다른 사료에서도 나타나고 있는데, 송상들이 장강 하류 지역에서 생산된 미곡을 널리 취하여 여러 외국에 팔고 있었다거나,[16] 원나라 상인들도 광주의 향촌에서 구입한 미곡을 해외에 팔기도 했다는 점에서 그것을 확인할 수 있다.[17] 이처럼 '쌀'까지 취급했다면 그 무역의 규모가 작지 않았음을 엿볼 수 있다. 이런 까닭에 마크 엘빈Mark Elvin은 당시 중국 농촌경제의 일정 부분은 해외시장을 위한 생산과 연결되어 있었다고 해석하기도 했다.[18] 그러므로 이는 중국에 주로 향신료를 공급하던 동남아시아도 마찬가지라 할 수 있다.

다음으로 원말 지정9년(1349)에 작성된 왕대연汪大淵의《도이지략島

夷誌略》에 나타나 있는 교역품을 소개하도록 하겠다. 비교를 위해 이 책에서 〈표 1〉에 나타나는 국가만을 뽑아 그 상품을 소개해보도록 하겠다.[19] 〈표 2〉에 나타나는 룡아서각은 송대의 릉아사가, 조왜는 옛 사파에 위치하고 있었다.[20]

여기서도 금은과 같은 귀금속, 금은목걸이, 유리구슬, 도자기, 비단, 여러 빛깔의 포를 비롯하여, 술, 쇠솥, 쇠로 만든 그릇, 북 등 사치품과 더불어 다양한 중국의 일상용품들이 판매되고 있었다.

《도이지략》에는 이밖에 원나라 상인이 '일려국日麗國(수마트라Sumatra 섬 동쪽 해안의 델리Deli로 추정)'에 팔았던 상품으로, 푸른자기靑磁器, 꽃무늬가 들어간 포花布, 조잡한 주발粗碗, 쇠덩어리鐵塊, 작은 꽃무늬가 들어간 포小印花布, 여러 색깔의 포五色布 등이 있으며, '마리로麻里魯(Manila)'라는 지역의 경우는 작은 은괴銀錠(牙錠), 푸른 포靑布, 자기쟁반磁器盤, 처주에서 만든 자기處州磁, 물 단지水壜, 큰 독大甕, 쇠솥鐵鼎 등이 있다고 한다.[21] 이들 상품의 면모를 보면 알 수 있듯이, 원대 중국 상

〈표 2〉 원나라 상인이 동남아시아 각국에 팔았던 상품

국가	원나라 상인의 판매상품
점성국	꽃무늬 청자주발靑磁花碗, 금은목걸이金銀首飾, 술酒, 색포色布, 유리구슬燒珠,
삼불제	색견色絹, 붉은 유리구슬紅焇珠, 사포絲布, 꽃무늬포花布, 구리 또는 쇠솥銅鐵鍋
단마령	감리포甘理布, 홍포紅布, 꽃무늬 청백주발靑白花碗, 북鼓,
룡아서각龍牙犀角	토인포土印布, 팔도자포八都剌布, 꽃무늬 청백주발靑白花碗,
조왜爪哇	유리구슬硝珠, 금은金銀, 푸른비단靑緞, 색견色絹, 꽃무늬 청백주발靑白花碗, 쇠로 만든 그릇鐵器,

인이 동남아시아에 판매하던 상품도 송대의 그것과 크게 다르지 않고, 사치품도 있었지만 일상생활에 필요한 다양한 물자까지 취급하고 있었음을 재확인할 수 있다.

이 시대 중국상인들은 동남아시아에 사치품도 팔고 있었다. 그러나 쌀이나 소금, 술, 사탕, 젓갈과 같은 식료품, 나아가 조잡한 도자기, 쇠솥, 항아리도 팔고 있었다. 게다가 빗과 바늘처럼 일상생활에 필요한 사소한 물자들까지 판매하고 있었다. 한편 동남아시아 지역은 중국에 원료에 해당하는 향신료나 향목 등을 공급하고 있었다. 그러므로 동남아시아나 중국 모두 서로 일정 부분 해외시장을 위해 생산하고 있었다. 또 이 시대에는 자국에서 생산되는 상품뿐만이 아니라 외국의 원료를 손보아 되파는 일종의 가공무역도 행해지고 있었다. 따라서 이 시대에는 더 이상 사치품이 무역품의 주류를 이루고 있지 않았으며 다양한 일상품들도 바다를 통해 교역되고 있었다.

송·원대 고려와 남중국 사이의 무역품

고려의 수출품

고려상인들의 교역품에 앞서 당시 고려사절이 중국에 가지고 갔던 예물에 대해 잠시 소개해보기로 한다. 앞에서도 소개한 북송 말 사람인 주욱은 고려사절의 입공로入貢路에는 두 가지가 있었는데, 하나는 명주에 도착한 다음 양절 지방을 거쳐 변하汴河(수도 개봉開封과 회수淮水 사이의 운하)를 거슬러 올라가는 '남로南路'가 있었고, 또 하나는 산동반도의 밀주密州에 도착한 다음, 육로로 경동로京東路를 거쳐 경사京師로 들

• 현재의 변하 모습

강소성江蘇省 사홍현泗洪縣에서 촬영. 고려사절은 회수淮水를 건너 변하라고 하는
마지막 운하를 거쳐 북송의 수도 개봉에 도착하였다.

** 변하대교   *** 현재의 변하. 첫 번째 변하 사진의 반대편

어가는 '동로東路'가 있었다고 한다. 그런데 고려사절들은 항상 '남로'만을 이용했는데, 이는 그들의 짐이 많아서 육로보다는 선박을 이용했기 때문이라고 한다.[22]

송쪽 기록에는 북송 말 휘종의 선화6년(1124)에 중국에 갔던 고려의 정사正使 이자덕李資德과 부사副使 김부철金富轍이 그쪽 지방관에게 보낸 사문詞文(운문의 한 형식으로 송대에 유행한 문장)과 더불어 '예물(이 사료에서는 이를 사적私覿이라 적고 있다)'의 목록까지 남아 있는데,[23] 그 내용을 잠시 소개해보기로 한다.

비단으로 만든 두건幞頭紗 3매.

꽃무늬를 아로새긴 흰 은쟁반白成鈒花銀盤 1면面: 12량兩.

자줏빛 비단으로 된 큰 보자기紫大蔽羅 1필.

무늬가 있는 큰 비단 원단生大紋羅 2필.

흰색의 큰 비단白氎大綾 1필.

꽃무늬가 있는 비단 원단生花綾 1필.

가늘고 흰 모시포白細苧布 3필.

큰 종이大紙 80폭幅.

황모필黃毛筆 20관管.

송연묵松烟墨 20정挺.

소나무로 만든 접이식 부채松扇三合摺疊扇 2척隻.

나전칠기로 된 벼루상자螺鈿硯匣 1부副.

나전칠기로 된 필통螺鈿筆匣 1부副.

가는 실로 짠 약주머니剋絲藥袋 1매枚.

가는 실로 짠 빗주머니剗絲篦子袋 1매.

지수가 놓인 허리띠繡繫腰 1조條.

복령茯笭 2근.

쌀白米 2근.

백동으로 만든 그릇白銅器 5사事.

이처럼 화려하고 다채로운 물건들을 선물로 보내고 있었다. 이보다 앞서 송나라 신종대 후기에 고위 관료를 역임했던 증공曾鞏이란 사람은 고려사절이 자기네 지방관에게 보낸 예물에 대해 다음과 같이 적고 있다.

그들이 가지고 온 선물은 명주 1주州만으로 계산해도, 지주知州(주의 장관)와 통판通判(부장관)이 받은 것이 동전으로 30만(=300관)어치이며, 받은 사람은 마음속으로 미안해하고 있습니다. 고려사절은 명주로부터 서쪽으로 경사에 도달하기까지 10여 주를 더 통과해야 하는데, 당연히 모두 선물이 있을 것이니, 그들의 힘으로 헤아려본다면, 만이蠻夷의 작은 나라가 그렇게 하다가는, 그 재물에 있어서 부족이 생기지 않을까 염려됩니다.[24]

여기서 당시 고려사절은 송 황제에 대한 진봉물 이외에도, 송쪽 지방관에게 상당액의 예물을 보냈던 것을 볼 수 있다.[25] 이런 까닭으로 고려사절의 짐이 많았던 것이라 판단된다.

본론으로 들어가 고려상인이 중국에 수출한 상품은 이미 여러 연구를 통해 잘 알려져 있다.[26] 그러나 앞서 살핀 것처럼 이 시대 동남아시아의 사례를 참고한다면, 이에 대해서도 다시 검토해볼 필요가 있다. 〈표 3〉에서 소개하는 바와 같이, 남송 중기 소정원년(1228)에 편찬된 경원부의 지방지인 《보경사명지》에서는 고려의 상품을 세색細色과 추색麤色으로 나누어 상세히 소개하고 있다.[27]

또 〈표 4〉에서 볼 수 있듯이, 천주에서 수입한 고려상품에 대한 기록도 있다. 먼저 《운록만초》는 조언위란 사람이 개희2년(1206)에, 《제번지》는 앞서 소개한 것처럼 조여괄이 보경원년(1225년)에 각각 편찬한 것이다. 따라서 이 두 책은 약간의 시간차는 있지만 《보경사명지》와 마찬가지로 모두 남송 중기의 것이다.

물론 이 〈표〉들에서 빠진 것도 있다. 예를 들면 고려 산 종이도 송의 수도나 항구뿐만 아니라 장강 유역의 내지에 이르기까지 유통되고 있었다.[28]

정리하면 크게는 은과 같은 귀금속, 인삼을 비롯한 약재, 서모필이나 종이처럼 문방구, 나두螺頭처럼 나전칠기 장식의 원료, 그 밖의 수공업품 등으로 구성되어 있다. 이 가운데서 특히 고려에서는 수공업 제품들도 송에 판매하고 있었는데, 이들을 따로 정리하면 〈표 5〉와 같다.

그런데 교역품에 있어서 중요한 점은 이들 상품들이 어느 정도 값어치를 가지고 있느냐 하는 것이다. 종래 '세색細色'은 가볍고 가격이 비교적 많이 나가는 상품, 추색麤色은 부피가 큰 상품으로 정의되었다.[29] 그러나 보다 엄밀히 말한다면, 북송 말 휘종 대 대관 연간(1107~1110)에 이르러, 송조는 부피가 커서 지금까지 추색에 포함되어 있던 각종 전매상품들을 대부분 '세색'에 포함시켰다. 이 조치로 인해, 이후 남송 말기에 이르기까지 줄곧 '세색'은 값이 비싼 것, 한편으로 '추색'은 값이 싼 것을 가리키고 있었다.[30]

그런데 〈표 3〉에서 알 수 있듯이, 남송 중기 고려가 수출한 상품은 중국 현지의 가격 기준으로 볼 때, 값비싼 '세색'보다는 상대적으로 값

〈표 3〉 명주(경원부)에 판매한 고려상품

	《보경사명지》권6, 시박
세색	은銀子, 인삼人參, 사항麝香, 홍화紅花, 복령茯苓, 밀랍蠟,
추색	대포大布, 소포小布, 모시포毛絲布, 명주紬, 잣과 송화松子松花, 밤栗, 대추棗肉, 개암榛子, 추자 열매椎子, 은행열매杏仁, 족두리풀細辛, 산수유山茱萸, 백부자白附子, 무이蕪夷(난티 나무 잎 뿌리), 감초甘草, 방풍防風(방풍나물 뿌리), 우슬牛膝(쇠무릎지기 뿌리), 백출白朮(삽주 뿌리), 원지遠志(애기풀 뿌리), 복령茯苓, 강황薑黃, 향유香油, 자채紫菜(해조류), 라두螺頭, 나전螺鈿, 피각皮角, 영모翎毛, 호피虎皮, 칠漆, 푸른 자기靑器, 구리그릇銅器, 쌍감도雙瞰刀(불명), 돗자리蓆, 합심버섯合蕈

〈표 4〉 천주에 판매한 고려상품

《운록만초》권5.	인삼人參, 구리銅, 은銀, 수은水銀, 비단綾, 포布,
《제번지》, 신라국	인삼人參, 수은水銀, 사항麝香, 잣松子, 개암榛子, 석결명石決明(전복류로 그 껍질이 약재로 쓰임), 솔방울松搭子, 방풍防風, 백부자白附子, 복령茯苓, 대소포大小布, 모시포毛施布, 구리쟁반銅磬, 자기瓷器, 돗자리草蓆, 서모필鼠毛筆, 오색꽃무늬비단五色繡絹,

〈표 5〉 고려 수공업품 목록

고려의 수공업 제품	삼베포, 모시포, 능자비단綾, 비단絹, 명주비단紬, 오색꽃무늬비단五色繡絹, 푸른자기, 구리그릇, 돗자리, 나전, 붓, 종이,

싼 '추색'의 종류가 상대적으로 많다. 먼저《보경사명지》에서는 추색으로 들고 있는 '모시포'에 대해 "품질이 아주 좋은 것을 '시紵'라 하는데, 옥과 같이 매우 희며, 왕과 귀인들이 모두 옷을 해 입는다. 경원부에 오는 것은 질이 떨어지는 것이다"라고 적고 있다.[31] 이를 통해 당시 고려에서는 상등품의 모시포가 생산되고 있었음에도 불구하고, 남송 중기에 경원부에 수출된 것은 값싼 하등품이었음을 알 수 있다.

또 '명주紬'에 대해 설명하면서, "그 원료인 실과 천은 모두 산동이나 복건, 절강의 상인으로부터 들여오고 있다"고 하고, 또 "화릉花綾(꽃무늬가 들어간 화려한 비단)을 아주 잘 짰으며, 문라文羅(무늬가 화려한 비단), 긴사緊絲(발이 굵은 비단), 금계錦罽(비단 깔개) 등도 있다"고 적고 있다.[32] 그런데 이 부분은 서긍의《고려도경》권23, 토산 항목의 기록을 그대로 인용한 것이다. 이처럼 고려에서는 중국에서 수입한 비단실을 가지고 고급 비단제품도 생산하고 있었다.

그러나 〈표 3〉나 〈표 4〉에서 보았듯이, 남송 중기에는 추색에 속하는 값싼 명주紬와 무늬가 없는 비단綾을 경원부나 천주에 팔고 있었다. 다시 말해 고려가 중국으로부터 생사生絲(비단실)를 수입하여 국내에서 여러 종류의 고급 비단을 생산하고 있었음에도, 이때 남중국에 팔고 있었던 것은 값이 싸고 소박한 것들이었다. 또한 고려의 대소포大小布가 추색에 들어가 있는 것을 보면 이 역시 사정은 마찬가지였다.

《보경사명지》에서는 고려의 구리그릇銅器을 추색에 넣고 있다. 나아가 당시 고려에서는 고급품인 상감청자가 한창 제작되고 있었다.[33] 그럼에도《보경사명지》의 세색의 항목에서 그것을 찾아볼 수 없고, 〈표 3〉에서 보듯이 추색의 항목에 푸른 자기가 나타나고 있다. 이에 대해서는 일화를 하나 소개해보기로 하겠다.

내가 태학太學에 있을 때 들기로, "…… 건도와 순희연간에는 독서실도 소박했고, 음식을 먹는 그릇도 질그릇이었으며, 건물에도 아무런 장식이 없었다"고 한다.[34]

이를 보면 남송 초중기에 해당하는 건도연간(1165~1173)과 순희연간(1174~1189)에 국립대학인 태학 식당의 밥그릇이 질그릇이었다고 한다. 송나라도 이 당시 자기를 생산하고 있었지만, 태학과 같은 곳에서는 여전히 질그릇을 사용하고 있었다. 이를 보면 당시 중국에서도 자기그릇이 그다지 보급되지 않았으며, 그에 따라 값싼 자기에 대한 많은 수요가 있었음을 알 수 있다. 천주의 경우를 나타내는 〈표 4〉에도 자기가 등장하고 있는데, 이 역시 마찬가지라 짐작된다.

그리고 고려에서는 나전螺鈿도 고급품을 생산하고 있었지만,[35] 〈표 3〉의 추색에 그것이 포함되어 있는 것을 보면, 그 사정은 마찬가지다. 또 고려왕이 거란 성종聖宗에게 보낸 선물 가운데에 용수초석이 있었다.[36]

● 고려청자 출토지
필자가 양주揚州 시내에서 확인한 고려청자 출토지. 1985년 이곳에서 고려청자가 출토되었다고 한다.

이 사실을 감안하면 고려에서 생산되는 돗자리에는 값비싼 고급품도 있었지만, 이 시기 해상들이 남중국에 주로 판매한 것은 값싼 돗자리였다. 여기서 고려 돗자리席와 관련한 사료를 하나 소개해보도록 하겠다.

무릇 물건에 진짜가 있으면 곧 가짜가 있다는 것은 오래된 일이다. 고려 자리는 말거나 펴서 둘 수 있는데, 가격이 비싸 쉽게 구할 수 없다. 그에 따라 사명四明(명주/경원부)에서는 가짜 고려 돗자리를 만들기도 한다.[37]

이를 보면 경원부의 중국상인 가운데는 일반인들이 쉽게 구입할 수 있도록 고려 돗자리를 모방한 값싼 제품을 생산하여 판매하고 있었음을 보여주고 있다. 이처럼 당시 교역을 통해 각 나라 상인들은 다른 나라 상품의 디자인을 베끼기도 했다. 그런데 이 사료는 다른 한편으로 남중국 쪽 시장에서 값싼 상품에 대한 수요가 꽤 있었음을 보여주고 있다. 이런 사정으로 인해 이 시기 고려가 남중국에 값싼 초석 자리를 판매했던 것이라 하겠다.

이들 사례는 고려가 여러 가지 값비싼 상품도 생산하고 있었지만, 이 무렵 바다를 통해 남송대 경원부나 천주에 팔고 있던 것은 공통적으로 값싼 상품들이 많았음을 보여준다. 나아가 〈표 3〉나 〈표 4〉를 보면 '밤'이나 '대추', '개암', '솔방울'까지 있다. 솔방울이야 요즘도 동맥경화 예방이나 그 밖의 효능으로 약재로도 쓰이고 있다. 특히《보경사명지》에서는 '밤栗'에 대해서 "큰 것은 복숭아만한 것도 있으나, 지금 경원부에 오는 것은 작은 것이며, 딱딱해서 찌거나 삶아야만 먹을 수 있다"고 하여 식품으로 간주되고 있다.[38] 이처럼 밤이나 대추와 같이 오늘날의 기준으로 볼 때는 하찮은 식품까지 수출되고 있었다.

고려상인과
동아시아 무역사

• 오늘날의 회수淮水

이와 관련해 주목할 만한 견해를 소개해보도록 하겠다. 재닛 아부-루고드Janet L. Abu-Lughod에 따르면 "인도 서해안에서는 9~10세기에 사치품을 취급하다가, 1200년 이후 가장 기본적인 필요를 충족시키는 진정한 대량 상품들이 교역되었는데, 직물, 금속류, 가정용품, 생사, 원면, 임산물, 해산물 등이 있고, 가장 놀라운 변화는 곡식, 설탕, 버터, 소금과 같이 부피가 큰 식량도 포함되어 있었다"고 한다.[39] 한편으로 유럽의 사정에 대해서는 다음과 같이 적고 있다. "이 교역에서의 첫째가는 품목은 키타이의 비단이었고, 1257년부터는 이것이 상파뉴의 정기시에서 제노바 상인들에 의해 판매되었다. 흥미롭게도 이 비단은 그때까지도 페르시아와 투르케스탄에서 오는 비단보다 (품질이 떨어졌지만) 유럽에서 값이 저렴했기 때문에 특별히 수요가 있었다"고 한다.[40]

이처럼 1200년대 이후 인도에서는 일상생활에 필요한 부피가 큰 물자까지 바다를 통해 교역되고 있었다. 그리고 같은 시대 유럽에서는 품질이 떨어지는 키타이(카타이, 곧 중국)의 비단이 싼값을 무기로 시장을 잠식하고 있었다. 이는 '질'보다는 '양'으로 경쟁하고 있었던 사실을 보여준다. 앞서 송상이나 원상이 동남아시아에 판매한 상품에도 쌀, 술, 소금, 젓갈, 조악한 도자기, 심지어는 물독 등 부피가 큰 다양한 일상품이 포함되어 있었다. 또 이 시대 일본의 경우는 목재 나무판을 실어다가 남중국의 천주나 경원부에 와서 팔고 있었다.[41] 즉, 부피가 매우 큰 목재까지도 바다를 통해 교역되고 있었다. 여기서 이 시대 동서 두 세계에서는 공통적으로 일상품들이 바다를 통해 널리 교역되고 있었음을 확인할 수 있다.

이런 배경에서 이 당시 고려가 왜 값싼 상품들을 주로 수출했나? 왜 상감청자를 제작하고 있었음에도 값싼 자기를 수출했나? 아니면 왜 굳이 값싼 모시포나 비단을 수출했나? 나아가 밤이나 대추, 솔방울처럼 하찮은 것까지 수출했나 생각하여, 고려의 기술력이나 생산력을 낮게 평가할 수도 있지만, 실은 그것이 아니었다. 오히려 이 시대 고려는 남중국 시장에서 수요가 많고, 중국의 것에 비해 가격적으로도 우위에 있었던 일상품들을 판매하고 있었던 것이라 해석하는 편이 온당하리라 본다. 따라서 당시 고려는 수출을 위해 의도적으로 이런 상품들을 생산하여, 바다를 통해 남중국 쪽 시장에 공급하고 있었다고 하겠다. 이는 앞서 소개한 청자의 사례에서 그것을 엿볼 수 있다.

한편 당시 대식상인들은 유향乳香을 가지고 다니며 판매하고 있었다.

유향은 달리 훈륙향薰陸香이라고도 하는데, 대식의 마라발麻囉拔, 시갈施曷, 노발奴發과 같은 세 나라의 깊은 산이나 계곡에서 난다.…… 그곳에서 코끼리가 끄는 수레에 실어 대식에 이르면, 대식에서 다시 배에다 실어 삼불제에 와서 다른 물건들과 바꾼다. 이 때문에 유향이 항상 삼불제에 모이는 것이다.[42]

이를 보면 유향의 산지는 대식국의 주변 나라였다.[43] 그것이 먼저 육로로 대식에 집하된 뒤, 그곳에서 다시 바다를 통해 고림을 거쳐 삼불제에 이르렀음을 알 수 있다.

남송 초 소흥16년(1146)에 삼불제 국왕은 중국의 광남 시박사廣南市舶司(광주 시박사)에게 요즘 유향을 그쪽에 판매하는 데 손해가 매우 많다는 서신을 보내고 있다.[44] 이는 삼불제가 유향을 다시 중국과 중개무역하고 있었음을 보여준다. 이처럼 당시의 해상교역은 생산국과 소비국 사이에서만 이루어지지 않았다. 여러 중계지점을 거쳐 그 수요가 있는 지역에 판매되고 있었다. 이렇게 본다면 13세기 중반 이후 유럽의 상파뉴 시장에 등장했던 키타이의 비단도 반드시 특정 국가, 곧 중국의 것이라 단정할 수는 없을 것이다. 다시 말해 다른 나라에서 생산된 값싼 비단들도 남중국의 시박 항구에서 집하된 뒤, 거기서 다시 배로 실려 나갔기에 그렇게 불렸을 수 있을 것이다.

그런데 가격이 싼 상품은 항해의 위험을 무릅쓰면서 바다를 통해 '소량'으로 외국에 판매할 경우, 그 수지 타산이 맞지 않을 것이다. 그렇기 때문에 선박에 '많은 양'을 실어 판매하여 이윤을 남기고 있었다고 해석해야 순리적일 것이다. 그 대표적인 것이 앞서 살핀 것처럼 중국해상이 '쌀'을 동남아시아 지역에 판매한 사례일 것이다. 쌀이 아닌 다른 상품을 들자면 앞서 주욱이란 사람이 쓴 《평주가담》에서 보았듯이, 수많은 중국의 객상들이 선실을 하나 빌려 자신의 상품인 질그릇을 아래에 깔고, 그 위의 좁은 공간에서 밤을 지새우는 모습에서도 그것을 엿볼 수 있다.

그러므로 고려상인도 많은 양의 밤이나 대추, 돗자리, 모시포, 값싼 청색 자기를 남중국에 판매하고 있었다고 판단된다. 이는 앞서 살핀 것처럼 고려가 수출한 구리그릇을 송 황제가 녹여서 화폐 제조에 사용하도록 명령했던 사실에서도 그것을 짐작할 수 있다. 그런데 고려는 이미 오대 후주後周에게 그들의 화폐 제조를 위해 30톤에 달하는 구리를 판매한 적도 있었다.[45] 그리고 《보경사명지》에 기록되어 있는 고려의 수출품 가운데, 동기銅器 항목에서는 "근년에 이르러 고려가 그 반출을 금하고 있다"고 했는데,[46] 그 양이 적었다면 고려가 결코 그런 정책을 취하지도 않았을 것이다. 나아가 금과 송이 한창 전쟁을 벌이던 시기인 소흥3년(1133)에 송조 호부戶部는 보관하고 있던 고려 비단 가운데 1만 5,000필을 꺼내어 1필당 6관의 값으로 군량미를 구입하고 있다.[47] 이 역시 고려 비단의 수출량과 관련해 참고할 부분이라 하겠다.
따라서 이런 점들을 감안한다면 송대 중국 사료나 지방지에서 해외
상품의 종류만을 간단히 적고 있다고 해서, 그 양을 소홀히 할 수는 없
을 것이다. 물론 여기서 말하는 '많은 양'이란, 재닛 아부-루고드도 이
미 지적했듯이, 오늘날의 기준에서 볼 때는 초라한 수준이다.

이처럼 부피가 크고 값싼 일상품들이 대량으로 교역되던 추세는 유
럽, 인도뿐만 아니라, 남중국과 동남아시아, 남중국과 고려 사이에서
도 모두 공통적으로 나타나고 있었다. 이는 당시 고려도 세계적인 무
역 추세에 연동되어 있었음을 말해준다. 이 같은 배경에서 고려 역시
중국이나 다른 나라들과 마찬가지로 농업이나 수공업에서 일정부분
해외시장을 위해 생산을 하고 있었다고 하겠다.

지금부터는 고려의 수출상품 가운데 고려포와 고려은에 대해서 보
다 상세히 검토해보도록 하겠다. 《고려사》를 보면 당시 고려에서 왕
의 하사품이나 지불수단으로 빈번하게 쓰이는 것이 있다.

이를 보면 공통적으로 '은'과 각종 '포'가 지불수단으로 사용되고 있

〈표 6〉 고려왕의 하사품과 은

시기	하사품과 은의 가치
예종2년, 윤8월, 임인	병사들에게 은과 포를 지급
예종10년 정월	여진사절에게 매년 은을 지급
명종15년, 정월, 신축	저포紵布로 거란사契丹絲를 구입
고종7년, 3월, 병신	은기銀器, 세저細紵, 세주포細紬布, 광평포廣平布를 우가하亏哥下에게 보냄
고종8년, 8월, 기미	몽골사자의 요구품 가운데 세주細紬, 세저細苧
고종43년, 12월, 갑신	은 1근의 가치가 쌀 2곡斛
충렬왕9년, 8월, 기유	원나라 우인優人에게 백은 3근을 하사

다. 그리고 고려에서는 은 1근의 가치가 쌀 2곡이라는 표현처럼 가치 척도로도 사용되고 있었다. 이들 '포'나 '은'은 앞서 소개한 〈표 3〉이나 〈표 4〉에서 보았듯이 고려의 수출품이기도 했다.

원대 고려에서 편찬된 중국어 교재인 《노걸대老乞大》에서는 고려포와 관련한 자료를 상세히 담고 있다. 여기에 등장하는 물가는 대략 13세기 말에서 14세기 전기의 것이라고 한다.[48] 당시 고려상인은 중국으로 가지고 갔던 11종綜 모시포毛施布 상등품을 3정錠(150량)에, 9종 모시포 중등품을 2정(100량), 첩리포帖裏布(마포) 상등품을 70량에, 하등품을 1정(50량)에 각각 판매하고 있다.[49]

또 《노걸대》를 보면, 고려상인이 중국에서 박견薄絹 1필을 17량에 구입하여 3량을 들여 분홍색小紅으로 염색하여, 이를 고려에 가져오면 5종 마포 3필에 해당하는 30량 값으로 판다고 한다. 또 능자綾子(무늬를 넣은 비단) 1필을 25량에 구입하여, 5량을 들여 검푸른 색(아청鴉青)으로 염색한 다음, 이를 고려에 가져와 5종 마포 6필에 해당하는 60량으로

〈표 7〉 고려포와 가격

포의 종류와 등급	판매 가격
11종 모시포 상등	150량
9종 모시포 중등	100량
마포 상등	70량
마포 하등	50량

〈표 8〉 중국 비단의 가격

중국에서 구입 가격	개경에서 판매 가격
박견 1필(17량)+염색(3량)	30량(5종 마포 3필에 해당)
능자 1필(25량)+염색(5량)	60량(5종 마포 6필에 해당)

판다고 한다.[50] 덧붙인다면 원대의 지폐도 그 바탕색은 아청이었다.[51] 이를 감안하면 고려에서도 이 색깔이 유행했던 것으로 여겨진다.

흔히 비단이라고 하면 고급품이며 비싼 값에 거래되었을 것으로 생각하기 쉽지만, 〈표 8〉에서 보듯이, 당시 산지 가격만 놓고 비교해도, 고려 5종 마포의 가격(1필=10량)은 중국의 박견(1필=17량)과 비교해 현저히 낮은 수준이 아니었다. 그리고 〈표 7〉에서 보듯이, 하등 마포의 중국 판매 가격(50량)은 〈표 8〉의 능자 비단의 산지 가격(1필=25량)보다 2배나 높은 가격에 팔리고 있었다. 그리고 9종(100량)이나 11종 모시포(150량)는 이보다 더 높았다. 물론 비단에도 여러 종류가 있기에 단순 비교는 어렵다. 하지만 여기서는 고려에서 제조한 마포조차도 당시 중국상품과 충분히 교역할 만한 가치를 지니고 있었다는 것을 확인해두고자 한다.

명대 홍무원년(洪武(1368)의 명령에는 범죄에 적용되던 각종 상품의 가격이 등장하고 있다.[52] 그러므로 이는 원대 말기 남중국의 상품 가격을 보여주는 것이라 하겠다. 그런데 여기에는 고려포와 그 가격도 나타나고 있어, 이로써 다른 물건들과의 상대가치를 비교해볼 수 있

〈표 9〉 명나라 초기 홍무원년의 상품 가격

상품의 종류와 가격	상품의 종류와 가격
금 1량=400관	소견小絹 1필=20관
은 1량=80관	갱나미粳糯米 1석=25관
사絲 1필=80관	소맥 1석=20관
릉綾 1필= 120관	대맥 1석=10관
마포 1필=8관	고려포 1필=30관
대견大絹 1필=50관	

다. 그 상품들 가운데 몇몇을 간추려 보면 〈표 3〉과 같다.

　여기서 고려포(30관)는 대견(50관)보다는 싸지만 소견(20관)보다도 높은 가격을 보이고 있다. 명의 건국연도에 반포한 범죄와 관련한 상품에 고려포가 등장하고 있다는 것은 이 이전에 남경 일대를 포함한 남중국에서 그것이 일상품으로 널리 유통되고 있었던 것을 말해준다.

　이 같은 사실들을 감안하면 송대부터 선박을 통해 고려의 삼베포가 수출되었고, 그 연장선에서 원대 중국에서도 그것이 꽤 보급되어 있었음을 확인할 수 있다. 참고로 명대에 들어와서도 고려포는 중국 황제의 하사품 속에 포함되어 있었다.[53] 또 토로번吐魯番Turfan이 명 황제에 대해 회사해줄 것을 요청하는 품목 가운데도 고려포가 들어 있다.[54] 물론 이때는 엄밀히 말하면 조선포가 되겠으나, 관행적으로 그렇게 불렸을 것이다. 이런 점들은 고려포에 대한 중국이나 그 주변 지역의 수요가 꽤 많았음을 보여주는 것이라 하겠다.

　다음으로 고려은에 대해 살펴보도록 하겠다. 송대 중국에서는 50량짜리 대은정大銀鋌이나 20량짜리 소은정小銀鋌이 주조되었고, 은은 궁중에서 상이나 하사품의 수단으로, 또는 민간에서는 지불수단으로 사용되고 있었다.[55] 이와 마찬가지로 앞서 〈표 6〉에서 언급했듯이, 고려에서도 은이 하사품이나 지불수단, 나아가 가치척도로 쓰이고 있었다. 또 고려에서는 이미 숙종6년(1102)부터 '은병'을 주조하여 사용하고 있었다.[56] 남송 말 경원부의 지방지에서는 고려가 강화로 천도한 뒤, 쌀값이 뛰어 은병 1근으로 속粟 3점苫(중국의 1석에 준함)을 바꾼다는 기록도 있다.[57] 이 역시 은이 고려사회에서 가치척도나 지불수단으로 널리 사용되고 있었던 사실을 보여주고 있다. 또 이 같은 상황은 13세기 초기 고려와 이웃하는 금나라에서도 그러했다.[58]

당시 고려에서는 은소銀所를 통해 은을 생산했고, 12세기 이후 은의 국내 유통이 활발하면서 은이 주요한 화폐로 유통되었으며, 물품 매매, 뇌물, 조세의 대납, 대외교역 등 여러 방면에도 사용되었다고 한다.[59] 실제 고려왕은 송상 서전徐戩으로부터 구입한《협주화엄경夾註華嚴經》2,900여 편에 대해 은 3,000량을 지급하고 있었다.[60] 이를 통해 고려에서도 은경제가 발달해 있었음을 확인할 수 있다. 즉 고려는 송대 중국이나 금나라의 화북 지방과 마찬가지로, 은이나 은화를 지불수단 또는 가치척도로 사용하고 있었다.

여기서 고려은이 중국으로 유입된 것과 관련해 당시의 금은비가金銀比價를 살펴볼 필요가 있다. 송대 중국의 금은비가에 대해서는 카토 시게시加藤繁와 펑신웨이彭信威의 연구가 대표적인데,[61] 이를 정리하면 〈표 10〉과 같다. 여기서 말하는 금은비가란, 금의 경우 희소한 광물이므로 항상 1로 잡고, 이와 함께 상대적으로 덜 희소한 은 가격의 상승과 하락을 비교하는 개념이다. 그에 따라 두 수치가 벌어지면 은 가격의 하락을, 반대의 경우는 그 상승을 의미한다.

〈표 10〉을 보면, 북송 말 남송 초기에 해당하는 정강과 소흥연간의

〈표 10〉 송대 중국의 금은비가

시기	금은 비가
함평 중(998~1003)	1:6.25
대중상부8년(1015)	1:6.25
정강원년(1126)	1:13
정강2년(1127)	1:14
소흥4년(1134)	1:13.04
융흥2년(1164)	1:11
가정 초(1208)	1:12

전쟁기간을 제외하고, 11세기와 13세기를 비교하면, 중국 국내에서 은의 가격이 줄곧 떨어지고 있던 추세를 볼 수 있다. 이에 대해 평신웨이는 국내 은 생산의 증가, 외국 은의 유입 가능성을 들고 있으며, 특히 남송대에는 중국 국내 은의 생산이 곤란했기에, 외국 은이 많이 유입되었을 것으로 해석하고 있다.[62]

당시 일본 은의 경우 중국보다 가격이 비싸 들어오지 못하고, 그 대신에 일본의 금 가격이 중국보다 낮아 남송에 수출되었다고 한다.[63] 《보경사명지》에 일본의 수출품으로 세색에 금자金子나 사금이 등장하는 것은 그 때문이다. 그리고 거란의 경우 밀무역을 하는 송상에게 '남정은南挺銀'이라는 은괴를 무역대금으로 결제하고 있었다.[64] 또 송대에는 국경의 각장榷場무역을 통해 거란 은이나 여진 금나라의 은이 중국에 유입되었을 것으로 보기도 한다.[65]

한편 남송 중기의 기록인 《보경사명지》 권6에서는 ① 고려, ② 일본, ③ 해남·점성·서평西平·천주·광주선, ④ 외화번선外化蕃船의 순으로 수입품을 열거하고 있다. 이 가운데서 ① 고려의 세색 가운데 은, ④ 외화번선의 세색 가운데에만 은이 등장하고 있다. 즉, 남송대 경원부에 수입된 외국 은은 '고려은', 그리고 '외화번선의 은'만이 있었다.

그런데 ①~③은 특정한 국가나 지역을 명기하고 있음에 비추어, ④의 '외화번선'만은 그것을 가지고 왔다는 지역을 표기하고 있지 않다. 여기서 '외화번선'이 가지고 왔다는 몇 가지 세색의 상품만을 들어보면, 은자銀子 이외에, 대식 산 유향乳香이 있는가 하면, 동남아시아 산인 정향丁香이나 침향沈香, 후추胡椒도 있다. 그렇기 때문에 이 '외화번선'의 상품들은 어느 특정한 하나의 국가로부터 수입한 산물을 기록한 것이라기보다는, ①~③을 제외한 '기타' 여러 나라에서 수입한 상

고려상인과
동아시아 무역사

품을 하나로 모아 세색과 추색으로 처리한 것으로 짐작할 수 있다.

한편《운록만초》권5, 〈복건 시박사에 항상 찾아오는 외국 선박福建
市舶司常到諸國舶船〉의 항목을 보면, 천주에서 수입한 각 나라의 상품을
소개하고 있다. 이 사료에는 아주 많은 나라가 등장하고 있다. 심지어
는 국가의 이름이나 위치를 비정하기 어려운 경우까지 있었다. 그래
서 번잡함을 피하기 위해 대표적인 나라만을 들어 정리하면 〈표 11〉
과 같다.

여기서 천주에 들어온 여러 국가로부터 수입한 상품을 열거하고 있
는데, 오직 고려의 경우에만 '은'이 등장하고 있다.

그리고 앞서 살핀 것처럼《보경사명지》와 비슷한 시기에 편찬된《제
번지》에서 진랍, 삼불제, 단마령국, 불라안국, 사파국에서는 송상으로
부터 금은이나 금은그릇을 수입하고 있었다. 이는 이들 지역의 '은' 가

〈표 11〉 천주가 각국에서 수입한 상품

국가	상품
대식, 삼불제 등	진주眞珠, 상아象牙, 서각犀角, 뇌자腦子, 유향乳香, 침향沉香, 전향煎香, 산호珊瑚, 유리琉璃, 마노瑪瑙, 대모玳瑁, 귀통龜筒, 치자향梔子香, 장미수薔薇水, 용연龍涎,
진랍 등	금안향金顔香
발니국渤泥國 등	뇌판腦版
사파국 등	약물藥物
점성 등	협전夾煎
불라안 등	목향木香
파사란波斯蘭 등	길패포吉貝布, 패사貝紗,
고려국	인삼人參, **은銀**, 동銅, 수은水銀, 릉綾, 포布,

격이 중국보다 비쌌다는 것을 보여준다. 그러므로 상대적으로 값비싼 이곳의 은이 중국에 다시 유입될 여지도 없다. 그리고 위의 〈표 11〉을 보면 대식이나 그 밖의 지역에서 은이 천주로 유입되었던 사실도 찾아볼 수 없다. 그렇기 때문에 현재로서는《보경사명지》에서 말하는 경원부에 '외화번선'이 가지고 왔다는 은은 그 출처가 분명하지 않다.[66] 따라서 남송 중기 경원항과 천주항에 공통적으로 유입되고 출처가 분명한 외국의 은은 오직 고려은이라 할 수 있다. 또 이는 당시 고려은의 국내 가격이 중국 현지 시세보다 낮았음을 보여주기도 한다.

여기서 주목되는 사실은 여러 외국의 은 가운데 고려은이 줄곧 송대 남중국에 유입되어 이곳의 은 가격을 낮추는 데 한 역할을 했고, 그에 따라 낮아진 가격의 중국은이 다시 기타 동남아시아 국가로 유출될 수 있었다는 점이다. 한편으로《보경사명지》에서 세색으로 간단히 기록하고 있는 일본의 금도 그 양이 상당했다고 한다.[67] 이런 이유로 이 시대 고려에서 중국으로 유출된 '고려은'의 양도 결코 가볍게 보아서는 안 되리라 여겨진다.

이와 관련해 다음의 사료를 소개해보기로 한다. 시기적으로 남송 중·후기에 살았던 이슬람 사람 이븐 사이드Ibn Saʿid(1208년 또는 1214~1274년 또는 1286년)는 신라군도新羅群島 남쪽에 '은도銀島'가 있으며, 사람들에 의하면 그 땅에 은이 풍부하다고 기록하고 있다.[68] 여기서 신라, 곧 고려에 은을 풍부히 산출하는 섬이 있었음을 주목할 필요가 있다. 그런데 원 세조 쿠빌라이도 고려국에서 은이 많이 난다고 하여 기술자를 파견하여 채굴했던 사실은 이미 잘 알려져 있다.[69] 이는 당시 고려의 은 무역과 관련해 참고해야 할 부분이다.

고려의 수입품

고려가 수입한 상품에 관한 기록은 매우 제한되어 있다. 먼저《고려사》에서 고려왕이 중국상인으로부터 구입한 상품을 뽑아보면〈표 12〉와 같다.

여기에 나타나는 향약에는 대식 산 유향도 포함되며, 상아 역시 고급품은 그쪽이다.[70] 또 앵무새는 점성에서 난다고 하며,[71] 침향목은 동남아시아 지역의 경우 진랍의 것이 가장 좋았다.[72] 그 밖에도《고려사》에서는 송상들이나 아라비아 상인이 고려에 왔다거나, 고려왕에게 진보나 방물을 바쳤다는 사실이 많이 등장하므로, 이 표에 나타난 상품들은 그 일부일 뿐일 것이다. 아무튼 고려왕이 구입한 물건은 사치품이 주종을 이루고 있다고 해도 무방하리라 본다.

그 밖에 다음과 같은 재미난 일화도 전해지고 있다.

일찍이 고려사절이 상주常州(절서 지방의 운하 도시)에 왔을 때 방생을 하기 위해 민간에서 기르는 비둘기를 샀다. 그런데 비둘기는 날아가도 집으로 되돌아오는 것을 알기에, 상주 사람들은 오직 팔리지 않을까만을

〈표 12〉 고려왕이 송상으로부터 구입한 상품

고려왕의 수입품	《고려사》
향약香藥	현종10년 7월 임신, 현종13년 8월 신유
서책書冊, 태평어람太平御覽	현종18年 8월 정해, 명종22년 8월 계해
서각犀角, 상아象牙	문종8년 7월 경오
접동새白鵰, 앵무, 공작, 꽃異花	예종8년 5월 무자, 의종11년 7월 무자
침향목	의종5년 4월 기유
유리와琉璃瓦	충렬왕3년, 5월 임진

두려워했다. 뒤에 사절이 귀로에 다시 들려 생일날 방생을 한다고 하여 비둘기를 사려고 하자, 사람들은 싼값에 다투어 팔았다. 팔고 나자 배 안의 대나무 상자에 넣고서는, 며칠이 지나 생일날이 되어도 방생하지 않고 그대로 가버렸으니, 이는 상주 사람들이 도리어 한방 먹은 셈이 되었다고 하겠다.[73]

이처럼 고려사절이 송나라 개봉에서 돌아오는 길에 비둘기를 구입해온 적도 있었다.

북송 말 중국에서는 종실의 여인들이 궁중에 들어갈 때에는 소가 끄는 수레를 타고, 양쪽 머리와 양쪽 소매에는 향주머니를 차고 있어, 그 수레가 지날 때에는 향기가 가득했다고 한다.[74] 또 수도 개봉의 거리 여러 곳에는 향약을 전문적으로 파는 향약포香藥鋪가 산재하고 있었다.[75] 나아가 북송 말 선화연간(1119~1125)에 개봉에서는 '이국조異國朝', '사국조四國朝', '육국조六國朝', '만패서蠻牌序', '봉봉화蓬蓬花' 등의 외국 노래가 유행하고 있었으며, 개봉의 대표적인 불교사찰인 상국사相國寺 앞 상점에는 '번도番刀(외국 칼)', '번적蕃笛(외국 피리)'과 같이 조금이라도 이상한 물건에는 모두 '번番'이라는 문자가 붙어 있었다고 한다.[76] 이처럼 북송 말 중국에서는 다른 나라 상품이나 문화가 수도를 중심으로 보급되어 있었다.

한편 북송 말 고려에 사절로 왔던 서긍은 고려의 귀부인들이 비단 향주머니를 차는데, 향주머니가 많을수록 부귀한 집안 출신이라고 적고 있다.[77] 서긍은 또 고려사람들의 비단옷 착용에 관해서도 언급하고 있으며,[78] 그 밖에 고려사람들은 중국의 납차蠟茶와 용봉단차龍鳳團茶를 귀중히 여기며, 하사해준 것 이외에 상인들 역시 가져다 팔기 때문에, 근래에는 차 마시기를 매우 좋아한다고 적고 있다.[79] 또 고려의 함녕절咸寧節에는 왕실, 관료와 더불어 중국상인을 장경전長慶殿에 초청하여 중국과 고려음악을 연주했는데, 그중에는 '치어致語(송나라 궁중에서 연예인들이 부르던 노래)'도 있었다고 한다.[80] 이처럼 12세기 북송 말 중국과 고려 두 나라의 상류층은 어느 정도 해외 사치품을 소비하고 있었다. 또 교섭이나 교역을 통해 다른 나라의 문화도 상층부를 중심으로 보급되어 있었음을 엿볼 수 있다.

그런데 남송시대에 오면 고려의 상황은 그 이전과 사뭇 달라진 모습을 보이고 있다.

㉮ 고려 인종9년(1131: 소흥원년) 5월: 서인庶人이 비단저고리와 비단바지를 입거나, 말을 타고 도성都城을 다니는 것, 그리고 노예가 가죽허리띠를 착용하는 것을 금지한다.[81]

㉯ 고려 의종22년(1168: 건도4년) 3월: 근래에 보니 중앙과 지방 관인이나 일반인들 사이에 사치하는 것이 풍속을 이루어, 의복은 반드시 수놓은 비단으로 하고, 그릇들은 반드시 금과 옥으로 하니, 과인의 검소한 뜻과는 매우 차이가 있다. 지금부터 중앙과 지방의 관청에서는 이를 엄격히 금지하도록 하라![82]

여기서 남송 초·중기 고려에서는 서인(벼슬이나 신분적 특권이 없는 사람)들조차 비단옷을 입는 경우가 있었고, 나아가 관인은 물론이거니와 일반인들도 수놓은 비단옷을 착용하고 있었다. 그에 따라 서긍의 말처럼 고려가 비단실을 중국으로부터 수입하고 있었다면, 서인들이 비단옷을 착용했다는 이 한 가지 사실만으로도, 그 양이 적지 않았음을 엿볼 수 있다. 이처럼 수입품의 영향이 일반인들에게까지도 미치고 있었다는 것은, 이 시대에 이르러 해상교역의 영향이 더 이상 왕실이나 권문 등 상류층만을 대상으로 머물러 있지 않았다는 사실을 보여준다고 하겠다.

남송대《제번지》의 기록에 따르면, 고려는 항상 사명(명주 또는 경원부)을 경유해서 천주에 온다고 하며, 고려상박은 오색꽃무늬비단五色纈絹을 가지고 와서 건본문자建本文字(복건에서 출판한 서적)와 바꾸어간다고 적고 있다.[83] 여기서 말하는 오색꽃무늬비단이란, 앞서 살폈듯이 송상이 사파국에도 판매하고 있던 것으로, 똑같은 꽃무늬를 조각한 2개의 목판 사이에 비단을 끼워넣고는, 여러 색깔의 염료로 앞뒤가 서로 대칭되게 찍어낸 것이라 한다.[84] 한편으로 당시 복건은 사천四川, 절강 지역과 더불어 목판 인쇄업이 발달한 대표적인 곳이었다.[85]

그런데 이미 북송 초기부터 천주의 여지荔枝가 붉은 소금紅鹽에 절여져 신라(고려) 등지로 수출되고 있었다.[86] 또한 앞서 살핀 것처럼 남송대에 중국의 해상들은 동남아시아에 사치품에 한하지 않고 양산이나 부채, 유리구슬 등 다양한 일용품을 팔고 있었다. 나아가 앞서 언급한 〈표 4〉의《제번지》의 기록에서는 고려가 천주에 와서 비단 이외에도 다양한 상품을 팔고 있었다. 이런 점들을 감안하면 고려상박이 천주에서 서적을 사갔다고 해서 꼭 그것만이라고 할 수 없고, 중국 생산품뿐만 아니라 그 밖에 다른 여러 나라의 상품들도 고려에 수입되었을 가능성이 크다.

앞서 인용했던《노걸대》란 책은 원대 중기에 고려에서 만들어진 중국어 교재이다. 이런 종류의 서적까지 발간되었다는 것은 그만큼 두 나라 사이에 인적 교류나 무역이 활발했음을 보여준다. 이에 따르면 고려상인이 개경을 출발하여 요양遼陽을 거쳐 대도大都(오늘날 베이징)에 이르러, 그곳에서 말과 모시, 삼베 등을 팔고, 다시 귀국해서 되팔 상품들을 구입하고 있다.[87]

그런 이들이 수입한 상품을 대략 열거해보면, 화려한 갓끈, 각종 바늘과 족집게, 모자와 그 장신구, 염료인 소목蘇木, 화장품과 그 용기, 각종 칼과 칼집, 장기나 바둑·쌍육雙六세트, 비단으로 만든 띠, 이발 칼과 가위 및 송곳, 저울, 금실을 넣어 짠 비단이나 무명과 같은 직물, 방울 그리고 각종 서적 등이 망라되어 있다. 그런데 이들 상품은 값싼 조악품이라 한다.[88] 이는 이들 상품이 고가의 사치품이 아니라 일반인들도 접할 수 있는 상품임을 말해준다. 따라서 이 시대에는 시간이 경과함에 따라, 다른 나라와 마찬가지로 바다를 통해서도 일반인들의 수요가 있는 다양한 일상품들이 고려에 수입되었던 것으로 추정할 수

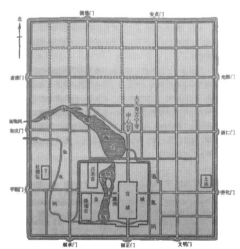

•원 대도성

대도성은 유목민족의 습관에 따라
겨울 수도로 건설되었다.
여름 수도는 내몽골에 있는
상도성上都城.

있다.

참고로 신안 해저 침몰선에서 발견된 유물에는 약 2만 점의 도자기가 주류를 이루고 있다. 이 가운데는 값비싼 고급품도 있지만, 그렇지 않은 것도 꽤 있다. 특히 일상생활용품으로 사용되었을 법한 그릇이나 물병, 심지어는 꽃화분과 같은 것도 상당량을 차지하고 있다.[89]

••• 후속 연구를 위한 제언

당시 무역상품은 일상생활에 쓰이는 다양한 것들로 구성되어 있었다. 또한 이 시대에는 대형선박의 출현으로 양적으로 많은 상품들이 거래되고 있었다. 이는 고려와 남중국, 남중국과 동남아시아, 그 밖의 지역에서도 마찬가지였다. 바로 이 점이 고려시대 해상무역의 특징이다. 이를 통해 볼 때 고려시대 역사 역시 세계사의 범주에서 관찰할 필요

• 현재 남아 있는 원대 대도 북쪽 성벽
대도 성벽은 토성이었다.

고려상인과
동아시아 무역사

가 있다. 오늘날도 마찬가지이지만 고려시대에도 수공업자나 상인들은 상대방 국가의 시장에서 수요가 많은 상품을 제작하여 판매하고 있었다. 특히 고려청자의 경우 종래 상감청자의 우수성만을 강조하였고, 실생활에 사용되는 청자에 대해서는 그다지 관심을 두지 않았다. 당시 고려상인들이 명주나 천주에 값싼 생활용 청자를 수출하고 있었다는 사실에서 볼 때 고려청자의 생산도 재평가해야 할 부분이라 판단된다. 고려시대에는 감상용 상감청자보다는 오히려 실생활에 사용되는 일반 청자를 더 많이 생산하고 있었다고 보는 편이 자연스럽지 않을까? 이제는 겉으로 드러난 화려함보다는 그 실용성에도 눈길을 돌릴 때라 여겨진다. 신안침선에서 고려청자가 발견되어 고려선원의 탑승 가능성을 제기하기도 하는데, 그보다는 남중국 시박 항구에서 값싸고 흔한 것이 고려청자라면 당연한 이야기가 될 것이다. 이 글에서는 또 고려포와 고려은에 대해서도 비중을 두고 다루었는데, 이 부분에 대해서는 고려의 수공업이나 광업과 관련하여 앞으로 더욱 연구해야 할 분야라 여겨진다. 중국의 학자들은 비단 생산이 활발한 경우 생산지의 베틀 소리가 요란했다는 표현을 쓰기도 한다. 필자의 상상으로는 고려시대에도 명주나 삼베, 모시를 짜는 베틀 소리가 요란했을 것으로 짐작하고 있다.

원조 중국의 은銀 무역과 고려은의 유출

••• 원대 중국에는 칭기스칸 때부터 몽골에게 협력한 '오르톡Ortoq' 이라 불리는 서방 상인들이 있었다. 이들은 몽골 귀족의 자본을 굴려 수익을 챙긴 뒤 거기서 얻은 중국의 은을 서방에 팔아 막대한 이익을 거두었다고 한다.[1] 1260년 무렵에 이르러 서아시아 동부 지역에 갑자기 대량의 은이 출현하고 있으며, 또한 중국과 마찬가지로 백은白銀 화폐가 등장하고 있는 사실이 그것을 증명해준다고 한다.[2] 그리고 이같은 은의 유출에 따른 중국 국내 귀금속 부족이 명조로 하여금 조공무역朝貢貿易 체제로 전환하도록 하는 하나의 계기가 되었다고 한다.[3]

그런데 오르톡 상인이 서방으로 은을 판매했다면, 원조 중국상인들은 동남아시아 일대에 금은을 팔고 있었다. 또한 그것은 원대부터 비롯된 것이 아니라 이미 그 이전 송대부터 그러했다. 그러므로 이 시대 중국은의 유출은 이에 대한 논의도 함께 이루어져야 할 필요도 있다. 또한 이를 통해 명조의 조공무역 체제 성립 배경도 새로운 관점에서 해석될 수 있을 것이다.

이처럼 은 무역으로 인한 그 유입과 유출 문제는 이 시대 경제사 해명을 둘러싼 중요한 논의의 대상 가운데 하나이다. 그러므로 고려와 원대 중국 사이의 무역도 단순히 상품교환이라는 측면에서 접근하는 것보다는 시각을 바꾸어 이 은 문제를 중심으로 검토해볼 필요가 있을 것이다. 이런 배경에서 여기서는 고려를 포함하여 이 시대 동아시아 은 무역의 전반적인 흐름을 재구성해보기로 하겠다.

남중국과 동남아시아 사이의 은 무역

해상무역을 통한 중국의 은의 유출은 이미 송대부터 있었다. 앞 장에서 살핀 것처럼 송상은 〈표 1〉에 정리된 동남아 지역의 여러 나라에 금과 은 또는 그 제품을 팔고 있었다.

이를 보면 진랍국, 삼불제국, 불라안국에서는 송상으로부터 금은을 수입하고 있었고, 단마령국과 사파국의 경우 금은쟁반이나 그릇을 수입하고 있다. 특히 릉아사가국凌牙斯加國(말레이반도 동해안)의 경우 다음과 같은 기록이 있다.

〈표 1〉 송상이 동남아시아 각국에 판매한 금과 은

국가	상품 종류
진랍국	금과 은
삼불제국	금과 은
단마령국	금은 쟁반
불라안국	금, 은
사파국	금은 그릇

220

이곳 번상들과 교역할 때에는 술, 쌀, 비단, 자기 등의 물건을 사용하는
데, 각기 이들 물건을 먼저 금은에 준하여 계산한 다음 물건을 사고판
다. 예를 들어 술 1등燈은 은 1량이나 금 2전錢에 준하여 계산하고, 쌀 2
등은 은 1량, 쌀 10등은 금 1량에 준하여 계산하는 방식이 그것이다.[4]

이를 보면 이곳에서는 금은을 가치척도로 삼아, 물물교환을 하는 데
그 기준으로 사용하고 있었다. 그리고 이곳에서는 쌀 2등燈(부피의 단위
로, 구체적인 것은 불명)[5]이 은 1량이며, 쌀 10등이 금 1량이라 하므로, 금 1
량이 곧 은 5량으로, 이곳의 금은비가는 1대 5였음을 보여주고 있다.

앞 장에서 살폈듯이 같은 시대 남송대 중국의 금은비가는 1대 11이
나 1대 12가량이었다. 그런데 이 릉아사가의 경우 그 금은의 비가가 1
대 5였다. 이 나라는 삼불제의 속국이었다고 한다.[6] 〈표 1〉에서 보았듯
이 삼불제, 단마령, 불라안, 사파 등의 나라에서는 모두 송상으로부터
금은을 구입하고 있었다. 이 사실은 이들 말라카해협 일대 국가들의
금은 가격이 중국보다 높았다는 것을 뜻한다. 이런 이유로 송대 중국
의 상인들은 이곳으로 금은을 가져다 팔면 커다란 이익이 있었기 때
문에 이를 판매했던 것이라 해석할 수 있다.

원대 시박체제의 특징은 자국 해상의 해외 도항을 금지하고 대신에
정부가 때때로 무역을 독점했다는 점이다. 연구자들은 이를 '관본선官
本船 무역'이라 칭한다.[7] 원조는 몇 차례에 걸쳐 그에 대한 실시와 폐지
를 거듭하다가, 영종英宗의 지치至治2년(1322)에 이르러 그것을 중지하
고 이후 완전히 개방정책을 펴게 되었다고 한다.[8]

그런데 원조가 해상무역에 대해 개방정책을 취할 때 공통적으로 금
은의 수출을 금지하고 있었다. 예컨대 원조의 강남 지배 초기에 해당

하는 지원至元20년(1283)에 해상들이 모두 금은을 가지고 해외로 가서 향목香木과 교환해온다고 하여 그것을 금지했던 적이 있다.[9] 또 지원 23년(1286)에는 금은이나 동전을 가지고 해외로 나가 교역하는 것을 금지하고 있다.[10] 그리고 원정元貞2년(1296)에도 해상이 금은을 가지고 외국에 가서 판매하는 것을 금지하기도 했다.[11] 나아가 연우延祐원년 (1314)에는 금은이나 동전을 비롯해 여러 가지 상품을 가지고 해외로 가서 파는 것을 금지했다.[12] 이어서 지치2년(1322)에도 어린아이와 여자, 금은, 사면絲綿을 가지고 해외로 가는 것을 금지하기도 했다.[13] 이처럼 원조는 금은을 비롯한 몇 가지 상품에 대해서는 줄곧 수출금지령을 펴고 있었다.

그럼에도 불구하고 원대의 중국해상들은 송대와 마찬가지로 금은을 가지고 동남아시아 지역에 가서 무역을 하고 있었다. 원대 1295년 사절로 갔다 와서 기록한 주달관의 《진랍풍토기》에 따르면,[14] 이곳에서는 금은이 나지 않아 당인唐人(중국 상인)의 금은을 첫 번째로 친다고 적고 있다.[15] 〈표 1〉을 보면 남송대에도 송상들은 이곳에 금은을 팔고 있었다. 그러므로 송대에 이어서 원대에도 중국해상들은 계속 이곳에 금은을 공급하고 있었던 것이다.

그 밖에 원말 지정至正9년(1349)에 작성된 왕대연汪大淵의 《도이지략 島夷誌略》을 보면,[16] 중국상인들이 진랍에 여전히 금은을 팔고 있으며, 또 점성국에는 '금은목걸이金銀首飾' 등을 팔고 있다. 이는 원대 중국 상인들이 진랍이나 그 이웃한 점성에 금은이나 그 가공제품을 팔고 있었음을 보여준다. 그리고 《도이지략》에서는 송대의 사파국에 해당하는 조왜爪哇란 나라에 대해서도, 금과 은 등을 팔고 있었다고 기록하고 있다.

한편으로 삼불제국은 13세기 말에서 14세기 초에 사실상 소멸했다고 한다.[17] 그런데 《도이지략》에서는 옛 삼불제의 영역에 있었던 남무리嗵哑哩라는 나라에 중국상인들이 금과 은으로 이 지역 상품과 교환한다고 기록하고 있다. 이로써 원대에도 옛 삼불제 지역에 금은을 수출하고 있었던 사실을 확인할 수 있다. 또 발니渤泥(브루나이Brunei, 칼리만탄Kalimantan 서쪽 해안)[18]의 경우도 백은이나 적금赤金 등을, 명가라明家羅(스리랑카Sri Lanka 서쪽 해안)[19]에서는 금은으로 무역하고 있으며, 고랑보高郎步(스리랑카Sri Lanka 서쪽 해안 콜롬보Colombo)[20]의 경우도 금은 등을 팔고 있다.

이처럼 원조의 금지명령에도 불구하고 상인들은 몰래 금은을 가지고 가서 이곳에 판매하고 있었다. 그 밖에 《도이지략》을 보면 원대 중국상인들이 인도나 페르시아만 등지에 가서도 금은을 팔았다는 기사가 나타나고 있으나, 번잡을 피하기 위해 생략하기로 한다. 그래서 지금까지 다룬 내용을 정리하면 〈표 2〉와 같다.

〈표 2〉 원상이 동남아시아 각 국에 판매한 금과 은

국가	
진랍	금, 은
점성	금은 목걸이
조왜	금, 은
남무리	금, 은
발니	백은
명가라	금, 은
고랑보	금, 은

이처럼 원대 말기에 이르기까지 중국상인들은 송대와 마찬가지로 여전히 동남아시아 일대에 금과 은을 수출하고 있었다. 이는 원대에도 동남아시아 일대의 금은 가격이 중국보다 높았고, 중국상인들은 그 차익을 얻기 위해 상대적으로 값싼 중국의 금은을 이곳에 내다팔고 있었던 것이라 해석할 수 있다. 따라서 원대에는 중국은이 서방으로만 유출되었던 것이 아니라 동남아시아 일대에도 유출되고 있었다.

은 유출의 결과

원조 중국 국내에서는 백은이 가치척도나 지불수단으로 쓰이고 있었다.[21] 그리고 원대의 초기 지폐인 중통초中統鈔나 지원초至元鈔는 그 가치를 은으로 표시하고 있었으며, 처음에는 이들 지폐와 은의 교환을 인정하고 있었다.[22] 그렇다면 원조 지폐정책의 핵심은 국내 은의 가격을 안정적으로 유지하는 데 있었다고 볼 수 있다. 바로 이 같은 배경으로 인해 원조는 해상들이 금은을 가지고 나가는 것을 엄격히 통제했던 것이라 해석된다. 그럼에도 불구하고 앞에서 확인한 것처럼 원대 중국해상들은 공공연히 금은을 동남아시아 지역에 내다팔고 있었다.

원대 중국 국내 은의 가격은 시기마다 다소 변동을 보이고 있었다. 이를 나타내주는 금은의 비가를 정리하면 〈표 3〉과 같다. 그리고 이는 관청에서 정한 가격에 따른 것이다.[23]

이 〈표 3〉을 보면 원조가 남송 영역을 완전히 정복한(1279) 직후에 해당하는 지원19년(1282)의 금은비가는 1대 7.5, 그리고 지원24년(1287)의 경우는 1대 10이다. 즉 전자에 비해 후자의 경우가 은의 가격이 상대적으로 하락하고 있다. 그리고 14세기 전기에 이르러서도 금은비가는 1대 10으로 안정적인 모습을 보이고 있다.

여기서 문제가 되는 것은 이 이후의 사정, 곧 원 말에 해당하는 14세기 중·후반 시기 중국의 금은비가이다. 명 왕조가 성립한 뒤 홍무원년(1368)의 명령에는 범죄에 적용되던 각종 상품의 가격이 등장하고 있다.[24] 그런데 이는 홍무원년에 해당하는 수치이므로 사실상 원조 말기 강남 지방의 사정을 나타내는 것이라 보아도 될 것이다. 〈표 4〉는 그 가운데서 금은의 가격만을 추린 것이다.

역시 〈표 3〉과 마찬가지로 관청에서 정한 가격으로 시장 가격을 그대로 반영하는 것은 아니다. 그렇지만 비교를 통해 그 변화를 살필 수는 있다. 〈표 4〉를 보면, 금 1량의 가격은 동전 400관, 은 1량의 가격은 동전으로 80관이므로, 이때 금은비가는 1대 5였다. 〈표 3〉에서 보았듯이 14세기 전기 중국 국내의 금은비가는 1대 10이었다. 여기서 14세기 전기와 〈표 4〉의 1368년 사이를 비교할 경우, 은의 가격이 두 배나

〈표 3〉 원대 중국의 금은비가

시기	금은 비가
중통 원년(1260)	1 : 7.5
지원 19년(1282)	1 : 7.5
지원 24년(1287)	1 : 10
14세기 전기	1 : 10

〈표 4〉 명대 초기 중국 국내 상품 공시 가격(동전 가격)

금 1량	400관
은 1량	80관

급등했던 것을 확인할 수 있다. 이밖에도 원조 80여 년의 강남 지배의 결과, 중국의 서남 일대에서는 금은비가가 1대 6, 심지어는 1대 5.5가 되어, 인도나 중앙아시아의 비가와 완전히 같아졌다고 한다.[25] 이처럼 원 말에 이르러 중국 내지에서는 은의 가격이 매우 급등하고 있었다. 그 결과 명대 초기에 이르러 심각한 귀금속 부족에 시달리게 되었다고 설명하고 있다.[26]

종래의 연구에서는 명조 조공무역 체제 성립을 주로 명조 초기의 중국 국내 상황과 관련시켜 설명하고 있다.[27] 그런데 지금까지 살폈듯이 원말 이후 중국은 국제통화에 해당하는 금은과 같은 귀금속 부족 상황에 빠져 있었다. 그렇다면 명조는 이를 심각하게 여겨 상인들의 해외 도항을 강력하게 통제할 필요도 있었을 것이다. 이에 대해서는 다음의 사료가 이를 뒷받침해주고 있다. 명조의 조공무역 체제는 홍무4년(1371)부터 시행되었지만 이 사료는 홍무23년(1390)의 것이다.

호부가 외국과 교통하는 것을 더욱 엄격히 금지하자는 보고에 대해 황제가 조서를 내렸다. 주상이 말하기를 중국의 금은, 동전, 직물, 병기 등은 전대 이래로부터 외국에 가지고 나가는 것을 허용하지 않았다. 그런데 지금 양광兩廣, 절강, 복건에 사는 어리석고 무지한 백성들이 왕왕 외국과 교통하며 사적으로 화물을 교역하고 있는 까닭에 이를 엄히 금지시킨다. 연해안의 군인과 관청은 황제의 명령에 따라 개인이 서로 교역하는 것을 모두 죄로 다스리도록 하라고 했다.[28]

이 인용문을 보면 원대부터 금은, 동전, 직물, 병기 등은 수출을 금지하고 있었다고 하며, 그럼에도 지금 남중국 연해안 지역의 사람들이 외국과 교통하고 있다고 한다. 여기서 명조 조공무역 체제 성립 초기에도 여전히 사무역이 몰래 행해지고 있었던 것을 발견할 수 있다. 그러므로 문맥상 이 이전부터 정부가 해외 도항을 금지하고 있었지만 상인들은 관행적으로 외국으로 나가고 있었고, 그에 따라 금은의 밀무역도 계속되고 있었다고 보아도 좋을 것이다. 이런 까닭에 명 태조 홍무제는 거듭 사무역을 엄금한다는 명령을 내리고 있었다고 여겨진다. 따라서 명 태조 주원장朱元璋의 조공무역 정책은 그 이전 원조시기에 귀금속 유출로 인해 야기된 중국 국내의 경제적 불안에 따라 취해진 조치라 판단된다. 다시 말해 명조의 조공무역 정책은 원조의 잘못된 유산을 정리하는 차원에서 나왔던 것이라 해석할 수 있다.

육로를 통한 고려와 중국 사이의 은 무역

육로무역과 은의 유출

앞서 〈표 3〉에서 보았듯이 14세기 전기 중국의 금은비가는 1대 10이었다. 그러므로 이때에는 은의 국외 유출도 있었지만, 중국 국내 은 생산의 증가나 외국 은의 유입과 같은 공급이 원활히 이루어지고 있었기에 은의 가격도 안정적이었다고 해석할 수 있다. 그러나 그 이후에는 공급량보다는 유출량이 상대적으로 더 많아지게 되면서, 마침내 〈표 4〉에서 보았던 것처럼 2배나 폭등하게 되었다고도 볼 수 있다. 그래서 은의 유출과 유입이란 측면에서 중국에 이웃하는 고려의 동향도 살펴볼 필요가 있다.

원 말에 편찬된 《지정사명속지》를 보면 나라마다 수입품을 열거하지 않고, 다만 세색과 조색粗色(저가품)의 두 항목으로 분류하고 있다.[29] 여기서 앞서 소개한 남송대 지방지에 나타나는 고려의 수출품과 비교하여 이 당시 고려상품을 골라내면 대략 〈표 5〉와 같다.

이 가운데 세색의 항목에 인삼, 모시포, 고려청기(청자), 고려동기 등의 물품이 등장하고 있다. 그런데 이 사료에서는 남송대와 달리 고려은을 더 이상 찾아볼 수 없다. 그 이유에 대해서는 이 시대 고려가 몽골 지배 아래에 있었기에 그 영향으로 해상무역에서 은의 수출을 금지하는 방침을 준수했기 때문으로 추정된다. 그러나 이에 관한 사료가 제한되어 있기에 단정은 피하기로 한다.

한편으로 이 시대 육로를 통해 고려에서 중국 쪽으로 은이 유출된 사실은 사료에 종종 나타나고 있다. 이를 직접적으로 보여주는 사실은 1289년 원조가 아로온阿魯溫을 고려에 파견하여 은을 채굴해갔다는 것이다.[30] 그 밖에 간접적인 것으로는 고려왕과 관련하여 몇 가지 기록들이 남아 있다.

㉮ 충렬왕2년(1276) 3월 갑술: (왕이) 낭장郞將 이인李仁을 원나라에 파견하여 행궁 비용을 청구했고, 또 은을 가져다가 원의 지폐인 교초와 바꾸어 오게 했다.[31]

㉯ 충렬왕10년(1284) 4월 경인: 왕과 공주 그리고 세자가 원나라를 향

〈표 5〉 원대 명주 지방에 판매한 고려상품

	《지정사명속지》 권5, 시박물화
세색	인삼人參, 복령茯苓, 사향麝香, 홍화紅花, 잣과 송화松子松花, 모시포毛駝布, 신라칠新羅漆, 고려청기高麗青器, 고려동기高麗銅器
조색	저마苧麻, 백출白朮, 석결명石決明, 은행열매杏仁 등

하여 떠났는데…… 은 630여 근과 저포紵布 2,440필, 저폐楮幣(원의 교초) 1,800여 정을 가지고 갔다.³²

ⓓ 충렬왕17년(1291) 12월 계사: 쌀 6,964석을 백은白銀 111근, 은병 57 개, 모시 450필과 바꾸었고, 영송고와 대부의 백저포白紵布(흰모시)를 각 각 150필씩 출고하여, 왕의 여비에 충당했다.³³

ⓐ와 ⓑ의 사료들은 고려은으로 원나라 교초를 사온다든지, 왕의 여비로 고려은이나 모시, 교초를 가져갔다는 사실을 보여주고 있다. 여기서 교초를 가져가고 있음에도 불구하고 굳이 따로 무거운 은괴나 은병을 가지고 갔다는 사실은 충렬왕 당시 고려은이 중국은에 비해 가격이 낮았음을 암시하고 있다. 이밖에도 《고려사》에서는 원에 체류하는 고려왕을 위해 은을 보냈다는 기록도 종종 나타나고 있다. 또 ⓓ의 사료를 보면 이 당시 고려도 '백은'을 생산하고 있었던 사실을 알 수 있다.

원대의 경우 이전 시기인 송대와 달리 고려와 중국 사이를 가로막던 거란이나 여진과 같은 장애가 사라졌다. 그로 인해 육로무역의 환경은 한층 단순해졌다. 현존하는 《노걸대》의 기록에는 3명의 고려상인이 말, 인삼, 모시, 삼베 등을 가지고 개경에서 직접 대도大都로 가서 판매하고, 다시 고려에 되돌아와 팔 물건들을 사는 모습이 등장한다. 이로써 영세한 자본을 가진 상인들조차도 무역에 참여하고 있었음을 볼 수 있다. 또한 대도에 이르러 데리고 간 말을 파는 모습을 보면, 관아인管牙人(중개인)의 입회 아래 매도자와 매수인이 매매계약서를 작성한 다음, 중개료와 세금을 내는 것으로 마무리하고 있다.³⁴

이처럼 중개인의 개입을 통해 거래가 이루어지고 있다는 점에서 《노걸대》에 나타나는 말의 판매는 중국 내지의 방식과 똑같았다. 1286년 원조에서 고려에 사신을 파견하여 상인들의 세전稅錢을 계산했다고 하는데,[35] 이는 이 같은 세금 부과 방식을 논의하기 위해 왔던 것이 아닌가 한다. 이처럼 이 시대 고려와 중국은 하나의 교역권 속에 묶여 있었고, 국제무역이라기보다는 국내교역처럼 상인과 상품이 육로를 통해 서로 왕래하고 있었다.

한편 '오르톡'은 조합이나 회사가 아니라 개인과 개인 사이의 관계이며 동료의 의미라고 한다. 그래서 한 사람이 자본을 대고 다른 한 사람이 원격지 무역에 종사하여 이익을 나누는 관계라 한다.[36] 그런데 고려에서도 이를 보여주는 사례가 있다. 예컨대 고려왕이 회회가回回家에 포를 주어 이자를 받아들이게 했다든지,[37] 아니면 밤에 왕이 상인들에게 내탕에 있는 보물을 맡겨 원나라에 가서 판매하게 했으며 동시에 그에게 장군 벼슬을 주었다든지 하는 사실이 그것이다.[38] 그 밖에 제국대장齊國大將 공주가 인삼과 잣 등을 중국의 강남에 보내 팔도록 한 사실도 있다.[39] 나아가 1342년 고려왕은 남궁신南宮信이란 자에게 포 2만 필과 금은 및 교초를 주어 유연幽燕(오늘날 베이징 일대) 지역에 가서 장사해오도록 시켰다는 사실도 있다.[40] 이처럼 고려왕도 육로무역에 편승하여 사람을 시켜 적극적으로 상업에 참여하고 있었으며, 그에 따라 이들 상인에 의해 고려의 금은이 유출되고 있었음을 볼 수 있다.

다음은 원조가 아니라 조공무역 체제가 성립한 명조 초기에 해당하는 고려 말기의 상황이다.

㉮ 1384년 10월 계유: 정료위定遼衛에서 명나라 황제의 명을 받들어 압

고려상인과
동아시아 무역사

록강을 건너와서 교역하고자 했다. 명나라 사람에게 의주義州에 와 체류하면서 교역하는 것은 허락했으나, 금·은·소·말의 교역은 금지했다.[41]

㉯ 1391년 5월 기유: 군자소윤軍資小尹 안로생安魯生을 서북면 찰방별감察訪別監으로 임명해 중국과 통상하는 사람들을 금지했다. 그전에 상인들이 말, 소, 금, 은, 모시, 삼베 등을 가지고 요동의 심양瀋陽에 가서 파는 자가 대단히 많았다. 나라에서 그것을 금하기는 했으나, 뚜렷한 명령이 없었고, 국경의 관리들도 엄하게 금지하지 않았으므로, 왕래하는 자가 길에 끊임없이 이어지게 되었다.…… 이에 규율이 강화되고 국경지대가 엄숙하게 되어, 다시는 금지령을 위반하는 자가 없게 되었다.[42]

여기서 ㉮의 인용문에서는 금은이나 소와 말의 교역을 금지하고 있고, ㉯의 인용문에서는 고려 북쪽 국경지대에서 밀무역 상인들이 그 금령을 어겨가며 금과 은을 비롯해 소나 말 등 각종 상품을 가지고 요동의 심양으로 나가 판매하고 있다. 그래서 고려조정은 그것을 재차 금지하고 있다. 이는 앞서 살핀 것처럼 조공무역 체제 성립 뒤인 명조 홍무23년(1390)의 명령이 내려졌던 시기 남중국 연해안의 상황과도 매우 유사하다. 고려조정이 사무역을 금지하고 있었음에도 고려상인들은 이전에 했던 것처럼 관행적으로 나가고 있었던 것이다.

위의 인용문에서 주목되는 것은 상인들의 모습인데, 이는《노걸대》에 묘사된 것과 다름없다. 또 왕래하는 자가 대단히 많다거나 길에 끊임없이 이어지고 있다는 표현에서 이 당시 육상무역이 번창하고 있었던 사실도 엿볼 수 있다. 금지령이 있었음에도 이러했으므로, 그 이전 원조시기 고려의 육로무역이나 금은의 유출 상황도 짐작되리라 여겨진다.

고려은의 유출과 은 가격의 상승

그렇다면 이 시대 고려의 은 가격은 어떠했을까? 먼저 이를 살피기 위해 다음의 두 사료를 검토하기로 한다.

⑦ 충혜왕 원년(1331) 4월: 새로이 소은병小銀瓶을 사용했다. 1개를 오종포五綜布 15필에 해당하도록 하며, 예전의 은병을 사용하지 못하도록 했다.[43]

⑭ 공민왕 5년(1356) 9월 간관의 말: 우리들이 생각하기로 은병 하나는 그 무게가 1근이며, 그 값어치는 포布(오승포五升布)로 100여 필입니다. …… 지금 현재 은 1량의 가치는 포 8필에 해당합니다.[44]

먼저 ⑭에 대해 살피기로 한다. 그 이전 숙종6년(1101)에 은 1근으로써 은병 1개를 제조했다.[45] 그러므로 은병 1개나 여기서 말하는 은병 1근은 같은 값이므로, 이때에도 여전히 옛 은병이 쓰이고 있었거나, 아니면 가치척도로 기능하고 있었던 것이다.

그리고 ⑭의 인용문을 보면 공민왕5년 당시 은 1량은 오승포로 8필이었다. 중량 단위로서 1근(송원시대 무게: 596.82g)은 16량에 해당한다. 이에 근거해 계산한다면 간관이 100여 필이라 말하는 은병 1근의 정확한 가치는 128필에 해당한다. 한편 두 사료에서는 오종포와 오승포라 각기 달리 표현되고 있는데, 고려사 연구자들은 이 둘을 같은 마포라 인정하고 있다.

그런데 ⑦의 인용문에서 나타나는 1331년에 만들어진 새로운 '소은병'에 대해서는 그 무게에 관한 기록이 전혀 남아 있지 않다. 한편

후술하는 바와 같이, 1356년에 나온 ㉯의 사료 속에서는 새로이 양수兩數 단위의 작은 '은전'을 주조하자는 논의도 나오고 있다. 만일 소은병의 무게가 애초부터 작았다면 그 뒤에 이 같은 주장은 나오지 않았을 것이다. 이 점은 '소은병'이 '은전'과는 비교할 수 없는 크기와 무게를 가졌음을 시사한다. 이 사실을 감안한다면 소은병은 기존의 '대은병'에 비해 상대적으로 작은 편일 것이다.

여기서 조금 자의적이긴 하나 소은병이 기존 대은병 1근(16량)의 75퍼센트(12량), 50퍼센트(8량), 25퍼센트(4량)의 무게에 각각 해당했을 것이라 상정하여, 대략적이나마 1331년과 1356년 사이 은 가격의 변화를 알아보는 방법을 사용하도록 하겠다. 충혜왕원년(1331) 당시 소은병은 오종포 15필에 해당했으므로, 만일 그것이 기존에 있던 대은병의 75퍼센트 무게에 해당했다면, 이 무렵 대은병 1근의 추정가치는 20필에 해당할 것이다. 그에 따라 이 수치와 공민왕5년(1356) 당시 대은병 1근의 가치인 128필과 비교한다면, 두 시기 동안 은가의 상승률을 가늠해볼 수 있을 것이다. 이 방법에 의해 차례로 계산한 결과를 정리하면 〈표 6〉과 같다.

〈표 6〉에서 볼 수 있듯이, 미지의 영역에 속하는 소은병의 무게에

〈표 6〉 은병 1근의 가치 변화와 은가의 상승

기존 은병과 비교한 소은병의 무게	1331년 은병 1근의 추정 가치	1356년 은병 1근의 가치	은 가치 상승율
75퍼센트(12량)	20필	128필	6.4 배
50퍼센트(8량)	30필	128필	4.2 배
25퍼센트(4량)	60필	128필	2.1 배

대해 세 가지 경우를 상정해보면, 14세기 1331년과 1356년 두 시기 사이에 고려에서는 심상치 않은 은 가격의 상승이 관찰된다. 또한 그 것도 25년이란 짧은 기간 동안에 이루어지고 있었다. 그래서 만일 오종포 1필을 기준으로 삼을 때, 소은병이 기존 대은병보다 조금 작은 75퍼센트의 무게였다면 무려 6배 이상, 그 50퍼센트였다면 4배 이상 은가의 급등을 보이고 있다.

원조 초기 쿠빌라이시대의 중국에서는 지폐의 가치를 안정시키기 위해, 중통中統4년(1263)부터 민간에 대해 금은의 매매를 금지시키고 있었다. 그 뒤 이를 풀어주고 금지하기를 거듭하다가, 지대4년(1311) 부터 그 매매를 허가하여 이것이 원 말까지 그대로 유지되었다고 한 다.[46] 이 시대 고려와 중국은 하나의 교역권 속에서 민간상인들이 왕 래하고 있었다. 그래서 이 원조의 조치를 참고한다면, 육로를 통한 고 려상인의 금은 무역도 어디까지나 제도적으로는 1311년 무렵부터 활 발히 진행되었을 것으로 해석된다.

앞서 살핀 바와 같이 1342년에 고려왕은 남궁신에게 금은을 주어 중국에 가서 교역하게 했다. 이는 이때에도 고려은이 중국은보다 가 격이 상대적으로 낮았다는 것을 보여준다. 이처럼 낮은 가격은 중국 으로부터 고려은에 대한 수요를 불러왔을 것이며, 그에 따라 고려로 부터 은의 유출이 지나치게 많아져서 그 결과 위와 같은 은가의 상승 을 불러왔던 것으로 판단된다.

은 유출의 결과

인용문 ㉯의 공민왕5년(1356) 9월 은병 1개의 가치가 포 100여 필에 해당한다는 《고려사》의 기사는 다음과 같은 주장 속에서 나온 것이다.

고려상인과
동아시아 무역사

어떤 사람들이 논의하기를 다시 은병을 쓰자고 하지만, 우리들이 생각하기로, 은병 하나는 그 무게가 1근이며 그 값어치는 포 100여 필에 해당하는데, 지금 민가에서는 베 한 필을 저축해둔 집이 오히려 적어, 만일 은병을 쓴다면 백성들은 무엇으로써 매매를 하겠습니까? 또 어떤 사람들은 논의하기를 동전을 쓰는 것이 마땅하다고 하나, 우리나라 풍속은 오랫동안 동전을 사용하지 않아, 하루아침에 갑자기 이를 사용하게 한다면 백성들의 비방이 일어날 것입니다. 또 어떤 사람은 쇄은碎銀(부스러기 은)을 쓰는 것이 마땅하다고 하나, 민간에게 모두 맡겨 아무런 표식도 없게 한다면, 화폐의 권한이 국가에 없게 되어, 이 또한 불편합니다. 지금 은 1량의 가치는 포 8필에 해당하니, 관청에게 은전을 주조하여 표식을 붙이게 하여, 그 양수兩數의 가볍고 무거움에 따라 베와 곡식의 많고 적음에 견주게 한다면, 은병을 주조하는 데 비해 만들기도 쉽고, 동전에 비해 운반하기도 가벼워, 많은 이익을 얻을 것입니다.……[47]

이를 보면 첫째 은병을 다시 만들어 사용하자는 주장, 둘째 동전을 만들어 사용하자는 주장, 셋째 쇄은(은 조각)을 만들어 사용하자는 주장, 넷째 은전을 만들어 사용하자는 주장 등 화폐와 관련하여 다양한 논의가 이 무렵에 나왔던 것을 알 수 있다.

이 가운데 세 번째 주장에서는 민간에게 쇄은을 사용하도록 맡겨둘 경우 표식이 없어지면 화폐에 대한 국가의 권한도 없어진다고 한다. 이 표현에 의거한다면 당시 고려조정에서 발행한 은병이나 소은병에는 국가의 표식이 새겨져 있었음을 엿볼 수 있다. 또 이를 통해 당시 고려관원들은 화폐의 자주성도 인식하고 있었음을 알 수 있다.

이들 주장의 핵심은 가치가 너무 큰 은병을 다시 만들어 사용하자는 논의에 대해서 그것이 현실적이지 못하므로, 그보다는 은 1량이 포 8필에 해당하니 값에 따라 탄력적으로 사용할 수 있는 작은 '은전'을 사용하는 편이 낫다고 하는 것이다. 만일 1량짜리(약 37g) 정도라면 거의 은전에 가깝다. 그런데 이 당시 실제로 은전을 주조했다는 사실은 확인되지 않는다. 이를 통해 숙종6년(1101)부터 장기간 사용되었던 은병이나, 1331년부터 사용되었던 소은병제도가 이즈음 심각할 정도로 흔들리고 있었음을 엿볼 수 있다.

여기서 고려의 화폐제도를 통해서 은의 가격 상승 문제를 좀 더 검토해보기로 하겠다. 이 시대 중국에서는 화폐 운영과 관련해 '자모상권子母相權'이라는 용어가 종종 사료에 나타나고 있다.

교초交鈔(원대의 지폐)는 당나라의 비전飛錢, 송나라의 교자交子와 회자會子, 금나라의 교초交鈔에서 비롯되는데, 그 법은 실물로써 어미母로 삼고 교초를 아들子로 삼아, 자모子母가 상권相權(서로 균형을 이룸)하도록 하여, 시행하는 것이다.[48]

먼저 원조는 지원2년(1265) 무렵 은 1량→중통초 2관이라는 방식으로, 은과 교초 사이의 상호 교환 비율을 정부가 설정해두고 있었다.[49] 이 방법으로 원조는 실물화폐인 은(어미)으로써 종이에 불과한 지폐(아들)에게 일정한 가치를 보증하게 하고, 시장에서 이 둘을 함께 사용하도록 함으로써 결과적으로 지폐(아들)가 원만히 유통되도록 꾀했다. 이처럼 아들인 지폐와 어미인 은이 서로 가치를 지니면서 '함께' 잘 유통되도록 한 것이 '자모상권'의 취지이다.

그런데 이 같은 '자모상권'에 따른 화폐 운용은 고려에서도 마찬가지로 나타나고 있다. 다음은 고려 말 공양왕3년(1391) 7월 도평의사사都評議使司의 주장 가운데서 한 부분이다.

근세에 와서 또 은병을 만들어 화폐로 삼고, 포필과 더불어 자모가 상권하도록 했습니다. 그 뒤 법에 폐단이 나타나, 동전과 은병이 둘 다 폐지되어 통용하지 못하고, 마침내 오로지 오종포만을 화폐로 쓰게 되었습니다. 그런데 근년에 와서 포가 점점 더 거칠어져서 이승포二升布~삼승포三升布로까지 질이 낮아졌습니다.[50]

이를 보면 은병을 화폐로 삼고 포필과 더불어 '자모상권' 하도록 했다고 한다. 그러므로 은병이 어미母이며, 포필(오종포)이 아들子의 관계였음을 알 수 있다.

앞서 살핀 것처럼 1331년 당시 고려조정은 소은병 1개가 오종포 15필에 해당하도록 설정했다. 이는 고려조정이 소은병과 오종포 사이의 상호 교환 비율을 설정함으로써, 실물에 해당하는 전자(어미)로 하여금 삼베인 후자(아들)에게 일정한 가치를 부여하게 하여, 결과적으로 오종포도 은병에 준하는 가치를 지니며 시중에서 잘 통용되도록 했던 것이라 풀이된다. 이를 통해 고려의 오종포 역시 중국의 지폐와 마찬가지 기능을 했음을 알 수 있다.

그런데 위 인용문을 보면 동전이나 은병은 이미 폐지되어 통용하지 않고 있다고 한다. 그 대신에 오종포(오승포)만 쓰이다가 근래에 와서는 이마저도 질이 낮은 이승포나 삼승포가 출현하여 쓰이고 있다고 한다. 이 도평의사사의 주장은 1391년까지의 상황을 정리하고 있다.

그러므로 문제가 되는 것은 이 같은 현상이 처음으로 나타난 시기일 것이다. 이에 대해서는 앞서 인용한 공민왕5년(1356)에 '은전'을 만들자는 간관의 주장에서 이미 그것을 찾아볼 수 있다.

> 은병은 날로 변하여 구리에 이르고 있으며, 삼베는 날이 갈수록 실 가닥이 거칠어져 더 이상 베라고 말하기 어렵게 되었습니다.[51]

여기서 은병이 구리에 이르고 있다는 표현은 민간의 시장에서 온전한 은병이 자취를 감추고, 그 대신에 구리의 함유량이 높은 것이 출현했음을 뜻한다. 다시 말해 이는 고려조정이 관장하는 은 광산에서 양질의 은이 계속 공급되어야 하는데, 그것이 잘 이루어지지 않았다는 것을 이야기한다. 잘 알려져 있듯이 송대의 경우 북송전에 비해 남송전의 구리 함량이 낮았다. 그것은 구리 가격의 상승과 관련이 있었다. 이를 감안하면 위 발언은 은가의 상승으로 인해 상대적으로 구리 함량이 많은 은병이 출현했던 것으로 풀이된다. 또 실 가닥이 거친 베라고 하는 것은 오종포나 오승포가 아니라 도평의사사가 말하는 이승포나 삼승포를 뜻한다.

이처럼 어미인 은병이 구리가 되어 가고 있었으므로, 그것은 더 이상 아들인 오종포의 가치를 보증해줄 수 없다. 그래서 시장에서는 한동안은 오종포(오승포)가 쓰이다가, 점차 그 구리 은병과 보조를 맞추기 위해 오종포 대신에 거친 베의 형태인 이승포나 삼승포가 나타났던 것이라 짐작된다. 다시 말해 은병의 내면가치가 하락하자, 그에 상응하여 오종포는 외면가치가 폭락한 형태로 이승포 내지는 삼승포의 형태로 시장에 나타났던 것이라 해석할 수 있다. 이처럼 1356년 무렵 고려에서는 이미 은병과 오종포를 기반으로 하는 기존의 화폐질서가지도 흔들리고 있었다. 그러므로 이 무렵 은가의 급격한 상승은 더 이상 의심할 여지가 없다.

앞서 소개한 공양왕3년(1391)에 도평의사사는 이어서 다음과 같이 상주하고 있다.

> 지금의 계책은 은과 구리가 본국에서 생산되지 않고 있으므로, 은병과 같은 화폐는 마침내 다시 행하기 어려울 것이니, 지금 관청으로 하여금 고금의 사례를 참작하여 회자會子나 보초寶鈔의 법을 본떠, 고려에서 통용할 저화楮貨를 인쇄해 유포하도록 하고, 오종포와 더불어 서로 함께 사용하도록 합시다.……[52]

이를 보면 은과 구리가 본국에서 더 이상 생산되지 않는다고 말하고 있다. 즉 은과 구리가 고갈되었다고 한다. 이런 까닭에 이전처럼 은병을 더 이상 화폐로 쓸 수 없으므로, 그것 대신에 송나라 지폐인 회자나 원나라 지폐인 보초처럼 저화(닥나무 종이로 만든 지폐)를 만들어 오종포와 함께 사용하자고 건의하고 있다.

그러나 이 주장과는 달리 그 이듬해인 4년(1392) 4월에 나왔던 시중侍中 심덕부沈德符의 주장을 보면, 이미 만들어진 저화를 다시 종이로 되돌리고 그 인쇄 목판까지 불태우자는 전혀 상반된 건의를 하고 있다.[53] 그런데 '자모상권'의 관계에서 볼 때 지폐는 실물이 아니므로 그것이 오종포의 가치를 뒷받침해줄 수 없다. 아마도 이런 배경에서 그에 대한 반대 의견이 나왔던 것으로 추정된다.

한편 위 인용문에서 도평의사사는 은과 구리가 더 이상 고려에서 생산되지 않는다고 했다. 그런데 명조는 1379년부터 고려에 대해 금, 은, 마필馬匹, 세포細布와 같은 과다한 공물을 요구하고 있었고,[54] 《고려사》에는 그에 관한 기록이 이후 몇 차례 반복적으로 나타나고 있다. 이에 대해 고려사신은 명조 중국에 가서 우리나라에서는 금은이 생산되지 않으며, 마필은 땅이 협소해 그다지 많지 않다는 입장도 거듭 밝히고 있었다.[55] 따라서 이를 근거로 한다면 도평의사사도 그 연장선에서 이런 발언을 했을 가능성도 있다.

여기서 이 문제의 진위를 가늠하기 위해서 다음의 연구를 참조하도록 하겠다. 조선의 태조와 태종 대부터 정부는 금은 광산 탐사에 적극적이었고 그 성과는 세종 대에 이르러 나타나고 있었다.[56] 그 대표적인 것은 태종 대의 태주泰州(평북 태천泰川)은광이나 김해金海은광이었다고 한다.[57] 또 연산군시대에 이르러 발견된 단천端川(함경남도)은광은 그 같은 노력의 대표적인 사례라고 한다.[58] 그러므로 이 같은 조선시대 초기의 광산 개발은 고려 말기부터 지속되어왔던 귀금속 부족을 타개하기 위한 노력의 연장선이라 여겨진다.

이는 거꾸로 본다면 은이 국외로 계속 유출되면서 고려 말기에 이르러 기존에 알려져 있던 은광산의 광맥들이 소진되었던 사정을 보여주는 것이 않을까 한다. 그렇지 않고서야 조선 초기부터 은광 개발에 매달렸을 이유가 없다. 이 같은 사정을 감안하면 고려가 말기로 가면서 금은과 같은 귀금속 부족에 직면했던 것은 사실로 여겨진다. 따라서 도평의사사의 주장이나 명조에 대한 고려사절의 입장들은 전혀 근거가 없는 이야기가 아니라고 판단된다.

그런데 이런 도평의사사의 주장이 나온 그 해에 《고려사》는 다음과 같은 당시의 사회 분위기를 전하며 그에 대한 대책을 강구하고 있다.

㉮ 공양왕3년 3월: 지금 귀하고 천한 자를 불문하고 다투어 외국의 물건을 사들여, 길에는 제왕帝王의 옷차림을 한 남종이 흔하고, 항간에는 왕후王后의 옷차림을 한 여종이 허다합니다.[59]

㉯ 공양왕3년 5월: 사서士庶의 사람이 감히 신분을 초월하여 사치를 하지 않도록 하고, 지금부터 대소 신료들로 하여금 사라紗羅옷을 입지 못하도록 합시다.[60]

이 공양왕3년(1391)의 기사들을 보면 외국의 상품을 사들인 결과 사치가 만연하고 있음을 나타내고 있다. 그에 따라 조정에서는 사람들로 하여금 신분을 초월하여 사치하지 말도록 하며, 관료들도 비단옷을 착용하지 못하도록 하자는 논의가 나오고 있었다. 그런데 사치를 금지하고 검소한 생활을 권유하는 왕의 교지는 이미 그 이전 신우辛禑원년(1375) 2월에도 나오고 있다.[61] 이처럼 당시 귀금속 부족이 심각해져가는 가운데 민간의 일반인들 사이에서는 사치가 만연했기에, 그것을 금지해야 한다는 주장이 종종 나왔음을 알 수 있다.

한편 조선왕조가 성립한 뒤에 정부는 다음과 같은 조치를 내리고 있다.

㉰ 태종15년(1415) 12월: 판승문원사判承文院事 이적李迹을 양근楊根·가평加平 등지에 보내어 양잠할 곳을 살피게 하고, 중국의 누에 종자를 구하여 이적을 채방사採訪使로 삼아 가평의 속현屬縣 조종朝宗에서 양잠하게 했다.[62]

㉑ 세종5년(1423), 1월: 예조에서 아뢰기를, "딸을 시집보내는 집에서는 …… 지금부터 이불과 요는 능금단자綾錦段子를 쓰는 것을 금지하고, 신부의 옷도 또한 반드시 사라능단紗羅綾段을 쓰지 말며, 집의 재산이 있고 없는 것에 따라 본토本土에서 생산되는 명주·모시·면포로 적당히 쓰게 할 것입니다"라고 하니, 그대로 따랐다.[63]

먼저 ㉒의 인용문을 보면 중국에서 누에 종자를 들여와 직접 양잠을 하도록 하고 있다. 이어서 ㉑의 인용문을 보면 고려 말기와 마찬가지로 민간으로 하여금 무늬가 있는 비단이나 사라비단의 사용을 금지하고, 본토 곧 조선에서 생산되는 명주나 모시, 면포 등을 사용하도록 권장하고 있다. 이처럼 고려시대 말기와 조선시대 초기에 걸쳐 정부는 일관되게 백성들의 사치를 억제하고 검소한 생활을 장려하는 태도를 취하고 있었다. 다만 조선 초기의 경우 고려 말기와 다른 점이라면 사치를 억제하는 데 그치지 않고 비단실의 국내 생산을 도모하고 있다는 사실을 들 수 있겠다.

참고로 조선과 동시대 일본의 경우, 1523년 이와미 은산石見銀山에서 세계적 규모의 은광이 발견된 뒤, 조선으로부터 회취법灰吹法을 도입하면서 은의 생산이 급속히 늘어났고, 그에 따라 이 이와미 은을 가지고 명나라와의 비단 무역이 매우 성행했다고 한다.[64] 그런데 일본은 고대부터 비단실을 생산하고는 있었지만 양질의 비단실을 생산하지 못했던 까닭에, 이 일본 산 은이 중국 산 비단실을 구입하는 미끼가 되었다고 한다. 그에 따라 중국에서 비단실을 구입해 일본에 가져다 팔면 열 배가량의 수익을 거둘 수 있었고, 이것이 이른바 후기 왜구의 주요한 활동 배경이 되었다고 한다.[65] 그러나 그 뒤 은의 생산이 줄어들면서 1609년에 이르러 막부는 회취은의 수출을 통제하는 동시에 이후에는 사치금지령을 수차례 발령하기도 했으며, 마침내 18세기 초반에 이르러 일본의 은은 거의 고갈상태에 이르게 되었다고 한다. 한편으로 이와 함께 자체적으로 비단실인 생사生絲를 생산하기 위한 노력의 일환으로 17세기 후반부터 잠사업蠶絲業도 출현하게 되었다고 한다.[66] 이 일본의 사례는 고려시대 말기와 조선시대 초기 한국의 사정을 거의 그대로 닮아 있다.

그런데 조선의 중종中宗(재위 1506~1544)시대에 이르러 단천에서 생산된 은을 중국에 가져다 팔고 그 대신에 구입해왔던 것은 대부분 견직물이라 하며 이때에도 또다시 사치가 성행했다고 한다.[67] 이를 통해 조선 초기에 자체적으로 양질의 비단실을 생산하려고 노력했지만 그것이 여의치 않았음을 엿볼 수 있다. 이러한 사정을 감안하면 고려시대에도 은 무역을 통해 비단이나 비단실을 많이 구입해왔던 것으로 판단된다.

여기서 원조 시기 고려의 상황을 마무리해보기로 한다. 이 시대에는 육로를 통한 은 무역이 활발하게 진행되었고, 그에 따라 은의 과도한 유출로 인하여 14세기 초반부터 고려 국내에서는 은가의 상승이 관찰되고 있다. 나아가 14세기 중반 이후에 가서는 은 보유량의 부족으로 인해 은병과 오종포를 기반으로 하는 고려의 화폐제도도 붕괴하고 있다. 이처럼 원조 말기 또는 명조 초기 고려와 중국은 매우 흡사한 모습을 보이고 있다. 두 나라는 모두 귀금속 유출에 민감한 반응을 보이며 그 유출을 금지하고 있었다. 이는 당시 고려와 중국이 같은 교역권 속에 있었기에 어쩌면 당연한 것이라 할 수 있다.

당시 고려은을 포함한 귀금속 무역의 규모는 사료의 한계로 인해 가늠할 수 없다. 그러나 지금까지의 여러 정황과 한 나라 전체의 교역량이라는 점을 감안한다면 그것이 적지 않았을 것으로 추정된다. 만일 그렇지 않았다면 이런 일들은 벌어지지도 않았을 것이다. 이 점에서도 고려시대의 은 무역은 재평가할 필요가 있을 것이다. 고려 말기에 이르러 이런 귀금속 부족 상황을 겪었기에 이어서 등장한 조선왕조도 국가 통제무역의 형태인 명조의 조공무역 체제를 거부감 없이 받아들였을 것으로 판단된다.

•••• 후속 연구를 위한 제언

원대에는 고려은이 하나의 상품으로 육로를 통해 중국으로 유출되고 있었다. 또 중국의 은은 다시 서방이나 동남아시아 지역으로 유출되는 흐름을 보이고 있었다. 이처럼 고려시대에는 고려은이 해상무역(송대)과 육상무역(원대)을 통해 남중국이나 북중국으로 끊임없이 유출되고 있었다. 이 글을 작성하면서 가장 아쉬웠던 것은 고려시대 은의 생산량과 그 유출량을 전혀 알 수 없었다는 점이다. 그리고 이와 관련하여 고려시대의 광공업에 대해서도 궁금한 점이 여전히 많이 남아 있다. 고려가 구리나 구리그릇, 나아가 은을 상품으로 중국에 판매하고 있었으므로 당연히 이에 관한 연구가 있어야 할 것으로 판단된다. 이는 필자의 능력 밖이라 이에 관한 후속 연구를 기대해본다.

또 하나 남은 의문은 고려시대의 화폐인 은병이나 오종포가 실제로 시장에서 어떤 방식으로 쓰이고 있었을까 하는 점이다. 송대 중국에서 관청과 상인 사이, 또는 상인들 사이의 거래는 먼저 상품을 건네고 적어도 반년 또는 1년을 기한으로 삼아, 그 뒤에 1~2할의 이자를 붙여 대금을 치르고 있었다. 또한 이 같은 신용 거래로 인하여 통화通貨 사용량도 크게 절약되었다고 보고 있다.[68] 필자가 《조선왕조실록》을 검색해보니 조선시대에도 이 같은 외상거래外上去來가 종종 있었음을 확인할 수 있었다. 그렇다면 이를 고려시대에까지 소급해볼 수는 없을까? 만일 그러했다면 중국처럼 군이 동전을 대량으로 주조하여 보급할 필요성도 낮아진다. 오히려 신용거래를 통해 나중에 한꺼번에 갚고 있었다면 은병이나 오종포로도 충분했을 것으로 추정된다. 앞서도 소개했지만 당시 일본상인들은 송나라 동전을 대량으로 수입하였다. 최근 일본의 연구에 따르면 그 동전들은 지불수단인 화폐로서의 기능을 했던 것이 아니라, 권위와 부를 상징하는 '비장전秘藏錢' 또는 '보장전寶藏錢'의 역할을 하고 있었다고 한다.[69] 이런 사실들을 감안한다면 고려시대 화폐에 대해서도 앞으로 많은 연구가 필요할 것으로 판단된다.

에필로그

고려시대 대외무역에 대해서 간단히 정리하면서 마무리해보겠다. 이 시대에는 용적이 큰 첨저선박의 출현으로 숫적으로 많은 상인들이 고려와 남중국 사이의 해상무역에 참여하고 있었다. 또 원대의 경우 그동안 가로막고 있었던 여러 국경이 사라지면서 고려와 북중국이 직접 연결되었고, 그로 인해 육로무역에서도 많은 상인이 활약하였다. 그러나 이러한 무역의 활황도 몽골과의 전쟁기간이나 원대 말기 남중국에서 발생한 홍건의 난 등 정치적으로 혼란스러운 시기에는 당연히 위축되었을 것으로 짐작된다. 그렇지만 이러한 시기를 제외한다면 대체로 상인의 왕래는 지속되었을 것으로 판단된다.

그리고 이 시대에 교역되는 상품은 사치품에 한하지 않고 대중적인 수공업 상품이나 서적, 일상생활용품 등 그 종류가 매우 다양하였다. 그에 따라 해로나 육로 할 것 없이 대량의 상품이 거래되고 있었다. 또한 고려 역시 이 시대 다른 나라와 마찬가지로 은을 대표로 하는 귀금속 무역도 활발하였다. 한편으로 수입품은 고려의 일반인에까지 영향을 주어 그들의 생활에도 변화가 나타났다. 이 같은 무역의 발달로 인

고려상인과
동아시아 무역사

하여 고려의 산업이나 경제도 큰 진전을 이루었을 것으로 평가된다.

이 글을 마무리를 하면서 한 가지 염려스러운 점도 남아 있다. 일각에서는 여전히 우리가 만든 배를 타고 가야 주도적이고 그렇지 않으면 저쪽에서 주도한다고 이해하는 분들이 간혹 있다. 그런데 이 시대에도 오늘날과 마찬가지로 이동수단의 제조와 소유는 별개였다. 그리고 고려에 살고 있던 화교가 해상무역의 운송에 개입하고 있었으므로 자칫 저들이 그것을 주도했다고 생각하기 쉽다. 그런데 무역이란 서로의 장점을 교환하는 행위이며 운송과 상품 판매는 별개의 영역이었다. 이에 대해서는 송·원대 대식상인들이 중국선박을 타고 왕래하고 있었던 사실이 그것을 잘 대변해준다. 따라서 이 시대 바다를 오가며 무역을 하던 주체는 어디까지나 고려상인이었음을 거듭 분명히 해두고자 한다.

이 글에서는 고려와 송·원대 중국 사이의 무역을 주로 다루었다. 그러다 보니 고려와 일본, 고려와 거란, 고려와 금나라 사이의 무역이 빠져 있다. 일본의 경우 일본상인들이 고려에 왔다고 하므로 응당 고려상인들도 그 쪽으로 건너갔을 것으로 판단된다. 그리고 거란이나 금의 경우 중국 쪽 사료에서 고려상품에 대한 기록이 간간히 보이고 있다. 그러므로 상세한 분석이 끝나봐야 알겠지만 상인의 왕래가 있었을 것으로 여겨진다. 이에 대해서는 후속 연구를 기대해본다.

그리고 고려에 한어도감漢語都監이 있었다든지 《노걸대》와 같은 중국어 교재까지 편찬되었던 사정을 보면 오늘날 외국어 배우기 열풍처럼 고려시대 사람들도 중국에 매우 관심이 많았음을 엿볼 수 있다. 또한 고려사절이 송의 수도 개봉에 가서 입공의례를 치를 때 삼불제 사절과 함께 했다는 기록도 있는데, 이를 통해 고려시대 사람들도 세계

사정에 어느 정도 눈을 뜨고 있었을 것으로 판단된다. 또한 이 글에서는 남중국과 고려 사이 상인의 왕래를 다루었으나 승려와 같은 사람들은 여러 중계항을 거쳐 바다를 통해 인도에도 갔을 것이란 생각도 든다.

필자가 송·원대 동아시아 해상무역의 역사에 대해 관심을 가진 것은 대학원 시절부터였다. 그러나 이때는 송대 재정사에 대한 흥미가 앞섰고 또한 그와 관련된 학위논문을 준비하고 있었기에, 이를 추후의 과제 정도로 삼고 몇몇 자료만을 모으는 데 그치고 있었다. 그러다 2002년 학술진흥재단(현재 한국연구재단)의 도움으로 '교역과 약탈'이란 주제로 공동연구를 진행하면서 이에 대한 사료를 본격적으로 수집하면서 첫발을 내딛었다.

이 분야에서 한국보다 앞선 중국이나 일본에서 나온 연구서나 논문들을 보면 모두 자국 중심의 해상교섭이라는 일관된 태도가 있었다. 송상의 활동은 물론이거니와 일본상인의 경우도 이미 20세기 중반에 그 기본적인 연구가 이루어져 있었다. 이에 반해 고려상인의 활동에 대해서는 아쉽게도 그 당시까지 제대로 된 이렇다할 연구 성과가 없었다. 이런 이유로 송대 중국사 연구자인 필자가 시각을 고려상인에 둔 해상무역의 역사를 구성하려 시도하였다.

솔직히 말해 처음에는 이 문제가 지금까지 필자가 다루어왔던 송대 재정사에 비해 쉬울 것으로 여겼다. 그런데 막상 사료를 수집하고 분석하는 동안 이 문제가 간단치 않음을 느끼게 되었다. 여기에도 곳곳에 암초가 있었고, 자칫 역풍이라도 만나면 정말로 그 재난을 헤아리기 힘들다는 점을 실감하게 되었다. 이런 까닭에 보다 신중히 접근하기 위해 사료와 싸움하면서 긴 시간을 보냈다. 그러다 마침내 2009년에 이르러 〈여송교역麗宋交易의 항로와 선박〉이라는 주제로 시각을 고려에 둔 첫 논문을 발표하면서 본격적으로 이 문제를 다루게 되었다. 그 뒤 사료를 보는 동안 이 시대 귀금속 무역이 매우 중요하였다는 점도 깨닫게 되었는데, 그 결과 육로를 통한 고려와 원대 중국 사이의 은 무역에 대해서까지 손을 대게 되었다. 이런 과정을 거쳐 그동안의 성과를 바탕으로 하여 오늘에 이르러서야 비로소 어렵사리 한 권의 책으로 마무리하게 되었다.

이 연구를 진행하는 동안 고려상인들이 찾아갔던 장강 하류 연안의 강음, 항주, 영파, 온주, 태주, 천주 등지를 직접 답사하기도 했다. 특히 영파의 경우 송대 명주의 은현鄞縣이 있었던 삼강구三江口에서 대각국사 의천과 고려정사 김상기가 배를 타던 모습을 상상하기도 했으며, 한편으로 명주 시박무가 있었던 자리에는 아무런 표식도 없이 천일광장天一廣場이 들어서 가게들만이 둥그렇게 배열되어 있는 것을 보고 다소 실망하기도 했다. 특히 영파의 삼강구에는 일본승려의 상륙과 관련한 기념물이 세워져 있는 데 반해, 정작 고려와 관련된 것은 전혀 찾아볼 수 없어 조상에 대한 부끄러운 마음마저 들기도 했다. 또 항주에서는 대각국사 의천이 머물며 수학했던 고려사高麗寺 유적지를 탐방했을 때, 그곳에 소식의 석상이 정자 속에 서 있는 것을 보기도 하였다. 이 글에도 등장하는 의천의 제자인 수개 일행은 이 소식에 의해 거의 쫓겨나다시피 하여 천주를 경유해 고려로 귀국하였다. 그런데 중국인들은 그를 우국憂國의 인사로 존중하고 그 석상을 그 유적지에 세워놓고 있었다. 그래서 이곳을 둘러보는 동안 마음이 착잡했다. 한편으로 천주는 오대 시기 천주성 주변에 '자동刺桐(엄나무)'을 심었고, 그 까닭에 송대에는 천주를 '자동'이라고도 불렀다. 그런데 이곳을 답사할 때 시

외버스를 타고 교외 농촌 지역에서 천주로 향했을 때, 버스 승무원이 손님들을 향해 이 차의 목적지를 '자동'이라 부르다가 천주 시내에 들어갈 무렵 비로소 '천주'라 외치는 것을 보고, 송대의 천주가 아직도 살아있는 것 같은 묘한 느낌마저 들었던 것이 지금도 잊히지 않는다.

이 작업을 하면서 지금까지 가장 아쉽게 생각하는 것은 고려의 대외 무역항이었던 예성강 벽란도를 가까이에 두고도 직접 가볼 수 없었다는 점이다. 물론 이는 필자 개인만의 소망은 아닐 것이다. 언젠가는 그곳을 방문해볼 기회가 반드시 있으리라 기대하고 있다. 앞으로 고고학자들이 이곳을 발굴한다면 고려시대 해상교역의 실태가 한층 더 드러날 것이다.

이렇게 본다면 고려시대 무역사 연구는 앞으로도 전망이 매우 밝은 분야라 할 수 있을 것이다. 필자의 전공은 송대 중국사이지만, 이 연구를 통해서 고려시대의 역사에 대해서도 많은 흥미를 느꼈다. 한국사 전공자가 아니어서 잘은 모르지만, 어쩌면 고려시대야말로 특정한 사고의 범주에 사로잡혀 있지 않았기에, 한국의 역사에 있어서 가장 역동적인 모습을 보였던 때가 아니었나 하는 생각까지 들었다. 앞으로 고려시대 역사 연구가 더욱 발전하기를 진심으로 기대하며 응원한다.

긴 시간 동안 많은 고민을 하면서 어렵사리 이 글들을 작성하였다. 그동안 많은 사람들의 도움도 많았다. 필자가 소속한 송원사학회의 회원들은 이 재미도 없는 글들의 발표를 경청해주며 조언도 해주었으며 논문 심사까지 흔쾌히 맡아주었다. 특히 논문 심사에서 여러 조언을 아끼지 않았던 무명의 심사자들께 이 자리를 빌려 감사드린다. 또한 오래전 필자가 이 시대 해상무역사에 대해 연구해보고 싶다고 했을 때, 이 문제에 대해 여러 가지 상세한 조언을 아끼지 않았던 은사

恩師 시바 요시노부斯波義信 교수께도 감사드린다. 나아가 10여 년 전에 일본에서 동아시아 해역사 연구를 위한 '영파寧波 프로젝트'를 진행하였는데, 이때 필자를 초청해주고 많은 연구자들을 소개해준 고지마 쯔요시小島毅 도쿄대학 교수께도 감사드리고 싶다. 그 당시 그곳에서 수차례 해양사 관련 학회에 참여하기도 했다. 그때 연구자들의 진지한 발표에 감명을 받았으며 그것이 이 글을 완성하는 데 큰 도움이 되었다. 나아가 필자가 몸담고 있는 학교에서는 그동안 이 주제에 대해 많은 연구비를 지원해주기도 했으며 한국연구재단 또한 그러했다. 이 자리를 빌려 그분들에 대해서도 감사드리고 싶다. 마지막으로 어려운 국내 출판 환경 속에서 이 글의 출간을 맡아준 도서출판 푸른역사에게도 마음 속 깊이 감사드린다.

고려사절에 대한 북송 정부의 예우

고려는 북송 초기부터 북송 말기까지 모두 53차례가량 사절단을 송에 파견하였다.[2] 또 북송 태조부터 남송 효종까지 203년간 모두 67차례 고려가 송에 사절을 파견했다고도 한다.[3] 그리고 이들 사행여정에 대해서는 이미 연구도 있다.[4] 그런데 중국 쪽 사료를 보면 북송정부는 고려사절에 대해서 상당한 예우를 하고 있는 점이 눈에 띈다. 특히 고려와 다시 외교관계를 맺은 신종황제 때에는 고려사절에 대해 각별히 예우를 했다.

사마광司馬光이 《자치통감資治通鑑》을 저술할 때 협력했던 유지劉摯란 사람은 신종황제가 고려사절에 대해 베푼 예우에 대해서 다음과 같이 적고 있다.

유지가 기록한 〈고려국본말高麗國本末〉에서 말하기를,…… 고려가 입조 入朝를 해오자, 조정의 예우와 회사回賜의 액수는 매우 특별했다. 황제 는 고려정사의 시에 화답하는 운자韻字에 이르기까지 은혜롭고 두터운 성지聖旨를 친히 내렸으며, 또한 사절이 동문관同文館(송의 수도 개봉에 있는 고려사절의 숙소)에만 있지 말고 나가 구경 다니도록 권했으며, 금원禁苑(황궁의 정원)의 진귀한 물건을 동문관에 많이 내리기도 했다. 사행길에서의 대접도 매우 화려하고 성대히 했고, 이로 인해 양절兩浙과 회남淮南 지방이 시끄럽기도 했다. 고려사절이 지방의 주현州縣에 이를 때마다, 미리 여러 장사치들을 동원하여 각자 물건을 지고 경계에까지 나가 맞이하도록 했으며, 하루 종일 따라다니도록 하여 사절이 물건을 살 것에 대비하도록 했고, 경계를 벗어나면 그제야 그만두게 했다. 그리고 말안장이나 물건들도 화려하고 예쁜 것을 썼고, 관청으로부터 명령을 받은 집은 곧바로 아름다운 그림을 만들었으며, 혹은 사방에 구하러 다니기도 했다. 이로 인해 많은 사람들이 실업을 했고, 도망하거나 숨는 자들도 있었으며, 혹은 죽은 사람까지도 있었다. 그렇지만 조정의 성지가 매우 엄격하였으니, 인반引伴(사절을 맞이하는 송쪽 관원)까지 모두 내시를 썼던 것이 그러한 사정을 보여준다.[5]

이를 보면 신종황제가 송에 왔던 고려사절에 대해 직접 나서서 세심하고도 정성스런 예우를 했고, 그로 인해 적지 않은 폐해도 있었다고 적고 있다. 이 인용문을 통하여 북송 신종황제가 고려사절이 중국에 도착한 시점부터 다시 중국을 떠날 때까지 각별히 예우했던 사실을 엿볼 수 있다.

한편 위 인용문에서는 고려사절에 대한 지나친 예우로 인해 부정적인 측면이 있었다고 적고 있다. 실제로 신종 다음 철종 대에 이르러 구법당舊法黨 정부가 들어선 뒤, 송 조정 내부에서는 고려사절에 대한 예우를 둘러싸고 적지 않은 논란이 일어나기도 하였다. 그런데 정작 신종황제가 고려사절에 대해 구체적으로 어떠한 예우를 했고, 그 뒤 구법당 정부가 들어섰을 때 그 예우가 어떻게 달라졌는가에 대해서는 그다지 알려져 있지 않다. 이런 배경에서 이 글에서는 고려사절의 사행 여정 속에서 신종이 베풀었던 예우를 중심으로 살펴보고자 한다.

고려사절의 '입공入貢 주기'와 사행 여정 시간

고려사절의 '입공 주기'

고려사절의 파견에 대해 송쪽에서는 고려가 조공 또는 입공을 해왔다고 기록하고 있다. 북송대 대표적인 고려 비판론자로 알려져 있는 소식蘇軾은 다음과 같이 말하고 있다.

> 신이 엎드려 살피건대, 희령연간 이후 고려인이 자주 조공해 들어와, 원풍연간 말에 이르기까지 16~17년 동안, 관대館待(동문관의 접대)와 사예賜豫(회사품)로 쓴 비용이 이루 셀 수 없었습니다.[6]

여기서 소식은 고려사절이 16~17년 동안 너무 자주 입공해와서 '관대'와 '사예'로 지출한 경비가 너무 많다고 하고 있다. 그런데 이 소식의 주장을 어떻게 받아들이느냐에 앞서, 당시 송이 고려에게 적용하였던 '입공 주기'를 살필 필요가 있다. 중국의 책봉체제는 황제의 덕화德化로 인해 주변국이 중국을 사모해 스스로 입공해온다는 이상理想에 근거하고 있었다. 그래서 중국은 조공국을 배려하는 차원에서 거리를 감안하여 적어도 몇 년마다 한 차례씩 입공하도록 하는 회수, 곧 '입공 주기'를 설정하고 있었다.

북송 신종이 즉위하여 사망할 때까지, 고려는 희령4년(1071: 김제), 희령6년(1073, 김양감), 희령9년(1076: 최사량), 원풍2년(1079: 류홍), 원풍4년(1081: 최사제), 원풍8년(1085: 김상기) 등 모두 여섯차례 사절을 파견하였다. 또 신종 대 명주의 장관을 역임했던 증공曾鞏은 고려가 5년에 세 번 온다고 하고 있는데,[7] 이렇게 보면 대략 3년마다 고려가 사절을 파견한 셈으로, 보기에 따라 이를 많다고 하면 많을 수도 있다. 그러나 이에 대해서는 다음의 사료를 참고할 필요가 있다.

일찍이 거란은 고려가 송에 입공하는 것에 대해 힐책을 했다. 이에 고려가 거란에 표를 올려 이해해줄 것을 요청했다. 그 내용을 간단히 말하면, "중국은 3년에 한 번 입공을 요구하는데, 큰 나라(거란)는 1년에 여섯 번이나 입공을 요구하고 있습니다"라고 했다. 이에 거란이 상황을 깨닫고 그것을 면하게 했다.[8]

위의 인용문을 참고하면, 송이 고려에 대해 적용한 입공 주기는 '3년에 한 번씩'이었음을 확인할 수 있다. 그리고 위에서 본 것처럼 희령과 원풍년간 동안 고려사절은 대략 3년마다 사절을 파견하고 있다. 따라서 고려는 송측이 설정한 3년에 한 번이라는 입공 주기에 따라 사절을 파견하고 있었다. 한편 북송이 멸망하기 직전, 휘종의 정화연간(1111~1117)에는 고려사절이 매년 송에 왔다고 한다.[9] 그러므로 이 때 송조는 고려에게 그 주기를 '1년에 한 번씩'을 적용하였던 것이다. 나아가 이 당시 송 조정은 고려사를 국신사國信使로 승격시키고, 예우를 서하西夏보다 위에 두기도 했다.[10] 따라서 앞의 인용문에서 소식이 말하는 바는 자기네 조정에게 고려의 '입공 주기'를 다시 조정하라는 요구로 받아들여진다.

사행 여정에 걸린 시간

여기서는 먼저 남중국의 명주에서 수도였던 개봉까지 걸린 시간을 살펴보도록 하겠다. 송 철종의 원우5년(1090) 8월 이자의가 입송했을 때, 구법당 정부는 항주의 장관인 소식蘇軾과 어사중승御史中丞 소철蘇轍(소식의 아우)의 요청으로 경비를 대폭 삭감하고, 사절이 이동하는 일정도 새로 조정했으며, 그에 따라 명주에서 궁전까지 2개월이 채 걸리지 않았고, 지방에서 쓴 비용도 6~7할을 삭감했다고 한다.[11]

참고로 송대 양세兩稅 상공미上供米를 항주에서 개봉까지 운하를 이용해 보낼 경우 55일이 걸렸다.[12] 또 항주 남쪽에 있는 태주台州의 국청사國淸寺에 머물던 일본승려 성심이 신종의 부름에 응하여 개봉까지 갔을 때 65일이 걸렸다.[13] 이들 사실을 감안하면 이자의가 명주에서 개봉까지 가는 데 2개월이 채 걸리지 않았다는 표현은 신빙성이 높다.

원풍원년(1078) 신종은 고려정사와 부사가 지방에서 이동할 때, 거란의 사신과 같은 예우를 하라고 명령했다.[14] 그에 따라 고려사절이 명주에서 운하를 따라 개봉으로 상경할 때나, 개봉에서 다시 명주까지 내려올 때, 각 지역에서는 거란사절이 왔을 때와 마찬가지로, 지주知州(주의 장관)와 통판通判(부장관)이 나와서 위로 차원의 환영과 환송회인 '연로燕勞(연로宴勞라고도 함)'를 가졌다.[15] 이 '연로'에서는 연예인을 동원한 무대공연도 펼쳐졌던 것을 보면,[16] 상당히 호사스러웠던 것 같다. 고려사절이 남중국의 오군吳郡, 곧 소주蘇州를 지날 때 '연로'를 행하였는데, 그 종자從子(사절과 함께 따라 갔던 사람들, 후술함)들은 주 청사廳

고려상인과
동아시아 무역사

숲의 회랑에 앉아 구경하였다는 기록도 있다.[17] 그런데 소식과 소철의 주장으로 인해 이자의가 입공할 때는 경비의 6~7할이 삭감되었다. 그러므로 이때부터 지방관이 주최하는 '연로'를 비롯한 접대가 대폭 줄어들었음을 추정할 수 있고, 그에 따라 이동하는 시간도 빨라졌을 것으로 판단할 수 있다. 그 결과 상경하는 시간도 2개월이 채 걸리지 않았던 것이다. 따라서 원우5년 이전에 왔던 고려사절은 지방에서 치러진 접대로 인하여 상경하는 일정도 좀 더 걸렸던 것으로 짐작된다.

다음으로는 개봉에서 명주까지 내려갈 때 걸린 시간을 검토해보도록 하겠다. 서긍에 따르면, 그는 3월 14일에 개봉에서 '변하汴河'를 타고 내려가, 5월 3일에 명주에 도착하고 있다.[18] 이처럼 개봉에서 명주까지는 대략 1개월 17일이 걸렸다. 상경할 때보다 내려갈 때의 시간이 약간 적게 걸린 것은 '변하' 물길의 흐름과 관련이 있다. '변하'는 개봉에서 사주泗州 사이의 운하인데 황하의 지류로서 급류였다. 이 때문에 사주에서 개봉으로 상경해 갈 때는 물살을 거슬러 올라가야 했고, 반대의 경우는 물살을 타고 내려올 수 있었다. 양세 운송의 경우를 보면 사주→개봉까지는 1일에 30리, 반대로 개봉→사주의 경우는 1일에 150리를 갈 수 있었다.[19] 즉 변하의 경우 올라갈 때와 내려올 때 이동하는 시간에 5배가량 차이가 났다. 이 같은 이유로 내려갈 때는 상경할 때보다 시간이 단축되었다.

다음으로 고려와 중국 사이를 왕복하는 데 걸린 시간을 보면, 고려 숙종3년(1098) 7월에 파견된 윤관의 경우는 이듬해 6월에 돌아오고 있다.[20] 약 11개월이 걸렸다. 또 예종11년(1116) 7월에 파견된 이자량의 경우 이듬해 5월에 돌아오고 있다.[21] 이 경우는 11개월에 조금 못 미치고 있다. 이 두 가지 사례를 보면 고려사절은 공통적으로 7월에 예성항을 출발하여 이듬해 5월이나 6월 경에 돌아오고 있고, 10~11개월의 시간을 소비하고 있다. 앞서 살핀 것처럼 고려와 중국 사이 첨저선으로 바다를 왕복하는 데 약 2개월, 중국 내지에서 운하를 왕복하는 데 약 4개월이 걸렸다. 그러므로 고려사절의 사행은 반 이상을 바다와 운하에서 배로 이동하는 데 시간을 소비하는 고된 여정이었다고 할 수 있다.

고려사절에 대한 북송 정부의 예우

상경인원上京人員

송 신종은 고려사절을 맞이하기 위해 명주에 숙박장소로 '낙빈樂賓', 명주 정해현에 '항제航濟'라는 고려정高麗亭을 세웠다.[22] 그리고 상경하는 고려사절의 숙박과 휴식을 위해 사행길 각지에도 고려관高麗館이나 고려정을 세웠다.[23] 그런데 외국 사절이 송에 입공해왔을 경우, 그들 전부가 황제를 만나러 수도에 상경하는 것은 아니었다.

대중상부9년(1016), 7월 7일, 비서소감秘書少監이자 광주廣州의 장관인 진세경陳世卿이 말하기를, "광주에 오는 해외 번국의 입공물건은 지금부터 코뿔소 뿔이나 진주, 특별한 향료나 보물 등은 궁궐에 가지고 갈 수 있게 하고, 그 나머지 운반하기 무거운 것들은 광주의 창고에 들이고, 그 가격만을 신고하도록 하며, 진봉물이 아닌 경우는 모두 상세商稅를 징수하기 바랍니다. 각 나라의 정사와 부사, 판관은 각각 1인으로 하고, 그 방수관防授官(정부사와 판관을 제외한 나머지 속관)의 경우, 대식, 주연注輦,

삼불제, 사파 등과 같은 나라는 20인을 초과하지 않도록 하고, 점성, 단류미丹流眉, 발니渤泥, 고라古邏, 마가摩迦 등의 나라는 10인을 초과하지 않도록 하십시오"라고 하였고, 이에 따랐다.[24]

위의 인용문을 보면 대식이나 점성국과 같은 나라의 사절에 대해서는 상경하는 인원수를 각각 20명이나 10명 이내로 제한하고 있다. 아마도 이런 나라들은 송조에 조공을 가장하여 무역하러 오는 경우가 많기 때문에 그렇게 조치한 것이라 해석된다.

고려사절의 인원수에 대한 기록은 일부가 남아 있다. 먼저 등주항을 이용할 때를 보면, 대중상부7년(1014)에 윤증고尹證古와 여진장군 탑심견塔沈墅 등 78명이 왔다고 하며,[25] 천희5년(1021)에는 한조韓祚 등 170인이 왔다고 한다.[26] 그리고 천성8년(1030)에 인종황제는 고려사절 293인을 장춘전長春殿에서 직접 접견했다고 한다.[27]

희령4년(1071) 국교 재개 이후 처음으로 입송했던 김제 일행은 모두 110인이었으며,[28] 원풍2년(1079) 류홍이 정사로 왔을 때, 신종황제는 함께 입송한 사절 121인을 수공전垂拱殿에서 접견하였다.[29] 또 원풍4년(1081) 최사제가 왔을 때도 신종은 135인을 접견하였다.[30] 그리고 원우5년(1090)에 이자의가 입송할 때는 269인이 갔었다.[31] 북송 말 정강 원년(1126)의 경우 송과 금의 전쟁으로 인해 고려사절은 비록 상경하지는 못했으나, 292인이 명주 정해현에 왔다고 한다.[32]

이처럼 고려사절은 최소 78인에서 많을 때는 300인 가까이로 그 규모가 상당하였음을 알 수 있다. 또 몇몇 사료에서 사절들이 왔던 숫자만을 기록하고 있지만, 나머지 사료에서는 송 황제가 수백인의 고려사절을 직접 접견하고, 관직에 따라 회사품도 주었다고 기록하고 있음을 보아, 송에 왔던 고려사절들은 그 대부분이 상경하였던 것으로 판단된다. 앞서 인용한 사료들을 토대로 고려사절이 이용한 항구와 인원수를 정리하면 〈표 1〉과 같다.[33]

당시 외교사절은 정사와 부사, 그리고 삼절인三節人(상절, 중절, 하절)으로 구성되어 있었다. 현재 북송대 고려사절이 각기 어떤 역할을 맡고 있었는가를 나타내는 사료는 없다. 그런데 청조 조선사절의 경우는 다음과 같이 구성되어 있었다고 한다. 동지사冬至使의 경우, 정사(1), 부사(1), 서장관書狀官(1), 당상관堂上官(2), 상통사上通事(2), 질문종사관質問從事官(1), 압물종사관押物從事官(8), 압폐종사관押幣從事官(3), 압미종사관押米從事官(2), 청학신체아淸學新遞兒(1), 의원醫員(1), 사자관寫字官(1), 화원畵員(1), 군관軍官(7), 우어별차偶語別差(1), 만상군관灣上軍官(1), 일관日官(1) 등 35명으로 구성되어 있었다고 한다(괄호 안은 인원수). 주목되는 점은 여기에 더하여 각 관원이 개인적으로 각종의 '종자從者'를 데리고 갔고, 그래서 일행의 총인원은 200명에서 300명 내외였다고 한

〈표 1〉 고려사절의 인원수

시기	입송항	인원수
*대중상부7년(1014)	등주	78인
천희5년(1021)	등주	170인
천성8년(1030)	등주	293인
희령4년(1071)	통주	110인
*원풍2년(1079)	명주	121인
*원풍4년(1081)	명주	135인
*원우5년(1090)	명주	269인
정강원년(1126)	명주	292인

다.[34] 참고로《열하일기熱河日記》를 적은 박지원도 종자의 신분으로 청에 갔다.

위의 표에서 나타난 바와 같이 고려사절의 인원수도 많을 때는 200명~300명 규모였다. 이 점에서 고려의 경우도 공식 사절 이외에, 각 관원이 여러 '종자'를 데리고 갔음을 엿볼 수 있다. 실제로 희령9년 (1076)에 입공한 최사훈은 화공畫工 여러 명을 데리고 와서 개봉의 상국사相國寺 벽화를 모사해갔다고 한다.[35] 그는 또 악인樂人 10여 명을 데리고 가서 신종황제 앞에서 음악연주를 시키기도 했다.[36] 여기서 고려의 경우도 공식 사절 이외에 '종자'를 데리고 갔음을 재확인할 수 있다. 다른 나라의 경우 송 황제가 궁정에서 종자까지도 접견했다는 기록은 찾아볼 수 없다. 후술하는 바와 같이 서하의 경우, 사절이 데리고 왔던 종자들은 숙소 밖으로 나가는 것까지도 제한하고 있었다. 이처럼 고려사절의 경우 상경인원이 매우 많았고 나아가 이들 모두를 황제가 접견까지 하였다. 이 점에서 송 황제는 고려에 대해서 다른 나라에 비해 상당히 파격적으로 예우하였다.

고려사절의 개봉 체류

북송대 개봉성은 궁성宮城, 내성內城, 외성外城으로 구성되어 있었다. 그리고 이곳에는 외국 사절을 위한 숙소도 마련되어 있었다. 거란사절은 말과 수레를 타고 개봉까지 왔고, 그들의 숙소인 도정역都亭驛은 마구간까지 갖춘 525칸 규모였다고 한다.[37] 그리고 서하사절의 숙소는 도정서역都亭西驛이라 하였다.[38] 고려사절은 '동문관同文館'이란 숙소에 머물렀다. 이는 희령9년(1076)에 마련되었는데 278칸의 규모였으며,[39] 서하사절의 도정서역을 모방하여 만들었다고 한다.[40] 그리고 그

위치는 내성 바깥 서북쪽에 있었다.[41]

고려사절은 신년의 원단 조회에 거란이나 서하 등 다른 외국 사절과 함께 참여하였다. 북송 말의 개봉에 대해 회고록을 남긴 맹원로孟元老의 기록에 따르면, 고려사절은 이때 중국식으로 인사를 했으며, 황제는 거란사절과 고려사절에 대해서만 그 숙소에서 연회도 베풀어주었다고 한다.[42] 고려사절은 송의 수도 개봉에서 다른 나라에 비해 자유로운 일정을 보냈다. 이에 대해서는 소철의 상주문 속에서 그것을 엿볼 수 있다. 철종의 구법당 집권 시기에 소철은 조정이 사이四夷 가운데 거란과 서하와의 관계를 중시해야 함에도 불구하고 유독 고려에 대한 예우가 너무 지나쳐 불편하다고 주장하였다. 그리고 그는 동문관의 예우가 거란의 도정역이나 서하의 도정서역의 그것보다 두텁다는 것을 나타내기 위해 〈북사조약北使條約〉, 〈서사조약西使條約〉, 〈고려사조약高麗使條約〉을 나열하고 있다.[43]

〈북사조약〉

하나. 거란사절이 보낸 상품구입 목록 가운데 만일 팔아서는 안 될 물건이나 신고하지 않은 물건이 있으면, 국신사國信司가 처리하여 관청의 창고에 넣도록 하며, 관반사부館伴使副(도정역에서 접대하는 송 쪽 관원)가 그들에게 좋게 설명하도록 한다.

〈서사조약〉

하나. 서하사람이 정단正旦(신년하례)과 성절聖節(황제의 생일)을 축하하기 위해 개봉에 올 경우, 20일 동안 머무를 수 있도록 하며, 다시 그것을 연장한다 해도 15일을 넘지 않도록 한다. 만일 의논해야 할 일이 있으면 조정의 지시를 기다려 진행하도록 한다.

하나. 서하사람이 개봉에 올 경우, 함께 따라온 번락蕃落(종자從子)들은 숙소 밖을 나가서는 안 되며, 혹시 매매할 일이 있으면 도정서역의 승수사신承受使臣(송 쪽 관원)이 있는 곳에 출두하게 하고, 관청에서 사주도록 하게 한다.

하나. 서하사람이 개봉에 도착하여 물건을 사고자 할 경우, 관청에서 물건 값을 정하는데, 시가보다 조금 낮게 하되, 조금 이윤을 붙여 팔도록 하며, 얻어진 금액은 관청에 납입하도록 한다.

〈고려사조약〉

사절의 종자從者들이 밖에 나가 사온 물건들은 검사하도록 하며, 만일 금지하는 물건이 있으면 좋게 설득하여 압류하고 잡지전雜支錢으로써 그 값을 보상한다. 특히 정치를 논한 글이나 국방을 다룬 글이 있으면 곧바로 그 출처를 물어, 개봉부開封府에 신고하도록 한다.

진봉인進奉人이 수도에 도착하면 사록사司錄司(개봉부사록사開封府司錄司)가 상인들에게 알리고, 동문관에 상품을 들여 건물의 두 회랑에 진열하도록 하여 진봉인들과 교역하도록 하고, 개봉의 성문을 관할하는 감문監門에게도 이를 통보하여 상인의 왕래가 끊이지 않도록 한다.

친사관親事官은 구경하거나 상품구입을 원하는 사절의 종자들과 함께 나가는데, 만일 그들이 마음대로 악예인樂藝人을 부르도록 하거나, 술을 먹고 사고를 치도록 내버려두거나, 금지하는 물건을 구입하도록 내버려둔다면, 곤장 80에 처하고, 사건이 엄중한 자는 상주하여 처리하도록 한다.

하절인下節人들은 하루에 20명씩 교대로 동문관을 나서서 구경과 상품구입을 하도록 하는데, 그때마다 친사관 한 명이 따라 나선다. 말을 타기를 원할 경우, 관청의 말 가운데 한 필씩을 내고, 말을 다루는 병사 한 명을 따라 붙게 한다. 신시申時(오후 3시에서 5시)에는 돌아오도록 하며, 친사관으로 하여금 그들이 간 곳을 반드시 적어 보고하도록 한다.

진봉인이 불경佛經을 사기를 원할 경우 상서사부尚書祠部에 보고하도록 하고, 나머지 물건은 잘 헤아려서 사주도록 하는데, 금지된 물건이나 금지된 서적, 독약은 사주지 못한다.

진봉인이나 삼절인이 기예인伎藝人을 불러 교습받기를 원하면, 관구동문관소管勾同文館所(동문관을 관할하는 사무소)에 신고하도록 한다.

(동문관에서 쓰는) 공사전公使錢(관청의 잡비) 50관은 좌장고左藏庫(송대 국가의 재무창고)에 신고하여 받도록 하는데 하루 안에 도착하도록 한다. 또 사흘이나 닷새마다 그 계절에 나는 꽃이나 과일 등을 사서 진봉사부進奉使副와 삼절인三節人에게 보내게 하는데, 궐랑闕郎(궁궐의 관리)이 나아가 신고하여 취한다.

이상과 같이 소철은 〈북사조약〉, 〈서사조약〉, 〈고려사조약〉을 열거하고, 송나라 조정이 서하나 거란에 비해 고려사절만을 너무 두텁게 대우하고 있다고 하여 그것을 낮추어줄 것, 매일 동문관 밖으로 나가는 사람의 출입을 서하나 거란사절처럼 제한할 것, 그리고 개봉의 체류기한을 조정할 것 등을 요청하였다.[44] 구법당 정부는 원우5년(1090) 소철의 주장 가운데 일부를 수용하여 하절인下節人의 경우 20명씩 동문관 밖으로 나가던 것을 줄여 10명씩 교대로 나가 구경하거나 상품을 구입하도록 하였다.[45]

고려상인과
동아시아 무역사

그러나 철종의 원부원년(1098)에 이르러 신법당 관원들이 다시 조정에 복귀하자 고려의 조공에 대해서 다시 '원풍조례元豊條例'를 적용시키고 있다.[46] 원풍이란 신종의 연호이므로, 고려사절에 대해서는 신종 대에 접대했던 방식으로 다시 되돌아갔다.

위 각 나라의 사절에 대한 〈조약〉들을 통해, 고려사절이나 서하사절은 종자까지 데리고 상경했던 것을 확인할 수 있다. 그러나 서하의 경우는 종자들로 하여금 도정서역 밖으로는 나갈 수 없도록 하고, 또 상품을 구입하고자 할 경우에도 먼저 목록을 제출한 뒤, 송측 관원을 통해서만 구입할 수 있었다. 이에 비해 고려의 경우는 비록 송쪽 친사관이 따라붙긴 하였지만, 사절과 함께 종자들까지도 동문관을 나가서 비교적 자유롭게 관광하거나 상품을 구입할 수 있었다.

또 고려에 대해서는 동문관 안에 상국사相國寺 앞의 상인들을 불러들여 상점을 설치하여 사절들이나 종자가 상품을 교역할 수 있도록 했다.[47] 그리고 개봉에서의 체류일수도 거란은 10일,[48] 서하는 20일(15일 추가)이었음에 비추어, 고려는 수개월(이자의의 경우 약 4개월가량. 1부 1장 〈표 5〉 참조)에 이르는 등, 이 점에서도 송 신종이 거란이나 서하에 비해 고려사절을 매우 두텁게 대우했음을 알 수 있다.

고려사절에 대한 접대와 회사 비용

철종의 원우2년(1087)에 교주交州(교지交趾)의 진봉인進奉人이 상아 등을 팔고자 한 데 대해, 외교 업무를 담당하고 있던 송조 예부는 그 가격을 9,490관으로 계산하였고, 이에 대해 철종은 1만 관을 '특사特賜'하라고 명령하고 있다.[49] 이를 보면 주변국 나라들이 입공 기회를 이용해 조공무역을 하고 있었고, 그에 따라 송측도 그 진봉물의 가격을 자기네 기준으로 환산한 뒤, 거기에 조금 더 보태어 회사하는 것에 그치고 있다.

그런데 원풍3년(1080) 신종은 고려국왕의 진봉에 대해서는 '절견浙絹(절강 지역에서 생산된 비단) 1만 필'을 회사하기로 결정하였다. 그 이유는 공물貢物 가격을 환산하여 그에 따라 회사하는 것은 송 황제의 체면을 상하게 하는 것이므로, 앞으로 고려국왕의 공물에 대해서는 가격을 환산하지 않고 회사하는 것을 영원히 정례로 삼았다고 한다.[50] 당시 고려의 진봉물에 관한 연구에 따르면, 공예기술 면에서 거의 송에 필적하는 물건들로 구성되어, 질과 양에 있어서 송나라 사람에게 감명을 주었을 것이라 평가하고 있다.[51] 이를 참고하면 송 신종은 그동안 고려가 정성을 들여 진봉물을 보내오던 것을 줄곧 지켜보면서 고려가 기타의 나라와는 다르다는 것을 깨닫고 이와 같은 조치를 내린 것으로 판단된다. 물론 여기에는 후술하는 바와 같이 송쪽의 외교적 목적도 담겨 있었다.

다음으로는 송 조정이 고려사절에 대한 접대와 회사를 통해 지출한 비용이 어느 정도였는가에 대해 알아보겠다. 원우8년(1093) 2월 1일에 행해진 소식의 상주문을 보면, "고려인 사절이 매번 입공할 때마다, 조정과 회절淮浙(회남과 절강) 두 지역에서 사예賜豫(회사품), 궤송饋送, 연로燕勞 비용으로 쓴 것이 약 10여만 관이나 됩니다. 그러나 여기에는 고려정이나 고려관을 고치고 장식하는 것, 상인들을 동원하는 것이나 인부와 선박을 징발한 비용은 들어가 있지 않습니다"라고 적고 있다.[52] 송 조정은 주요 외국 사절이 지나가는 지방에서 지주와 통판으로 하여금 '연로燕勞'를 베풀어 환영과 환송을 하게 했고, 외국 사절은 그에 대한 감사의 표시로 예물을 건넸다. 이에 대해 송쪽 관원도 그

고려상인과
동아시아 무역사

외국 사절이 돌아갈 때 답례를 하였다. 이들 예물을 '사적私覿', '궤유饋遺', '궤송饋送'이라 하였다.[53]

또 원우5년(1090) 8월 15일에 행해진 소식의 또 다른 상주에서는 "고려사절이 명주에서 윤주潤州(장강을 건너기 직전의 지역)까지 가는 동안, 지방 관청이 지출한 비용만 해도 2만 4,600여 관"이었다고 하며, "회남淮南과 경동京東 두 지역의 비용, 그리고 동문관의 접대비와 회사품의 비용을 포함하지 않았으나, 그것까지 모두 합치면 10여만 관 아래로는 내려가지 않을 것"이라 하였다.[54] 그런데 원우5년에 행해진 소식의 이 상주는 고려정사 이자의가 명주에 도착(8월 10일)한 직후 만들어진 것이다. 그러므로 이 10여만 관은 원우5년의 것이 아니라, 그 이전인 신종 대에 고려사절을 위해 지출한 비용을 가리킨다.

이 소식의 두 상주문을 근거로 10여만 관의 지출 내역을 정리하면, ① 사예賜豫(회사비), ② 관대館待(동문관에서의 접대비), ③ 궤송饋送(지방관원의 예물비), ④ 연로燕勞(지방관원의 환영과 환송 연회비)로 구성되어 있었다. 그래서 그 지출 내역을 좀 더 구체적으로 알아보기 위해, 고려사절의 이동거리를 살펴보기로 한다. 명주에서 항주까지 거리는 476리였다.[55] 그리고 항주에서 개봉까지 거리는 다음과 같다.[56]

명주明州→(476리)→항주杭州→(800리)→윤주潤州→(48리)→양주揚州→(300리)→초주楚州→(200리)→사주泗州→(840리)→개봉開封 상선문上善門(동수문東水門) : 총 2,664리.

앞서 소식은 명주에서 윤주까지 이동하는 데 쓰인 경비가 2만 4,600관이라고 했다. 그런데 엄밀히 따지면 이는 사절이 왕복하는 데 쓰인 비용이다. 그래서 명주와 윤주 사이 1,276리를 왕복하는 데 사용된 경비가 2만 4,600관이므로, 이를 제외한 나머지 거리인 1,388리를 왕복하는 데에는 약 2만 6,759관이 쓰였다는 계산이 나온다. 이를 합산하면 명주와 개봉을 왕복하는 데에 5만 1,359관, 약 5만 관 남짓이 사용되었다고 볼 수 있다.

앞서 서술한 것처럼 원풍3년(1080) 송 신종은 고려에 대해서 절견 1만 필을 회사하는 것을 정례로 삼았다. 참고로 원우4년(1089) 당시 양절 지방의 비단 1필은 1관이었다.[57] 원풍3년과 비교해 시간적으로 9년밖에 차이가 나지 않으므로, 비단 가격은 크게 달라지지 않았을 것이다.[58] 그렇다면 신종이 고려에게 앞으로 절견 1만 필을 회사하는 방침을 정한 것은 진봉의 답례로 매번 1만 관 어치를 주겠다고 한 것과 마찬가지라 볼 수 있다.

이에 근거할 경우, 원우5년 이전에 송측이 고려사절을 위해 지출한 10여만 관의 내역을 대략적이나마 산출할 수 있다. 명주와 개봉 사이의 왕복구간에서 '궤송'과 '연로'의 비용으로 약 5만여 관이 지출되었고, 1만 관 남짓이 회사비, 나머지 4만 관가량이 개봉 동문관에서의 접대비로 사용되었다고 추산할 수 있다. 결국 10여만 관의 경비는 그 대부분이 명주와 개봉 사이의 이동구간과 개봉 동문관의 접대비로 지출되었고, 그 10분의 1이 회사비로 충당되었던 것이다. 그런데 구법당 정부는 소식과 소철의 주장에 따라 이들 접대 비용을 대폭 삭감하였다.

송조가 고려사절을 예우한 배경

소철은 신종황제가 고려를 불러들인 배경을 두고 태평성세를 꾸미고 동시에 송과 고려가 양쪽에서 거란을 견제하는 데 있었다고 직설적으로 표현하고 있다.[59] 즉 국내용과 국외용 두 가지 목적이 있었다고 밝히고 있다. 고려사절이 중국의 각 지역을 이동하면서 상경하고 신종이 개봉에서 이들을 환대하였으므로 당시 송나라 사람들에게 태평성세의 인식을 주었음은 말할 것도 없다. 그렇다면 대외적으로는 그것이 과연 어느 정도 성과를 거두었을까? 고려가 송과 다시 외교관계를 맺은 이후, 거란은 남조南朝(송)가 어찌 우리의 노예인 고려를 두텁게 대우하느냐고 송에게 늘 신경질적인 반응을 보였다고 한다.[60] 한편으로 송의 사신이 고려에 오면 거란도 반드시 다른 핑계를 대어 고려에 사람을 보내어 염탐했다고 한다.[61] 그리고 거란은 후기에 이르러 명목 없는 사신을 고려에 자주 파견했다고 한다.[62] 이를 통해 송과 고려가 혹시라도 군사동맹을 하지 않을까 거란 쪽에서 불안해했던 모습을 엿볼 수 있다.

그런데 《요사遼史》에는 거란이 고려와 여진을 막기 위해 동쪽 영토에 병사를 배치해둔 〈동경술병東境戍兵〉에 관한 기록을 남기고 있다. 그 내역은 1부府, 1주州, 2성城, 70보堡, 8영營에 모두 정병正兵 2만 2,000 명을 두고 있었다고 한다. 이 가운데 신호군성神虎軍城에 정병 1만 명을 두었다고 하는데, 이는 대강大康10년(1084)에 새로 설치한 것이라 한다.[63] 이는 이때에 이르러 거란이 고려와 여진 쪽에 정규 군대를 갑자기 2배 가까이 증가시켰음을 나타낸다.

이 대강10년 무렵에 여진 쪽에 특이한 동향이 있었는가 하면 그렇지도 않다. 그러므로 '신호군성'의 설치는 고려 쪽에 그 원인을 찾아야할 것이다. 이 대강10년이란 북송 신종의 원풍7년에 해당한다. 신종조의 경우 희령과 원풍연간에 걸쳐 고려는 모두 여섯 차례나 사절을파견했다. 이로 인해 송과 고려 두 나라의 관계는 아주 밀착되어 있었다. 따라서 '신호군성'은 거란이 만약에 있을지 모르는 송과 고려의 군사적 협공을 의식해 설치했을 가능성이 크다.

이처럼 송과 고려의 수교는 거란의 군사력을 분산시키는 결과를 가져왔다. 그래서 겉으로 직접 드러나지는 않았지만, 소철의 말대로 송과 고려가 양쪽에서 거란을 붙잡고 늘어져 있는 형국이 조성되었고, 송측에게 군사적으로 유리한 상황이 전개되고 있었다. 나아가 이 같은 거란 상비군의 증가와 유지는 장기적으로 거란에게 재정적인 부담을 지워 그 피폐를 촉진시켰을 가능성도 있다. 이를 통해 송 신종이고려를 끌어들임으로써 거란을 견제하는 데 어느 정도 성공했다고 할수 있다. 마찬가지로 고려 역시 송과 수교함으로써 거란의 압력을 경감시킬 수 있었다. 앞서 언급한 것처럼 고려와 송이 수교한 뒤, 거란이 고려로 하여금 1년에 여섯 번씩 입공을 강요하던 것을 면하게 했다는 사실이 그것을 대변해준다. 이처럼 거란도 고려와 송이 밀착하는 것을 막기 위해 종래와는 달리 고려를 달래는 정책으로 돌아서고있었다. 이 점에서 고려 문종이 취했던 외교정책은 성공적이었다고평가할 수 있다.

그리고 위의 결과를 감안하면 송측은 고려의 입공에 지출한 비용 이상으로 외교적 성과를 거두었을 것으로 볼 수 있다. 그렇지만 이로 인해 자칫 군사적 충돌이 생길 수도 있었다. 구법당 계열의 사람들이 하나같이 고려를 비판적으로 본 까닭은 고려를 각별히 예우함으로써 만에 하나 생길지도 모르는 거란과의 충돌을 염려한 것일지 모른다. 그래서 그들은 거란의 신경을 건드리지 않고 그들과 현상유지를 하는 편이 송조의 외교적 신의를 유지하면서 있을지도 모르는 파국을 예방할 수 있다고 생각했을 수 있다. 이런 측면에서 본다면 소식을 비롯한 구법당 사람들도 나름대로 송조의 안위를 걱정해 그와 같은 주장을 했던 것으로 해석할 수 있다. 그렇지만 송조가 이제와 고려를 다시 멀리할 경우, 자국의 외교적 고립을 가져올 우려도 있었다. 그렇기에 남송 중기 이후 고려와 송 사이에 외교사절의 교환이 없었음에도 불구하고 줄곧 외교관계를 지속했던 것이 아닐까 한다. 또 이런 배경이 있었기에 두 나라 사이의 해상무역도 계속 진행되었던 것으로 판단된다.

북송대 증공曾鞏이란 사람은 신종에게 "고려는 만이蠻夷 가운데 문학에 정통해 있고 지식이 매우 많으므로, 가히 덕으로 품어야 하며 힘으로 굴복시키기 어렵다"는 글을 올리고 있다.[64] 이는 그가 신종에게 고려의 마음을 사도록 주문한 것이라 볼 수 있다. 따라서 신종이 고려를 각별히 예우한 까닭은 고려로 하여금 거란 쪽으로 기울지 않도록 하여, 궁극적으로 송조의 안전을 확보하기 위해서였다고 해석된다.

명청대 중국도 조선사절에 대해서만큼은 다른 나라와 달리 예우를 했다. 명조 중국의 경우 조선에 대해 처음에 '삼년일공三年一貢'을 적용하려 했으나, 조선의 요구에 따라 '일년일공一年一貢' 내지는 '일년수공一年數貢'을 받아들였다.[65] 또 북경의 회동관會同館(조선사절의 숙소)에서의 체류도 명대에는 40일, 청대에는 60일까지였고, 조선사절은 개인적으로 학자들과 교류하거나 서점이나 고적古蹟을 방문할 수도 있었다.[66]

또 명대에는 회동관의 개시開市(송대 동문관의 경우처럼 사절의 숙소에 중국상인을 불러들여 상품을 쉽게 구입할 수 있도록 배려하는 것)도 다른 나라들에게는 3일이나 5일로 한정하였으나, 조선이나 류큐 사절에 대해서만은 그 같은 제한을 두지 않았다.[67] 결국 명청대 조선사절에 대한 예우는 북송 신종 대의 고려사절에 대한 전례가 적용되었던 것으로 이해할 수 있다.

《청사고淸史稿》의 조선열전朝鮮列傳에 따르면, "번방藩邦 울타리가 걷히면 집이 위태롭고, 외적이 압박해오면 내분이 일어나니, 번방 속국이 국가의 안위와 연관된 것이 이와 같다. 《좌전左傳》에 이르기를, '천자의 직분은 사방의 만이蠻夷를 보호함에 있다'라고 하였으니, 이 어찌 진실이 아닌가?"라고 되어 있다.[68] 이를 보면 중국이 고려나 조선에게 예우했던 것은 다름 아닌 자국의 울타리를 튼튼히 하기 위한 것이었다.

••• 북송 초기부터 송 황제는 많게는 200명~300명에 달하는 고려사절을 상경시켜 궁전에서 친히 접견했다. 특히 신종황제는 다른 외국 사절보다 고려사절을 특별히 예우했다. 북송왕조는 북쪽으로는 거란, 서북쪽으로는 서하, 서남쪽으로는 교지交趾와 군사적으로 대립하면서 외압에 시달리고 있었다. 이 같은 상황에서 북송은 고려를 우방으로 끌어들일 필요가 있었다. 그래서 신종황제는 고려의 마음을 사고자 접근하여, 송에 왔던 고려사절에 대해 최대한의 예우를 하였다. 이에 거란은 송과 고려가 협공을 하지 않을까 두려워하여, 고려 쪽에 새로이 군사력을 배치하였다. 그에 따라 송조는 거란의 군사력을 분산시키는 외교적 성과도 거두었다고 할 수 있다.

한번에 200~300명에 달하는 사절단을 상경시키고, 황제가 이들을 접견하였다는 사실은 대수롭지 않게 보일 수도 있다. 그러나 그 연인 원을 따진다면 고려의 상층부에 적지 않은 수의 친송親宋 인사들을 양산했을 것으로 추정된다. 이로써 중국은 자국의 울타리를 튼튼히 했고, 다른 한편으로 고려로 하여금 중국의 문화를 긍정적으로 받아들이게 하는 데에 상당한 작용도 했을 것으로 짐작된다. 물론 이 과정 속에서 고려 역시 자국의 문화나 문물을 발전시켰음은 부인할 수 없을 것이다.

주석

머리말

[1] 〈麗宋交易의 航路와 船舶〉,《역사학보》204, 2009. 〈北宋 神宗朝의 對外交易 政策과
高麗〉,《동양사학연구》115, 2011. 《高麗史》에 나타나는 宋商과 宋都綱特히 宋都綱
의 性格 解明을 中心으로〉,《전북사학》39, 2011. 〈교역에 대한 宋朝의 태도와 高麗
海商의 활동―高麗 文宗의 對宋 入貢 배경과도 관련하여〉,《역사학보》213, 2012.
〈宋代 東아시아 海上貿易과 季節風―高麗와 南中國 사이를 中心으로〉,《중국사연
구》92, 2014. 《高麗史》에 나타나는 宋都綱 卓榮과 徐德榮―그들이 宋側으로부
터 高麗綱首라 불렸던 背景을 中心으로〉,《동양사학연구》126, 2014. 〈宋代 各國 海
商의 往來와 國籍 判別의 根據―특히 高麗海商의 活動과 關聯하여〉,《중국사연구》
102, 2016. 〈宋代 中國과 高麗 사이의 海上 交易品―東南아시아 地域과의 比較를
통한 檢討〉,《역사문화연구》60, 2016. 〈元朝 中國의 銀 貿易과 이 시대 高麗銀의 動
向〉,《중국사연구》114, 2018.

제1부 해상海上 무역사 복원의 기초적 문제

1장 동아시아의 계절풍

[1] 朱彧,《萍洲可談》卷2.
[2] 《嶺外代答》卷2, 外國門上, 航海外夷.

3 《諸蕃志》卷上, 闍婆國.

4 《諸蕃志》卷上, 三佛齊國.

5 《諸蕃志》, 藍無里國. 楊博文, 《諸蕃志校釋》, 42쪽, 각주 25; 52~53쪽, 각주 2.

6 《諸蕃志》卷上, 大食國.

7 《雲麓漫鈔》卷5, 福建市舶司常到諸國舶船.

8 《宋會要輯稿》職官 44-29, 市舶司.

9 金渭顯 《高麗時代 對外關係史 研究》, 178~179쪽.

10 《高麗圖經》卷35, 海道, 二, 夾界山. "정동쪽으로 병풍과 같은 하나의 산이 보이는
데, 곧 협계산이며, 중국과 오랑캐는 이로써 경계로 삼는다正東望一山如屛, 卽夾界山也,
華夷以此爲界限". 이하 《高麗圖經》의 경우는 모두 조동원 외 공역 《고려도경》도 참조
했다.

11 《寶慶四明志》卷20, 昌國縣, 敍縣, 境土. "동쪽으로 닷새를 가면 서장 석마산에 이르
는데, 고려국과 경계를 나눈다東五潮, 至西莊石馬山, 與高麗國分界". 그리고 이 책의 다른
부분에서 석마산은 창국현昌國縣 동쪽에 있다고 적고 있다. 《寶慶四明志》卷20, 昌
國縣, 敍山.

12 朴玉杰, 〈高麗來航 宋商人과 麗·宋의 貿易政策〉.

13 《開慶四明續志》卷8, 收刺麗國送還人. 이에 따르면 개경원년(1259) 4월에 강수綱首
범언화范彦華가 도착했다고 하는데, 이때 고려국 예빈성이 보낸 첩을 보면, 그는 3월
에 고려를 출발했다고 적고 있다.

14 통설적으로 왜구는 전기 왜구와 후기 왜구로 나누고 있다. 전기 왜구는 고려 말에
활동했던 일본인 해적이며, 후기 왜구는 명나라의 조공무역 정책에 불만을 품은 중
국 연해안 상인과 일본상인으로 구성되어 있었으며, 중국상인의 비율이 훨씬 높았
다고 한다.

15 《籌海圖編》卷3, 倭國事略.

16 방춘防春의 의미에 대해서는 사전에 나타나 있지 않다. 그런데 방추防秋는 북쪽 오
랑캐를 막는 것을 의미한다. 따라서 이 '방춘'은 동쪽 오랑캐를 막는다는 의미가 아
닌가 한다.

17 《寶慶四明志》卷6, 敍賦下, 市舶, 日本.

18 《參天台五臺山記》卷1.

19 《建炎以來繫年要錄》卷17, 建炎二年, 九月, 癸未.

20 《高麗圖經》卷3, 封境.

21 《高麗圖經》卷34, 海道1, 卷39, 海道6, 참조.

22 《高麗圖經》卷39, 海道6.

23 이에 대해서는 다음 사료에 상세히 나타나 있다. 孟元老,《東京夢華錄》卷6, 元旦朝會.

24 《高麗史》(中華書局, 標點本, 1986) 卷10, 世家, 宣宗七年, 七月, 癸未.

25 《蘇軾文集》卷31, 奏議, 乞禁商旅過外國狀.

26 《續資治通鑑長編》卷452, 元祐五年, 十二月, 乙未.

27 《續資治通鑑長編》卷455, 元祐六年, 二月, 丁酉.

28 《高麗史》卷10, 世家, 宣宗八年, 六月, 丙午.

2장 송·원대 동아시아의 선박

1 당시 곡물을 얼마나 실을 수 있느냐에 따라 선박의 크기를 나누었다고 한다. 斯波義信,《宋代商業史研究》, 56~57쪽.

2 《夢梁錄》卷12, 江海船艦.

3 莊景輝,《海外交通史研究》, 76~77쪽.

4 《宋會要輯稿》, 食貨50-8, 船,《建炎以來繫年要錄》卷7, 建炎二年, 七月, 己亥.

5 《高麗圖經》卷34, 客舟.

6 《許國公奏議》卷3, 奏曉諭海寇復爲良民及關防海道事宜.

7 《高麗圖經》卷34, 客舟.

8 辛元歐,《上海沙船》, 158쪽.

9 辛元歐,《上海沙船》, 158~162쪽.

10 《高麗圖經》卷34, 客舟.

11 《高麗圖經》卷34, 沈家門. 원문은 "西風作張篷, 委蛇曲折隨風之勢, 其行甚遲"라 되어 있다.

12 《說郛》卷十四上, 防海.

13 《方輿勝覽》卷45, 料角.

14 《高麗圖經》卷34, 海道一, 黃水洋.

15 이는 다음 책에서 재인용했다. 辛元歐,《上海沙船》, 卷末.

16 李之亮,《宋兩浙路郡守年表》, 292쪽.

17 원문에는 '豈能遠涉鯨海'라 되어 있다. "어찌 능히 고래가 다니는 먼 바다를 건널 수 있겠는가?"라는 뜻이다.

18 《許國公奏議》卷3, 奏曉諭海寇復爲良民及關防海道事宜.

19 《說郛》卷14上, 防海.

20 《忠穆集》卷2, 論舟楫之利.

21 斯波義信, 《宋代商業史研究》, 59쪽.

22 천주만泉州灣 출토 송대 해선海船의 경우, 용골龍骨 부분은 소나무, 그 밖에 녹나무 장목樟木과 삼나무가 사용되었다. 한편 목포에서 발굴된 원대 침몰선의 경우, 마미송馬尾松과 삼나무, 녹나무가 주로 사용되었다. 金炳董, 〈從沈船看中世期的中韓貿易交流─以新安船和泉州灣宋代海船的積載遺物爲中心〉.

23 金在瑾, 《韓國船舶史硏究》, 132쪽.

24 金在瑾, 《續韓國船舶史硏究》, 78쪽.

25 金在瑾, 《韓國船舶史硏究》, 54쪽.

26 《册府元龜》卷999, 外臣部, 互市門.

27 《宋史》卷487, 列傳246, 外國3, 高麗.

28 金在瑾, 《韓國船舶史硏究》, 53쪽.

29 《蓬萊古船》. 이 봉래 3호선은 원 말 명 초의 고려선이라 한다. 75쪽, 114~119쪽.

30 《蓬萊古船》, 39쪽.

31 《蓬萊古船》, 44쪽.

32 《蓬萊古船》, 35쪽.

33 《蓬萊古船》, 116쪽.

34 그리고 이 봉래 고려선은 전통 한국선박에 공통적으로 나타나는 가룡목架龍木이 없는 특이한 구조를 가지고 있다. 《蓬萊古船》, 114쪽 참조.

35 《籌海圖編》卷2, 倭船.

36 이를 확증해주는 것으로 남송 말 보우 6년(1258)에 남중국 명주에 표류해온 고려인은 고려의 병선兵船에 대해서 오로지 정순풍에만 편할 뿐이라 증언하고 있다. 《開慶四明續志》卷38, 收養麗人.

37 1990년 중국 연안의 파도 높이 조사에 따르면, 연중 파고가 4미터가 넘는 일수는 발해 26일, 황해 95일, 동중국해 123일, 남중국해 169일이라고 한다. 上田信, 《海と帝國: 明淸時代》, 31쪽. 이를 통해 남쪽 바다로 내려갈수록 파고가 점점 높아지는 것을 확인할 수 있다.

38 《蘇軾文集》卷31, 奏議, 乞禁商旅過外國狀.

39 《高麗史》卷8, 文宗2, 文宗, 二十五年, 三月, 庚寅.

40 《續資治通鑑長編》卷223, 熙寧四年, 五月, 丙午.《宋史》卷15, 本紀15, 神宗2.《高麗史》나 중국 사료에서는 모두 갑자일甲子日로 표기하고 있으나, 여기서는 다음의 책을 참조하여 모두 30일 단위의 날짜로 바꾸었다. 董作賓 著, 陳垣 增補,《二十史朔閏表》.

41 《宋朝事實類苑》卷40, 文章四六, 高麗使先狀.

42 《宋史》卷487, 列傳246, 外國3, 高麗.

43 이 김제는 이듬해 문종26년(1072) 6월에 고려에 돌아왔다고 한다.《高麗史》卷9, 世家, 文宗, 二十六年, 六月, 甲戌. 6월이면 남풍이므로 이 역시 남중국에서 출발했다는 것을 의미한다.

44 《高麗史》卷9, 世家, 文宗, 二十七年, 八月, 丁亥.

45 《續資治通鑑長編》卷247, 熙寧六年, 冬十月, 壬辰. 이 역시 앞의 董作賓 著, 陳垣 增補,《二十史朔閏表》참조.

46 이 표에 나타나는 황종각의 경우《고려사》세가에서는 선종10년(1093) 7월에 파견했다고 하나, 중국 쪽 사료에서는 원우7년(1092)에 왔다고 적고 있다.《宋史》卷487, 列傳246, 外國3, 高麗.《續資治通鑑長編》卷478, 元祐七年, 十一月, 甲申.

47 崔柄憲,〈大覺國師 義天의 渡宋活動과 高麗·宋의 佛敎交流─晋水淨源·慧因寺와의 관계를 중심으로〉.

48 이 역시 다음의 책을 참조. 董作賓 著, 陳垣 增補,《二十史朔閏表》.

49 《高麗史》卷10, 世家, 宣宗, 七年, 七月, 癸未.

50 《蘇軾文集》卷31, 奏議, 乞禁商旅過外國狀.

51 《歷代名臣奏議》卷348, 南宋初期 高宗朝 浙西 安察使 葉夢得의 말.

52 席龍飛,《中國造船史》, 253~258쪽.

3장 송·원대 각 국 상인에 대한 국적 판별의 근거

1 《吏學指南》(元代史料叢刊, 浙江古籍出版社, 標點本, 1988), 牓據, 公憑, 42쪽.

2 당대 중국에 갔던 일본승 엔닌은 오대산五臺山에 가고자 하여 청주절도사靑州節度使에게 공험公驗을 요청했다. 足立喜六 譯注, 鹽入良道 補注, 円仁,《入唐求法巡禮行記》, 9장 241~242쪽 참조. 한편으로 재당신라인의 경우에 대해서는 김택민,〈在唐新羅人의 公驗(過所)〉.

3 《舊五代史》卷107, 漢書9, 列傳4, 楊邠.

4 《歷代名臣奏議》卷246, 荒政.

5 《宋會要輯稿》, 職官44-2.

6 《蘇軾文集》卷31, 奏議, 乞禁商旅過外國狀.

7 《元史》卷104, 刑法3, 食貨. 원대의 공빙에 대해서는 《通制條格》卷18, 關市, 市舶에
   그 상세한 규정이 실려 있다. 方齡貴, 《通制條格校注》, 535~536쪽.

8 《朝野群載》卷第20, 大宰府附異國大宋商客事. 森克己, 《日宋貿易の研究》, 36~41쪽.
   陳高華·吳泰, 《宋元時期的海外交易》, 75~78쪽.

9 《萍洲可談》.

10 廖大珂, 《福建海外交通史》, 152쪽.

11 이 엽몽득은 정강원년(1126) 10월부터 건염원년(1127) 8월까지 항주의 장관 겸 양
   절서로兩浙西路 안무사安撫使를 역임했다. 李昌憲, 《宋代安撫使考》, 270쪽, 391쪽.

12 《歷代名臣奏議》卷348.

13 《宋史》卷491, 列傳250, 外國7, 日本國.

14 《續資治通鑑長編》卷349, 元豊七年, 十月, 癸未.

15 원대의 공빙에는 박상舶商, 선주船主, 강수綱首, 사두事頭, 화장火長 등으로 나타나 있
   다. 즉 강수와 더불어 '선주'도 등록되어 있었다. 方齡貴, 《通制條格校注》卷18, 關市,
   市舶, 533~539쪽.

16 森克己, 《日宋貿易の研究》, 36~38쪽.

17 원문은 다음과 같이 되어 있다. "客申云, 先來大宋國泉州人李充也, 充去康和四年爲
   莊嚴之人徒, 參來貴朝, 莊嚴去年蒙廻却官符, 充相共歸鄉先了……."

18 《雲麓漫抄》卷5, 福建市舶司常到諸國舶船.

19 《新唐書》卷131, 列傳56, 宗室宰相, 李勉. 桑原騭藏, 《中國阿剌伯海上交通史》, 28쪽.

20 《參天台五臺山記》卷1.

21 《桯史》卷11.

22 《萍洲可談》卷2. 그리고 번장은 황제가 직접 임명하고 있었다. 桑原騭藏, 《中國阿剌
   伯海上交通史》, 70~71쪽.

23 仁井田陞, 《中國法制史研究》, 刑法, 420~425쪽, 宋代の屬人法主義と屬地法主義.

24 《宋史》卷491, 列傳250, 外國7, 日本國.

25 斯波義信, 《宋代商業史研究》, 81쪽. 方齡貴, 《通制條格校注》, 542쪽 각주 5.

26 《宋會要輯稿》, 職官44-5, 市舶司.

27 《攻媿集》卷88, 敷文閣學士宣奉大夫致仕贈特進汪公行狀. 이는 남송 효종 건도7년

(1171) 왕대유汪大猷가 천주의 장관으로 부임한 뒤 발생한 일이었다.

28 《通制條格》卷18, 關市, 市舶. 方齡貴,《通制條格校注》, 539쪽.

29 《嶺外代答》卷4, 風土門, 方言. 楊武泉,《嶺外代答校注》, 160쪽.

30 《癸辛雜識》, 後集, 譯者.

31 경력편칙慶曆編勅과 가우편칙嘉祐編勅에 따르면, "해선海船에 공빙이 없으면, 여러 사람에게 신고하게 하고, 배에 실린 물건은 모두 관청에서 몰수한다"라고 규정하고 있다.《蘇軾文集》卷31, 奏議, 乞禁商旅過外國狀.

32 이는 정원법사淨源法師로, 대각국사 의천이 항주 혜인원惠仁院에서 머물며 수학할 때 많은 도움을 주었던 승려이다. 이런 까닭으로 그가 입적하자 의천은 수개 등을 보내어 조문을 했다. 또 대각국사 의천은 이 혜인원에 많은 시주를 했고, 그에 따라 이 절은 고려사高麗寺라고도 불렸다.

33 《蘇軾文集》卷30, 論高麗進奉狀.

34 《蘇軾文集》卷30, 論高麗進奉狀.

35 《蘇軾文集》卷30, 論高麗進奉狀.

36 《開慶四明續志》卷第8, 收刺麗國送還人.

37 《開慶四明續志》卷第8, 收刺麗國送還人.

38 《寶慶四明志》卷6, 敍賦下, 市舶.

39 《寶慶四明志》卷6, 敍賦下, 市舶, 高句麗國. 원문에는 "本府與其禮賓省, 以文牒相酬酢, 皆賈舶通之"라 되어 있다.

40 이 당시 경원부에 있던 시박무는 북송 휘종 대처럼 독립된 '제거양절시박사提擧兩浙市舶司'에 소속된 것이 아니라, 경원부의 산하 기관이었다.《寶慶四明志》卷6, 敍賦下, 市舶, "大觀元年專置提擧官, 三年罷之…… 乾道三年乃竟罷之, 而委知·通·知縣·監官同行檢視, 轉運司提督." 이를 보면 건도3년(1167)에 이르러 제거시박관提擧市舶官은 마침내 폐지되고, 그 업무는 명주明州의 지주知州와 통판通判 등에게 이관되었음을 나타내고 있다. 그리고 앞서 언급했듯이 명주는 1194년에 경원부로 승격되었다.

41 김영제,〈宋代의 市舶稅―市舶稅의 徵收와 關聯하여〉.

42 정광 譯註·解題, 原本《老乞大》, 166~168쪽, 盤問.

43 《續資治通鑑長編》卷273, 熙寧九年, 三月, 壬申,.

44 《宋史》卷487, 列傳246, 外國3, 高麗.

45 吳潛,《許國公奏議》卷3, 奏曉諭海寇復爲良民及關防海道事宜.

⁴⁶ 斯波義信, 〈華僑〉.

⁴⁷ 廖大珂, 《福建海外交通史》, 83쪽.

⁴⁸ 《宋史》卷489, 列傳248, 外國5, 闍婆.

제2부 해상海商 왕래의 실태

1장 무역에 대한 송조 중국의 태도와 고려해상의 활동

¹ 李基東, 〈羅末麗初 南中國 여러 나라와의 交涉〉.

² 《册府元龜》卷999, 外臣部44, 互市. 金庠基, 〈麗宋貿易小考〉.

³ 《十國春秋》卷81, 吳越5, 世家, 建隆二年, 冬十二月.

⁴ 고려시대사 연구의 선구자인 김상기의 경우, 송상의 문제를 주로 다루면서, 당시
외국문화의 수입은 주로 왕실을 중심으로 이루어졌고, 그것을 송상이 공급했으므
로, 이로 인해 신라 말기의 상인에 비해 고려상인의 활동이 소극적으로 된 주요 원
인이라 해석하고 있다. 金庠基, 〈麗宋貿易小考〉. 그런데 고려상선이 중국에 표류했
다거나, 밀무역이 성행했다든지 하는 표현도 쓰고 있다. 그리고 남송대 중국의 시
박사가 고려선박에 19분의 1의 세율을 적용한 사료를 들어, 명주에 출입이 빈번한
고려상선에 특혜를 베풀기도 했다고 한다. 또 이규보의 시를 인용해 남방 이국과
의 해상 왕래가 빈번했다고 보는 등 고려해상의 활동을 인정하기도 했다. 金庠
基, 〈高麗前期의 海上活動과 文物의 交流─禮成港을 中心으로〉, 《東方史論叢》, 金庠
基, 新編 《高麗時代史》, 166~168쪽.

⁵ 김철웅, 〈高麗와 宋의 海上交易路와 交易港〉; 전영섭, 〈10~13세기 동아시아 교역권
의 성립과 海商활동─海港都市·國家의 拮抗關係와 관련하여〉. 여기서는 남송대
남중국에 왔던 고려상인에 대한 사료들이 소개되어 있다. 그리고 이에 관한 최근
까지의 국내 연구동향은 다음의 논문에 상세히 정리되어 있다. 배종열, 《무신집권
기 고려─송 조공무역 쇠퇴와 민간무역의 확대》.

⁶ 《宋史》卷186, 食貨志139, 食貨18, 互市舶法.

⁷ 《宋史》, 食貨志, 互市舶法.

⁸ 《宋史》, 食貨志, 互市舶法.

⁹ 《宋史》, 食貨志, 互市舶法.

10 《宋史》, 食貨志, 互市舶法.

11 이 〈편칙〉들의 시행 시기는 《玉海》卷66, 詔令, 律令에 의함. 그리고 梅原郁, 〈唐宋 時代の法典編纂〉 참고.

12 "금나라 사람이 여진인 '사자 습로'를 답방 사신으로 임명해 보내왔다金人差女眞斯剌 習魯充回使……"(《三朝北盟會編》卷4, 宣和二年, 七月, 十八日, 丙辰). 그리고 "도착하자 신 라인 사신으로 만들어 만났는데, 숭전전으로 들어오게 하여, 주상이 참석하여 '습 로' 등이 올린 국서를 보고, 마친 뒤 내보냈다止作新羅人使引見, 入見於崇政殿, 上臨軒引習 魯等捧國書以進見, 訖而退"(《三朝北盟會編》卷4, 宣和二年, 九月, 七日, 乙巳). 여기에 나타나 는 '습로'란 사람은 앞 사료에서는 여진인으로 나타나고 있으나, 뒤 사료에서는 송 쪽에서 그를 신라인 사신으로 만들어 접견했다고 되어 있다. 이를 보면 송쪽에서는 여진을 신라에 비정하고 있었음을 엿볼 수 있다.

13 《續資治通鑑長編》卷36, 淳化五年, 六月, 庚戌.《續資治通鑑長編》卷47, 咸平三年, 十月, 庚午. 송측 사료에서는 공통적으로 순화말년(994)에 고려의 조공이 중단되었 다고 기록하고 있다.

14 金渭顯, 〈女眞의 馬貿易考〉,《遼金史研究》.

15 《宋史》卷15, 本紀15, 神宗2.《續資治通鑑長編》卷296, 元豐二年, 正月, 丙子.

16 《續資治通鑑長編》卷247, 熙寧六年, 冬十月, 壬辰. 당시 외교사절은 정사正使와 부 사副使, 그 이외에 상절上節, 중절中節, 하절下節이라는 삼절인三節人으로 구성되어 있 었다. 그래서 이 둘을 합쳐 사절이라 부른다.

17 《蘇軾文集》卷30, 奏議, 論高麗進奉狀.

18 《蘇軾文集》卷35, 奏議, 論高麗買書利害箚子三首.

19 《蘇軾文集》卷35, 奏議, 論高麗買書利害箚子三首.

20 金庠基, 〈麗宋貿易小考〉.

21 徐炳國, 〈高麗·宋·遼의 三角貿易攷〉.

22 朴玉杰, 〈高麗來航 宋商人과 麗·宋의 貿易政策〉.

23 李東華, 《泉州與我國中古的海上貿易》, 72~74쪽.

24 "舊市舶法, 商客前雖許至三佛齊等處, 至於高麗·日本·大食諸蕃, 皆有法禁不許, 緣 諸蕃國遠隔大海, 豈能窺伺中國, 雖有法禁, 亦不能斷絶, 不免冒法私去, 今欲除北界· 交趾外, 其餘諸蕃國未嘗爲中國害者, 並許前去."

25 《文獻通考》卷20, 市糴1, 市舶互市.

26 《宋會要輯稿》, 職官44-11, 市舶司, (宣和)四年五月九日詔. 한편《宋史》, 食貨志, 互

市舶法에도 같은 내용이 있다. 그리고 여기서는 이를 어길 경우 죄를 주겠다고 강경한 지침을 내리고 있다.

27 金渭顯, 《高麗時代 對外關係史 研究》, 179~180쪽.

28 近藤一成, 〈文人官僚蘇軾の對高麗政策〉.

29 《續資治通鑑長編》卷302, 元豊三年, 正月, 己丑.

30 裴汝誠 許沛藻著, 《續資治通鑑長編考略》, 90쪽.

31 《高麗史》卷10, 宣宗, 元年, 八月, 甲申.

32 《續資治通鑑長編》卷350, 元豊七年, 十二月, 丁亥.

33 《高麗史》를 보면, 이들은 문종27년, 28년, 29년, 33년, 34년, 36년에 걸쳐 오고 있으며, 선종 대에도 4년, 6년, 10년에 각각 오고 있다. 森克己, 《日宋貿易の研究》, 288~290쪽, 표 참조.

34 《帥記》, 承曆四年(1080: 高麗 文宗34년), 九月四日條. 森克己, 《日宋貿易の研究》, 290쪽에 의함.

35 당시 송상은 일본이면 일본, 고려면 고려와 같이, 특정국 사이만을 왕래하고 있었으며, 두 나라를 대상으로 함께 교역하는 경우는 없었다고 한다. 原美和子, 〈宋代海商の活動に關する一試論—日本·高麗および日本·遼(契丹)通交をめぐって〉.

36 《續資治通鑑長編》卷302, 元豊三年, 二月, 戊申.

37 《十國春秋》卷17, 南唐3, 後主本紀, 開寶四年春.

38 당시 일본상인은 먼저 고려와 교역하면서 점차 송과 직접 교역하는 쪽으로 나아갔다고 한다. 남송대에 이르면 중국 사료에 일본상인이 출현하고 있다. 森克己, 《日宋貿易の研究》, 324~325쪽.

39 《寶慶四明志》卷6, 敍賦下, 市舶.

40 石文濟, 〈宋代市舶司的設置〉.

41 《參天台五臺山記》卷第1.

42 《曾鞏集》, 輯佚, 議錢下.

43 日野開三郎, 〈北宋時代における銅鐵錢の需給について〉.

44 楊渭生, 《宋麗關係史研究》, 214~215쪽.

45 《宋史》卷487, 列傳246, 外國3, 高麗.

46 《說郛》卷60上, 雞林志에서 인용하는, 직석직석. 원문에서는 "高麗人多織席 有龍鬚席·藤席, 今舶人販至者, 皆席草織之, 狹而密緊, 上亦有一小團花"라고 되어 있다. 이 사료에서는 박인, 곧 뱃사람이 '팔러販' 오는 것이라 되어 있다. 참고로 이 《설부》라

는 책은 원대의 것으로, 그 이전 당송시대에 나왔던 필기 소설 사료를 모아 엮은 것이다.

47 《郡齋讀書志》卷二下. 雞林志三十卷.

48 《高麗史》卷12, 世家, 肅宗2, 八年, 六月, 壬子.

49 《高麗史》卷122, 列傳35, 宦者, 白善淵.

50 《建炎以來繫年要錄》卷78, 紹興四年, 秋七月, 辛未.

51 《高麗圖經》卷34, 海道, 一, 黃水洋, "근래에 사신이 돌아올 때 이곳에 이르러 첫 번째 배가 얕은 곳에 거의 박힐 뻔했고, 두 번째 배는 오후에 3개의 방향타를 모두 부러뜨렸으나, 종묘사직의 위령 덕분에 살아서 돌아왔다." 조동원 등 공역, 《고려도경》, 426쪽.

52 《宋史》卷491, 列傳250, 外國7, 日本國.

53 《許國公奏議》卷4, 奏給遭風倭商錢米以廣朝廷柔遠之恩亦於海防密有關係(寶祐四年).

54 《寶慶四明志》卷11, 敍祠, 車駕巡幸.

55 《宋會要輯稿》, 職官44-15·16.

56 《宋會要輯稿》, 職官44-14.

57 건염4년(1130)에 천주에서 거두어진 유향의 세금 징수액이 사료에 기록되어 있다. 《宋史》, 食貨志, 香. 이에 근거하여 陳高華와 吳泰는 남송 초기에도 천주항은 여전히 기능을 하고 있었다고 해석하고 있다. 《宋元時期的海外貿易》, 144쪽.

58 《高麗史》卷15, 世家, 仁宗1, 六年, 四月, 丁巳.

59 중국의 연구자인 廖大珂는 이 기록을 들어 고려상인이 천주를 왕래했다는 한 근거로 들고 있다. 《福建海外交通史》, 97쪽.

60 《高麗史》에서도 나주도羅州道란 지명은 종종 찾아볼 수 있다. 延世大學校 國學研究院, 《增補 高麗史索引》, 人名·地名編, 509쪽.

61 이 '모라도'의 위치에 대해서는 《고려사》의 지리지에서 그에 관한 기록을 찾을 수 없다.

62 《高麗史》卷17, 世家, 毅宗1, 二年, 十二月, 丙辰. 그리고 고려에 왔던 송상의 경우, 14명이 왔던 경우가 1건, 20~29명도 11건, 30~39명은 18건이 있었다. 물론 그 이상도 있었다. 朴玉杰, 〈高麗來航 宋商人과 麗·宋의 貿易形態〉.

63 《西溪叢語》卷下.

64 《宋史》卷476, 列傳235, 叛臣中, 李全, 上.

65 《建炎以來繫年要錄》卷183, 紹興二十九年, 八月, 戊午, 兩浙市舶司言.

66 彭信威,《中國貨幣史》, 423쪽.

67 《建炎以來朝野雜記》卷16, 甲集, 鑄錢諸監.

68 《絜齋集》卷17, 誌銘, 朝請大夫贈宣奉大夫趙公墓誌銘. 여기에 나타나는 조공趙公은 송 종실 사람인 조선대趙善待로 효종 대에 주로 활동했던 인물이며,《諸蕃志》를 저술한 조여괄趙如适의 부친이기도 하다.

69 《誠齋集》卷120, 碑, 宋故左丞相節度使雍國公贈太師諡忠肅虞公神道碑. 그리고 사료 원문에는 '수백소數百艄'가 왔다고 하며, 또 '고려고호高麗賈胡'라 기록되어 있다.

70 王德毅,〈南宋孝宗及其時代〉.

71 林正秋,《南宋都城臨安》, 80~87쪽.

72 林正秋,《南宋都城臨安》, 262~264쪽.

73 林正秋,《南宋都城臨安》, 207~220쪽.

74 당시 유럽이나 이슬람 지역의 대상隊商들도 안전 때문에 집단으로 움직이는 것이 일반적이었다고 한다. 재닛 아부-루고드,《유럽패권 이전—13세기 세계체제》, 78쪽, 80~81쪽. 그리고 선박들의 경우 무리를 지어 이동하는 것은 주로 서로에게 도움을 주기 위해서이며, 나아가 몬순 바람에 의해서 항해시기가 엄격히 제한되었기 때문이라고도 한다. 306쪽.

75 《宋會要輯稿》職官44-29, 市舶司.

76 《嘉靖江陰縣志》卷2, 市鎮.

77 《寶慶四明志》卷6, 敍賦下, 市舶.

78 何忠禮·徐吉軍 著,《南宋史稿》, 265쪽.

79 《寶慶四明志》卷6, 敍賦下, 市舶.

80 김영제,〈宋代의 市舶稅—市舶稅의 徵收와 關聯하여〉.

81 《寶慶四明志》卷5, 敍賦上, 商稅.

82 《開慶四明續志》卷8, 蠲免抽博倭金, 奏狀.

83 "대체로 그들이 팔러오는 왜판倭板(목재)이나 유황과 같은 종류는 대부분 그 국주나 귀신의 물건이나, 오직 이것만은 왜상 자기의 물건이다蓋其所販倭板硫黃之屬, 多其國主貴臣之物, 獨此乃倭商自己之物"라고 적고 있다.

84 명대의 경우 선주는 고용된 선원들에게 임금을 지급하지 않고, 방향타를 조종하는 선원(타공舵工), 닻을 다루는 선원(정공碇工), 노를 젓는 일반 선원들에게 그들의 역할 순위에 따라, 각각 15담擔, 9담, 7담, 등으로 자신의 상품을 휴대해 갈 수 있도록 허용했다고 한다. 李金明,《明代海外貿易史》, 137쪽. 그러므로 이는 적어도 송대 이후

해상무역이 발전하면서 하나의 관행으로 자리 잡았음을 보여주고 있다.

85 斯波義信,《宋代商業史硏究》, 391~407쪽.

86 榎本涉,〈宋代市舶司貿易にたずさわる人々〉.

87 《開慶四明續志》卷8, 蠲免抽博倭金, 申狀. 원문에는 "而使倭人怨之, 麗人傳之"라고
되어 있다.

88 《開慶四明續志》卷8, 蠲免抽博倭金.

89 徐曉望 主編,《福建通史》第三卷, 宋元, 340~342쪽.

90 《諸蕃志》卷上, 志國, 新羅國.

91 《諸蕃志》卷上, 志國, 新羅國.

92 명주 상산현象山縣에 있는 동문산東門山은 천문산天門山이라고도 하며, "외국 선박이
나 상선이 반드시 지나는 곳으로 바닷길의 요충"이라 한다.《寶慶四明志》卷21, 象
山縣志, 山, 東門山.

93 《資治通鑑》卷267, 後梁紀2, 太祖開平三年, 九月, 辛亥. 호삼성의 주. 잠강이나 열항
등은 모두 명주 창국현昌國縣에 있는 지명이다. 잠강에 대해서는 후술. 열항의 위치
에 대해서는 다음의 사료를 참조.《延祐四明志》卷15, 祠祀攷, 神廟, 昌國州.

94 《墨莊漫錄》卷5.

95 《高麗圖經》卷34, 海道1, 梅岑. 조동원 등 공역,《고려도경》, 420~421쪽 참조.

96 남중국에 있던 '신라방新羅坊'의 존재는 종래 절강성 태주台州 황암현黃巖縣에 있었
던 것이 알려져 있었다.《嘉定赤城志》卷2, 地理門, 坊市, 黃巖. 그리고 이 태주 임
해현臨海縣에는 신라산이나 신라서新羅嶼도 있다.《嘉定赤城志》卷19. 그런데 필자
가 확인한 바로는 이웃한 온주溫州에도 '신라방'이 있었다. 이는 명대 홍치弘治16년
(1503)에 간행된 이곳 지방지에 기록되어 있는 것으로, 평양현平陽縣 성 남쪽에 있으
며, 등명방登明坊이라고도 부른다고 한다. 다만 이 경우 그 건립된 시기를 확인할 수
없다.《弘治溫州府志》卷6, 坊門, 平陽縣, 新羅坊. 또 같은 책에는 평양현 남쪽 2리에
'신라산'도 있었다고 기록하고 있다.《弘治溫州府志》卷3, 敍山, 平陽縣, 新羅山. 이
처럼 태주양이나 온주양 연안에는 모두 신라 지명이 존재하고 있다.

97 《雲麓漫鈔》卷5, 福建市舶司常到諸國舶船.

98 李玉昆,《泉州海外交通史略》, 91쪽, 94쪽.

99 《南安縣志》卷1, 疆域志. 원문에는 '신라향新羅鄕'이라 되어 있다.

100 《南安縣志》卷20, 雜志, 寺.

101 《南安縣志》卷2, 疆域志.

102 이 《남안현지》에 기록되어 있는 천주의 신라촌, 신라사, 나아가 고려지명에 관해
서는 葉恩典(泉州海外交通史博物館), 〈泉州의 韓國(新羅·高麗)遺跡과 佛敎交流〉, 《장
보고 선단과 해양불교》(동국대학교 건학 100주년 기념 국제학술대회 발표문, 동국대학교
불교문화 연구원, 2006년 9월 27일)에 의함.

103 明, 鄭若曾, 《江南經略》 卷3, 下.

104 《元史》 卷14, 本紀14, 世祖11.

105 李幹, 《元代社會經濟史論》, 331~332쪽.

106 《大德昌國州圖志》 卷4, 敍水, 岑江港.

107 《至正四明續志》 卷3, 城邑, 昌國州, 公宇, 譙樓.

108 《至正四明續志》 卷11, 集古, 游候濤山記.

109 《續資治通鑑長編》 卷349, 元豊七年, 十月, 癸未.

110 《蘇軾文集》 卷31, 奏議, 乞禁商旅過外國狀.

2장 송도강宋都綱 탁영卓榮과 서덕영徐德榮의 정체

1 이에 대해서는 다음과 같은 연구가 있다. 金庠基, 〈麗宋貿易小考〉; 朴玉杰, 〈高麗來
航 宋商人과 麗·宋의 貿易政策〉.

2 아래의 ㉮, ㉯, ㉰, ㉱ 네 가지 사료를 근거로 '고려강수'에 대해서 다음과 같이 해석
했다. "그들이 고려인이기 때문에 '고려강수'라 불렸던 것이 아니라, 송을 거점으로
하면서 고려를 왕래하다가, 고려 측의 의뢰로 파견되었기 때문에, 고려 측의 인물
로서 '고려강수'라 불렸던 것이며, 송측에서는 파견주가 누구인가에 따라서 구분하
고 있었다"는 것이다. 그래서 송대 중국 사료에 나타나는 일본강수나 일본선의 경
우도, 실은 송인강수와 송인선박이었으나, 당시 송쪽에서는 국적이나 민족을 기준
으로 삼지 않고, 그들이 일본에서 파견되었기 때문에, 그렇게 불렸다고 한다. 榎本
涉, 《東アジア海域と日中交流—九~一四世紀》, 80쪽. 이 연구는 탁영과 서덕영이
고려강수였다는 사실을 최초로 언급했다는 점에서 의의가 있다. 또 이 책은 고려
해상의 활동과 관련하여 시사하는 바가 크다.

3 《宋史》 卷487, 列傳246, 外國3, 高麗.

4 《建炎以來繫年要錄》 卷198, 紹興三十二年, 三月, 是月.

5 龔延明, 《宋代官制辭典》, 596쪽 참조.

6 《宋會要輯稿》, 蕃夷7-49, 歷代朝貢.

7 《攻媿集》卷86, 行狀, 皇伯祖太師崇憲王行狀.

8 《高麗史》卷10, 世家, 宣宗, 二年, 三月, 戊戌.

9 《蘇軾文集》卷30, 奏議, 論高麗進奉狀.

10 《蘇軾文集》卷35, 奏議, 論高麗買書利害箚子三首.

11 《蘇軾文集》卷31, 奏議, 乞禁商旅過外國狀.

12 《高麗史》卷10, 世家, 宣宗, 六年, 十月, 戊午.

13 《高麗史》卷9, 世家, 文宗, 三十二年, 四月, 辛未, 及 六月, 甲寅.

14 《高麗圖經》卷6, 宮殿2, 長齡殿, 조동원 등 공역,《고려도경》, 107쪽, 참조.

15 《蘇軾文集》卷31, 奏議, 乞禁商旅過外國狀.

16 《宋會要輯稿》, 職官44-8, 市舶司.

17 《蘇軾文集》卷35, 奏議, 論高麗買書利害箚子三首.

18 《續資治通鑑長編》卷478, 元祐七年, 十一月, 甲申.

19 《蘇軾文集》卷35, 奏議, 論高麗買書利害箚子三首.

20 《蘇軾文集》卷35, 奏議, 論高麗買書利害箚子三首.

21 《高麗史》卷10, 世家, 宣宗, 二年, 八月, 辛未.

22 《續資治通鑑長編》卷369, 元祐元年, 閏二月, 丙午.

23 이에 대해서는 신법당의 친고려정책을 뒤엎기 위한 것이라는 분석도 있다. 신채식 저작집Ⅲ,《宋代對外關係史研究》, 150쪽.

24 《宋會要輯稿》, 食貨38-33, 34, 互市. 紹聖元年, 閏四月, 二十五日.

25 원문은 "如蕃商有願隨船來宋國者, 聽從便"이라 되어 있다.

26 《宋會要輯稿》, 職官44-12·13, 市舶司.

27 《建炎以來繫年要錄》卷29.

28 《慶元條法事類》卷第78, 蠻夷門, 入貢, 衛禁.

29 《宋會要輯稿》, 蕃夷7-50, 歷代朝貢.

30 《高麗史》卷15, 世家, 仁宗, 六年, 六月, 丁卯.

31 《高麗史》卷15, 世家, 仁宗, 六年, 八月, 庚午.

32 《宋史》卷487, 列傳246, 外國3, 高麗.

33 그런데《高麗史》에서는 김부식 등이 송나라 명주에 이르렀으나, 금나라 군대가 쳐 들어와 변하卞河(회수淮水와 개봉開封 사이의 운하)의 길이 막혀 개봉으로 들어가지 못 했고, 그에 따라 1127년 5월 계묘일에 돌아왔다고 기록하고 있다.《高麗史》卷15, 世家, 仁宗, 五年(1127), 五月, 癸卯. 즉《高麗史》에서는 이듬해 김부식 등이 고려에

돌아온 사실만을 기록하고 있다.

34 《玉海》卷172, 宮室, 邸驛, 元豊樂賓館. 이에 따르면 북송 신종의 원풍 2년(1079)에 세워졌다고 한다.

35 《靖康要錄》卷9, 靖康元年, 十一月, 五日.

36 龔延明, 《宋代官制辭典》, 531쪽.

37 《建炎以來繫年要錄》卷198, 紹興三十二年, 三月, 是月.

38 《高麗史》卷16, 世家, 仁宗, 十四年, 九月, 乙亥.

39 《晦庵集》卷88, 龍圖閣直學士吳公神道碑. 여기서 말하는 오공吳公이란 오불吳市을 가리킨다. 그리고 이 사료의 내용은 다음과 같다. "고려박주가 명주에 이르러, 스스로 말하기를 자기 나라에서 사절을 파견하여 축하하기를 원한다고 했다. 이에 황제는 조서를 내려 이를 허락하려고 했다. 그런데 공이 말하기를 '고려는 금나라 사람과 국경을 접해 있어 부림을 당하고 있기에, 까닭 없이 이런 일을 할 수 없으니, 어찌 우리의 틈을 엿보지 않는다고 하겠습니까?'라고 했다. 이에 조서를 내려 그만두게 했다." 여기서 주희는 '고려박주'가 왔다고 표현하고 있다.

40 소흥6년(1136) 고종은 번박강수蕃舶綱首 채경방蔡景芳에게 특별히 승신랑承信郎(종9품의 무계)의 벼슬을 내렸다. 이는 그가 많은 상품을 유치하여, 건염원년(1128)에서 소흥4년(1134)까지 98만 관가량의 순수입을 거두었기에, 복건의 시박 관청이 그에게 은혜를 내리도록 하자고 건의한 까닭이라 한다. 《宋會要輯稿》, 職官44-19, 市舶.

41 《高麗史》卷18, 世家, 毅宗, 十七年, 七月, 乙巳.

42 《高麗史》卷18, 世家, 毅宗, 十八年, 三月, 壬寅.

43 《宋史》卷33, 孝宗1, 隆興二年, 夏四月, 戊辰.

44 《蘇軾文集》卷30, 論高麗進奉狀.

3장 고려도강都綱을 이용한 해상무역

1 《高麗史》卷17, 世家, 毅宗1, 元年, 八月, 甲辰.

2 榎本涉, 《東アジア海域と日中交流--九~一四世紀》, 71쪽.

3 《參天台五臺山記》卷第八, 廿八日, 庚午. 伊井春樹, 《成尋の入宋と生涯》, 222쪽 참조.

4 《諸蕃志》卷下, 志物, 海南, 萬安軍.

5 《分門古今類事》卷4, 昭武販馬. 이 책의 8권에 〈용천몽기龍泉夢記〉라는 제목의 글이 있는데, 이는 저자의 부친인 송여장宋如璋이 북 송말 정화7년(1117)에 적었다고

한다. 이 사실을 토대로《사고전서四庫全書》의 해제解題에서는 이 책의 저자를 그의 아들이라고 적고 있다. 그러므로 이 책은 남송 초기에 편찬되었던 것으로 짐작할 수 있다. 한편《총서집성신편叢書集成新編》속에 들어가 있는《新編分門古今類事》에서는 '……계도대선주야季都大船主也'라고 하여, 대박주가 아니라 대선주로 기록하고 있다.

6《春渚紀聞》卷2, 雜記, 龍神需舍利經文.

7《宋會要輯稿》蕃夷7-46·47, 歷代朝貢.

8《高麗史》卷12, 世家, 睿宗, 三年, 十一月, 戊午.

9《高麗史》卷10, 世家, 宣宗, 十一年(獻宗卽位年), 六月, 戊子.

10《高麗史》卷39, 世家, 恭愍王2, 七年, 七月, 壬戌.

11 斯波義信,《宋代商業史硏究》120~125쪽.

12 方齡貴,《通制條格校注》卷18, 關市, 雇船文約, 551쪽.

13 선화원년(1119)에 편찬된《평주가담萍洲可談》. 주욱은 그의 아버지 주복朱服의 견문을 토대로 이 책을 편찬했다고 하는데, 주복은 휘종 대에 남중국 시박 항구인 광주에서 관직을 역임하기도 했던 인물이다.《宋史》卷347, 列傳106, 朱服.

14《萍洲可談》卷2.

15《諸蕃志》卷上, 志國, 大食國.

16《諸蕃志》卷上, 志國, 三佛齊.

17《嶺外代答》卷2, 外國門上, 故臨國.

18 楊武泉,《嶺外代答校注》, 91쪽. 蘇繼廎,《島夷誌略校釋》, 敍論, 7쪽.

19《嶺外代答》卷3, 外國門下, 航海外夷.

20 桑原騭藏,《中國阿剌伯海上交通史》, 62쪽.

21《續資治通鑑長編》卷289, 元豊元年, 五月, 甲申.

22《蘇軾文集》卷35, 奏議, 論高麗買書利害箚子三首.

23《宋史》卷31, 本紀31, 高宗八, 紹興二十九年, 二月, 己丑.

24 田汝康,〈十七世紀至十九世紀中葉中國帆船在東南亞洲航運和商業上的地位〉.

25《高麗史》卷7, 世家, 文宗, 九年, 九月, 辛未.

26 이 역시 다음의 책을 참조하여 날짜를 바꾸었다. 董作賓 著, 陳垣 增補,《二十史朔閏表》.

27《高麗史》卷18, 世家, 毅宗, 十八年, 三月, 壬寅.

28《宋會要輯稿》, 蕃夷7-49, 歷代朝貢.

29 《高麗史》卷16, 世家, 仁宗, 九年, 夏四月, 己丑.

30 崔永好, 〈고려시대 송나라와의 해양교류—송나라 출신 전문인력의 입국과 활동을 중심으로〉.

31 《高麗史》卷17, 世家, 毅宗1, 二年, 十月, 丁卯.

32 《鷄肋集》卷62, 朝散郎充集賢殿修撰提擧西京嵩山崇福宮杜公行狀. 이는 북송 중기 두순杜純이라는 사람이 천주 사법삼군司法參軍의 관직에 있을 때의 사정이다. 원문은 "舶商歲再至, 一舶連二十舶, 異貨禁物如山"이라 되어 있다.

33 蘇繼廎, 《島夷誌略校釋》, 敍論, 3쪽.

34 《高麗史》卷129, 列傳42, 崔忠獻, 附 怡傳.《高麗史節要》卷16, 高宗3, 十八年, 八月. 원문은 "我國聞, 汝國求水牛角造弓, 勅禁買賣, 是以不得買來,"이라 되어 있다.

35 《蘇軾文集》卷35, 奏議, 論高麗買書利害箚子三首.

36 大庭康時, 〈博多の都市空間と中國人居住區〉, 深澤克己 編, シリーズ港町の世界史 2, 《港町のトポグラフイ》.

37 伊原弘, 〈宋代の道路と建設寄進額〉, 《日本歷史》626. 伊原弘, 〈宋代社會と錢--庶民の資産力をめぐって〉.

38 森克己, 《日宋貿易の研究》, 246~249쪽. 254쪽.

39 佐伯弘次, 〈大陸貿易と外國人の居留〉. よみがえる中世(1), 川添昭二 編, 《東アジアの國際都市 博多》, 110쪽.

40 森克己, 《日宋貿易の研究》.

41 包恢, 《敝帚稿略》卷1, 禁銅錢申省狀(廣東運使). 그리고 《宋史》卷421, 列傳180, 包恢에 따르면 廣東轉運判官으로 임명되었다고 하며, 《廣東通志》卷26, 職官志, 轉運副使, 包恢에서는, "淳祐十一年任"이라 기록되어 있다. 따라서 이 내용은 1251년 무렵에 적었던 것을 알 수 있다.

42 《高麗史》卷25, 世家, 元宗, 四年, 六月.

43 《高麗史》卷25, 世家, 元宗, 四年, 七月, 乙巳.

44 《弘治溫州府志》卷17, 蕃航, 元. 원문에서도 "詞稱有本國客商五百餘人"이라 하여 분명히 객상이 타고 있다고 기록하고 있다.

45 《至正四明續志》卷5, 市舶物貨, 細色.

46 《高麗史》卷35, 世家, 忠肅王2, 十一年, 七月, 癸丑.

47 《寶慶四明志》卷6, 敍賦下, 市舶.

48 《密齋筆記》卷4. 원문은 "予董四明舶務, 見高麗國賜都綱張迪等批人參二斤"이라 되

어 있다. 그리고 이 책은 서문에 따르면 순우원년(1241)에 자신이 63세가 되어 이
책을 썼다고 한다.

제3부 고려의 무역품과 은 무역

1장 고려와 남중국 사이의 무역품

1 재닛 아부-루고드, 《유럽패권 이전—13세기 세계체제》. 이 책에서는 이 세 영역을
   세 가지 '순회로'로 구분하고 있다. 282쪽 도판 10 참조.
2 이 시대 일본과 중국 사이의 금은 무역에 대해서는 加藤繁, 《唐宋時代に於ける金
   銀の硏究》, 第八章, 唐宋時代に於ける金銀の産出及び輸入出 참조. 송대 중국의 은
   무역에 대해서는 彭信威, 《中國貨幣史》, 참조.
3 楊博文, 《諸蕃志校釋》에 의함.
4 《諸蕃志》卷上, 志國, 眞臘國.
5 徐曉望 主編, 《福建通史》第三卷, 宋元, 343쪽.
6 夏鼐, 《眞臘風土記校注》에 의함.
7 비기篦箕는 대나무로 촘촘히 만든 빗으로, 여성들이 긴 머리를 단장할 때 쓰는 것이
   라 한다. 《眞臘風土記校注》, 150~151쪽.
8 《眞臘風土記》, 二十一, 欲得唐貨.
9 《眞臘風土記校注》, 149~150쪽.
10 이들 각종 상품의 성격에 대해서는 楊博文, 《諸蕃志校釋》 참조.
11 《諸蕃志》卷下, 志物, 麝香木.
12 《諸蕃志》卷下, 志物, 麝香木.
13 《諸蕃志校釋》, 44쪽.
14 《諸蕃志校釋》, 45쪽.
15 《諸蕃志校釋》, 47~48쪽.
16 《宋會要輯稿》, 刑法2-141, 嘉定十年三月一日臣僚言.
17 《通制條格》卷18, 關市, 下番.
18 마크 엘빈은 북송대 복건福建에서 여지荔枝를 재배하여 외국에 수출하고 있었다는
   점을 들어, 중국의 농촌경제가 해외무역을 목적으로 한 생산과 연결되어 있었다고

고려상인과
동아시아 무역사

한다. 마크 엘빈, 《中國歷史의 發展形態》, 175쪽.

19 蘇繼頃, 《島夷誌略校釋》에 의함.

20 《島夷誌略校釋》, 롱아서각은 181~182쪽 각주 1. 조왜는 159쪽 및 161쪽 각주 1 참조.

21 《島夷誌略校釋》, 86~90쪽.

22 《萍洲可談》 卷2.

23 《游宦紀聞》 卷6.

24 《曾鞏集》 卷35, 明州擬辭高麗送遺狀.

25 송 조정은 희령8년(1075) 자연재해를 입은 지역의 쌀값을 1두斗에 80문을 넘지 않
도록 명령하고 있다. 《續資治通鑑長編》 卷267, 熙寧八年, 八月, 丙申條, 만약 이 가
격을 그대로 적용한다면, 300관은 쌀 375석에 해당하는 상당히 큰 액수이다.

26 森克己, 《日宋貿易の研究》, 313~321쪽. 金渭顯 《高麗時代 對外關係史 研究》, 제2
부 제3장 〈宋代의 外來文物—女眞·高麗 文物을 중심으로〉. 한국해양재단 편, 《한국
해양사》 Ⅲ, 고려시대, 제3장 〈동아시아 해상교역과 문물교류〉. 그 밖에도 이에 대
해서는 수많은 연구가 있다.

27 《寶慶四明志》 卷6, 敍賦下, 市舶.

28 池田溫, 〈前近代東亞における紙の國際流通〉.

29 桑原騭藏, 《中國阿剌伯海上交通史》, 248쪽.

30 김영제, 〈宋代의 市舶稅—市舶稅의 徵收와 關聯하여〉.

31 《寶慶四明志》 卷6, 敍賦下.

32 《寶慶四明志》 卷6, 敍賦下, 市舶, 麤色, 紬.

33 장남원, 《고려중기 청자 연구》, 62쪽.

34 《學林玉露》 卷2, 丙編, 無官御史.

35 《高麗圖經》 卷23, 土産에 따르면, "고려의 나전 솜씨는 세밀하여 귀하다고 할 만하
다"고 적고 있다. 이런 점들을 감안하면 고려시대에는 나전 고급품도 생산되고 있
었던 것을 엿볼 수 있다.

36 《遼史》 卷14, 本紀第14, 聖宗5, 二十六年, 五月, 丙寅.

37 《密齋筆記》 卷4.

38 《寶慶四明志》 卷6, 敍賦下, 市舶.

39 재닛 아부-루고드, 《유럽패권 이전—13세기 세계체제》, 301쪽,

40 재닛 아부-루고드, 《유럽패권 이전—13세기 세계체제》, 194쪽.

41 《諸蕃志》 卷上, 志國, 倭國. "삼목杉木과 나목羅木을 많이 생산하는데, 길이가 14~15

장(약 43~46미터/송나라 척도)이며, 지름은 4척(1.22미터) 가량이다. 토인土人들이 잘라
서 목판으로 만들어, 큰 배로 운반하여 우리의 천주에 와서 무역을 한다"고 기록되
어 있다. 또《寶慶四明志》卷6, 敍賦下, 市舶, 日本을 보면, 당시 일본상인은 경원항에
소나무 판재松板, 삼나무 판재杉板, 나목 판재羅板과 같은 목재도 수출하고 있었다.

42 《諸蕃志》卷下, 志物, 乳香.

43 여기에 나타나는 대식의 마라발, 시갈, 노발은 오늘날 아라비아반도 동남부 하드라
마우트Hadramawt(예멘 동부) 해안에 있던 나라라고 한다. 楊博文,《諸蕃志校釋》, 164쪽.

44 《宋會要輯稿》, 職官44-24, 市舶司.

45 《五代會要》卷30, 高麗. 후주後周 현덕顯德5년(958) 7월에 세종世宗은 화폐 제조를 위
해 한언경韓彦卿과 김언영金彦英을 고려에 파견하여 비단 수천 필을 가지고 가서 구
리 5만 근을 구매해 오도록 했다. 이를 오늘날의 무게로 환산한다면, 송나라 시대의
1근의 무게인 596g으로 잡는다면, 5만 근은 29,800kg, 약 30톤에 해당한다. 이 30톤
이라는 구리의 양이 어느 정도인가 하면, 목포 신안 침선에 실려 있던 28톤의 동전
의 무게와 비교할 수 있다. 그런데 당시 후주는 고려로부터 단 한차례 교역에서 30
톤의 구리를 수입해 갔다.

46 《寶慶四明志》卷6, 市舶.

47 《宋會要輯稿》, 食貨40-17, 市糴糧草.

48 정광 譯註·解題, 原本《老乞大》, 解題, 제4장 원과 고려의 통상, 457쪽.

49 原本《老乞大》, 98, 賣毛施布, 385~386쪽.

50 原本《老乞大》, 10, 綾絹錦子價錢, 58~60쪽.

51 前田直典,《元朝史の研究》, 5쪽.

52 《明會典》卷136, 計贓時估, 明令. 한편 이 사료는 彭信威,《中國貨幣史》, 614~616쪽
의 각주 22에서도 洪武元年令으로 상세히 소개되어 있다.

53 《弇山堂別集》卷6, 親王功賞之厚, 卷67.

54 《欽定續文獻通考》卷247, 四裔考, 西域, 吐魯番.

55 彭信威,《中國貨幣史》, 421쪽.

56 김상기는 고려의 은병은 은의 경화로서 그 사용은 중국이나 금나라에 앞섰다고 해
석하고 있다. 金庠基, 新編《高麗時代史》, 150~151쪽.

57 《開慶四明續志》卷8, 收養麗人.

58 금조 말기 화북에서는 동전의 절대적 결핍과 교초인 지폐 가치의 폭락으로 인해
은이 광범위하게 사용되고 있었다고 한다. 安部健夫,《元代史の研究》, 3. 元時代の

包銀制の考究, 二, 元初華北での通貨狀態.

59 田炳武, 〈高麗時代 銀流通과 銀所〉.

60 《蘇軾文集》卷31, 奏議, 乞禁商旅過外國狀.

61 加藤繁, 《唐宋時代に於ける金銀の研究》, 第七章, 唐宋時代に於ける金銀の價格 참
조. 彭信威, 《中國貨幣史》, 510쪽.

62 彭信威, 《中國貨幣史》, 508쪽.

63 彭信威, 《中國貨幣史》, 512~513쪽.

64 《蘇軾文集》卷31, 奏議, 乞禁商旅過外國狀.

65 加藤繁, 《唐宋時代に於ける金銀の研究》, 561~564쪽.

66 카토 시게시에 따르면 점성이나 교지에서도 금은이 산출되고 있었다고 하고, 이
'외화번선'은 남방제국의 상박이며, 금은 가격의 변동, 일반 물가의 변동에 따라 남
방제국의 금은이 가끔씩 중국에 유입되기도 했으나, 송에서 수출되는 경우가 더 많
았을 것으로 해석하고 있다. 加藤繁, 《唐宋時代に於ける金銀の研究》, 552~553쪽.

67 카토 시게시의 계산에 따르면, 당시 일본이 남송대 경원항에 수출한 금의 총량은 많
을 때는 3천 량, 선원들이 개인적으로 가져간 사금까지 계산에 넣으면 총 4~5천 량(1
량=4천 관)에 달했다고 한다. 加藤繁, 《唐宋時代に於ける金銀の研究》, 558~559쪽.

68 (法) 費琅 編, 耿昇 穆根來 譯, 《阿拉伯波斯突厥人東方文獻輯注》, 383~384쪽.

69 《元史》卷15, 本紀15, 世祖12, 至元二十六年, 四月, 癸酉.

70 상아는 대식의 것이 색깔도 희며 크기도 커서 가장 좋고, 진랍이나 점성의 것은 색
깔이 붉고 크기도 작아 아래 등급이라고 한다. 《諸蕃志》卷下, 志物, 象牙.

71 《諸蕃志》卷下, 志物, 鸚鵡.

72 침향의 경우 진랍의 것이 가장 좋으며, 점성은 그다음, 삼불제나 사파의 경우는 가
장 아래라고 한다. 《諸蕃志》卷下, 志物, 沉香.

73 《萍洲可談》卷2.

74 《老學菴筆記》卷1.

75 《東京夢華錄》卷2, 宣德樓前省府宮宇, 東角樓街巷.

76 《獨醒雜志》卷5.

77 《高麗圖經》卷20, 婦人, 貴婦.

78 《高麗圖經》卷23, 風俗2, 土産.

79 《高麗圖經》卷32, 器皿, 茶俎.

80 《高麗圖經》卷6, 長慶殿.

81 《高麗史》卷85, 禁令, 仁宗九年 五月.

82 《高麗史》卷85, 禁令, 毅宗二十二年 三月.

83 《諸蕃志》卷上, 志國, 新羅國.

84 楊博文, 《諸蕃志校釋》, 59쪽, 각주 12 참조.

85 徐曉望 主編, 《福建通史》, 宋元, 378쪽.

86 《荔枝譜》第3.

87 原本《老乞大》, 103, 104, 買零碎行貨, 405~413쪽.

88 原本《老乞大》, 102 買廻貨, 402쪽.

89 2016년 국립중앙박물관 특별전, '신안 해저선에서 찾아낸 것들', 발굴 40주년 기념 신안 특별전 참관에 따름.

2장 원조 중국의 은銀 무역과 고려은의 유출

1 愛宕松男, 《元朝史》, 第一部 元朝の中國統治, 三, 元の中國支配と漢民族社會, 159쪽.

2 R. Blake, *The Circulation of Silver in the Moslem East down to the Mongol Epoch*, 彭信威, 《中國貨幣史》, 706쪽. 그리고 John Masson Smith, Jr, *The Silver Currency of Mongol Iran*.

3 Li Kangying, 'A study on the Song, Yuan and Ming monetary policies within the context of worldwide hard currency flows during the 11th~16th centuries and their impact on Ming institutions'.

4 《諸蕃志校釋》, 45쪽.

5 《諸蕃志校釋》, 46쪽.

6 《諸蕃志校釋》, 36쪽.

7 고명수, 〈쿠빌라이 정부의 오르톡 정책과 해상무역의 발전〉.

8 陳高華·吳泰, 《宋元時期的海外貿易》, 176~177쪽.

9 《元史》卷94, 志43, 食貨2, 市舶, "至元二十年, 十月.

10 《元史》卷14, 世祖, 至元二十三年, 正月.

11 明, 王圻, 《續文獻通考》(明 萬曆14년 刊本) 卷31, 市舶互市.

12 方齡貴, 《通制條格校注》卷18, 關市, 市舶, 533쪽.

13 《元史》卷28, 英宗, 至治二年, 三月, 乙酉.

14 夏鼐, 《眞臘風土記校注》, 2쪽.

[15] 《眞臘風土記》, 二十一, 欲得唐貨.

[16] 이하 모두 蘇繼廎, 《島夷誌略校釋》에 의함.

[17] 재닛 아부-루고드, 《유럽패권 이전—13세기 세계체제》, 331~332쪽.

[18] 《島夷誌略校釋》, 149쪽.

[19] 《島夷誌略校釋》, 153쪽.

[20] 《島夷誌略校釋》, 270쪽.

[21] 彭信威, 《中國貨幣史》, 555쪽.

[22] 愛宕松男, 《元朝史》, 第一部, 元朝の中國統治, 二, 元朝の對漢人政策, 93쪽.

[23] 彭信威, 《中國貨幣史》, 570쪽, 612쪽. 前田直典, 《元朝史の研究》, 本編, 四, 元朝時代
に於ける紙幣價値の變動, 一, 金銀價格の變動, 118쪽.

[24] 《明會典》卷136, 計贓時估, 明令.

[25] 彭信威, 《中國貨幣史》, 570쪽.

[26] 彭信威, 《中國貨幣史》, 706쪽.

[27] 예를 들면 중국연구자의 경우, 명대 초기 ① 상품경제 수준의 저하(거의 자연경제 수
준이었고, 그에 따라 무역에 대한 욕구가 없었음), ② 해상 불안(장사성張士誠과 방국진方國
珍 잔여 세력이나, 왜구의 활동), ③ 사상 문화상의 영향(주원장의 억상주의적 태도 및 주변
국의 조공에 관심), ④ 재정상의 원인(송대에 비해 군사비나 관봉의 지출이 적었으므로 시
박사 수입이 필요치 않았음) 등으로 설명하기도 한다. 晁中辰, 《明代海禁與海外貿易》,
32~39쪽.

[28] 《明實錄》, 太祖, 洪武二十三年, 十月, 乙酉.

[29] 《至正四明續志》卷5, 市舶物貨.

[30] 《高麗史》卷30, 世家30, 忠烈王3, 十五年, 二月, 壬戌. 그리고 같은 해 7월, 임오壬午
에는 아로혼阿魯渾과 이성李成을 보내 은을 채굴했다는 기록도 있다.

[31] 《高麗史》卷28, 世家28, 忠烈王1, 二年, 三月, 甲戌.

[32] 《高麗史》卷29, 忠烈王2, 十年, 四月, 庚寅.

[33] 《高麗史》卷30, 忠烈王3, 十七年, 十二月, 癸巳.

[34] 原本《老乞大》, 267~271쪽.

[35] 《高麗史》卷30, 世家30, 忠烈王3, 十二年, 四月, 甲辰.

[36] 森安孝夫, 《〈シルクロード〉のウイグル商人—ソグド商人とオルトク商人のあいだ》.

[37] 《高麗史》卷36, 忠惠王, 史官의 論贊.

[38] 《高麗史》卷36, 忠惠王, 後四年, 九月, 丙戌.

39 《高麗史》卷89, 列傳2, 后妃2, 齊國大長公主.

40 《高麗史》卷36, 忠惠王1, 後三年, 三月, 丙申.

41 《高麗史》卷135, 列傳48, 辛禑3, 十年, 十月, 癸酉.

42 《高麗史》卷46, 恭讓王2, 三年, 五月, 己酉.

43 《高麗史》卷79, 志第33, 食貨, 貨幣. 忠惠王, 元年, 四月.

44 《高麗史》卷79, 志第33, 食貨, 貨幣. 恭愍王, 五年, 九月, 諫官의 말.

45 《高麗史》卷79, 志第33, 食貨, 貨幣.

46 前田直典, 《元朝史の研究》, 109쪽. 方齡貴, 《通制條格校注》卷27, 雜令, 金銀, 644쪽.
이때 상인들이 그것을 사서 해외에 가서 팔면 처벌한다고 규정하고 있다.

47 《高麗史》卷79, 志第33, 食貨, 貨幣. 恭愍王, 五年, 九月, 諫官의 말.

48 《元史》卷93, 食貨1, 鈔法.

49 前田直典, 《元朝史の研究》, 本編, 四, 元朝時代に於ける紙幣價値の變動, 一, 金銀價
格の變動, 111쪽 참조.

50 《高麗史》卷79, 食貨2, 貨幣. 恭讓王, 三年, 七月, 都評議使司奏.

51 《高麗史》卷79, 志33, 食貨2, 貨幣. 恭愍王, 五年, 九月, 諫官의 말.

52 《高麗史》卷79, 食貨2, 貨幣.

53 《高麗史》卷79, 食貨2, 貨幣.

54 《高麗史》卷134, 列傳47, 辛禑2, 五年, 三月,

55 《高麗史》卷134, 列傳47, 辛禑2, 五年, 十月, 戊辰.《高麗史》卷135, 列傳48, 辛禑3,
九年, 八月, 癸未.

56 柳承宙, 《朝鮮時代 鑛業史研究》, 78~79쪽.

57 柳承宙, 《朝鮮時代 鑛業史研究》, 93~95쪽.

58 柳承宙, 《朝鮮時代 鑛業史研究》, 130~139쪽.

59 《高麗史》卷85, 刑法2, 禁令.

60 《高麗史》卷46, 世家, 恭讓王2, 三年, 五月, 戊戌.

61 《高麗史》卷85, 刑法2, 禁令, "신우원년 2월에 교지를 내리기를, 사람들이 검소함을
알지 못하고 사치를 일삼아 재물을 낭비하니, 이제부터 소주, 비단, 금옥으로 만든
그릇 등을 일체 금지하고, 혼인을 하는 집이라 할지라도 단지 명주나 모시 등을 사
용해, 검소하고 절약하는 데에 힘쓰도록 하라."

62 국사편찬위원회, 《태종실록》30권, 태종 15년(1415), 12월 10일 계유.

63 국사편찬위원회, 《세종실록》19권, 세종 5년(1423), 1월 9일 신묘.

64 川勝平太·濱下武志 編,《海と資本主義》, 第五章, 角山榮, 十五·十六世紀アジア海域の經濟發展と日本 참조.

65 東野治之,《貨幣の日本史》, 138~139쪽.

66 田代和生,〈十七·十八世紀東アジア域內交易における日本銀〉, 濱下武志·川勝平太 編,《アジア交易圈と日本工業化 1500~1900》. 여기서는 양질의 비단을 얻기까지 상당한 기간이 소요되었으며, 그 사이에 조선으로부터 중국의 비단실을 수입하기도 했다고 언급하고 있다.

67 김종원,《근세 동아시아관계사 연구─朝淸交涉과 東亞三國交易을 중심으로》, 221쪽.

68 加藤繁,〈宋代の商慣習「賒」に就いて〉.

69 梅原郁,〈日本と中國の出土錢─北宋錢を中心として〉.

참고논문

1 출처: 김영제,〈高麗使節에 대한 北宋政府의 禮遇─神宗代 高麗使節의 使行旅程과 關聯하여〉,《중국사연구》84, 2013.

2 金渭顯,《高麗時代 對外關係史 硏究》, 306쪽.

3 楊渭生,《宋麗關係史研究》, 150쪽.

4 李錫炫,〈北宋代 使行 旅程 行路考─宋 入境以後를 中心으로〉.

5 《續資治通鑑長編》卷452, 元祐五年, 十二月, 乙未, 劉摯敘高麗國本末云.

6 《蘇軾文集》卷30, 奏議, 論高麗進奉狀.

7 《曾鞏集》卷35, 明州擬辭高麗送遺狀. "……五歲三至".

8 《宋史》卷487, 列傳246, 外國3, 高麗.

9 《宋史》卷487, 列傳246, 外國3, 高麗.

10 《宋史》卷487, 列傳246, 外國3, 高麗, "政和中, 升其使爲國信, 禮在西夏上".

11 《續資治通鑑長編》卷452, 元祐五年, 十二月, 乙未.

12 金榮齊,〈宋代 兩稅의 運送─東南 上供米의 運送과 運送費를 中心으로〉.

13 《參天台五臺山記》卷4, 十月, 十一日의 條.

14 《續資治通鑑長編》卷288, 元豊元年, 三月, 乙亥.

15 聶崇岐,〈宋遼交聘考〉.

16 《遼史》卷88, 列傳16, 耶律合里只, "重熙中,…… 充宋國生辰使, 館于白溝驛, 宋燕

勞, 優者嘲蕭惠河西之敗,……" 여기서 말하는 우자優者는 우인優人으로 연예인을
뜻한다.

17 《吳郡圖經續記》卷上, 州宅下.

18 《高麗圖經》卷34, 招寶山, "三月十四日丁卯,…… 是日解舟出汴, 夏五月三日乙卯,
舟次四明".

19 金榮濟, 〈宋代 兩稅의 運送─東南 上供米의 運送과 運送費를 中心으로〉.

20 《高麗史》卷11, 世家, 肅宗三年, 七月, 己未. 肅宗四年, 六月, 癸未.

21 《高麗史》卷14, 世家, 睿宗十一年, 七月, 己酉. 睿宗十二年, 五月, 丁巳.

22 《續資治通鑑長編》卷298, 元豊二年, 五月, 辛卯.

23 朴現圭, 〈蘇州 소재 高麗亭館 고찰〉.

24 《宋會要輯稿》, 蕃夷7-20, 歷代朝貢.

25 《續資治通鑑長編》卷83, 大中祥符七年, 十二月, 丁卯.

26 《續資治通鑑長編》卷97, 天禧五年, 九月, 甲午.

27 《宋史》卷487, 列傳246, 外國3, 高麗.

28 《宋史》卷487, 列傳246, 外國3, 高麗.

29 《續資治通鑑長編》卷302, 元豊三年, 正月, 己丑.

30 《續資治通鑑長編》卷321, 元豊四年, 十二月, 己巳.

31 《蘇軾文集》卷31, 奏議, 乞禁商旅過外國狀.

32 《靖康要錄》卷9, 靖康元年, 十一月 五日의 條.

33 丸龜金作, 〈高麗と宋との通交問題(一)〉. 이를 토대로 *은 필자가 추가로 확인한
것이다.

34 全海宗, 〈清代 韓中朝貢關係考〉.

35 《圖畫見聞誌》卷6, 高麗國.

36 《宋史》卷487, 列傳246, 外國3, 高麗.

37 《宋會要輯稿》, 方域10-15.

38 《玉海》卷172, 祥符都亭西驛.

39 《宋會要輯稿》, 職官25-11, 同文館.

40 《宋史》卷487, 列傳246, 外國3, 高麗.

41 《河南通志》卷51, 古蹟上, 開封府.

42 《東京夢華錄》卷6, 元旦朝會.

43 《欒城集》《四部叢刊》卷45, 乞裁損待高麗事件箚子.

44 《欒城集》卷45, 乞裁損待高麗事件箚子.

45 《續資治通鑑長編》卷449, 元祐五年, 冬十月, 癸丑.

46 《宋會要輯稿》, 蕃夷7-42, 歷代朝貢, 元符元年, 六月, 二十七日, "詔高麗朝貢並依元豊條例施行".

47 《蘇軾文集》卷35, 論高麗買書利害箚子三首.

48 《續資治通鑑長編》卷262, 熙寧八年, 夏四月, 丙寅, "古事使者留京不過十日."

49 《續資治通鑑長編》卷401, 元祐二年, 五月, 己卯.

50 《宋會要輯稿》蕃夷7-36, 歷代朝貢, 元豊三年, 正月, 十七日詔.

51 池田溫,〈麗宋通交の一面--進奉·下賜品をめぐって〉.

52 《蘇軾文集》卷35, 論高麗買書利害箚子三首.

53 聶崇岐,〈宋遼交聘考〉.

54 《蘇軾文集》卷31, 乞禁商旅過外國狀.

55 《寶慶四明志》卷1, 境土, "至行在所四百七十六里".

56 金榮濟,〈宋代 兩稅의 運送─東南 上供米의 運送과 運送費를 中心으로〉.

57 彭信威,《中國貨幣史》, 458쪽.

58 당시 비단 가격은 안정되어 있었다고 한다. 彭信威,《中國貨幣史》, 458쪽.

59 《欒城集》卷45, 乞裁損待高麗事件箚子, "희령연간에 (신종황제가) 나증羅拯으로 하여금 해상을 모집하여 (고려에게) 입공하도록 유인했는데, 그 목적은 멀리 있는 오랑캐를 초대함으로써 태평을 가장하고 동시에 거란을 양쪽에서 붙잡아 군사원조를 얻기 위함일 뿐이었다熙寧中, 羅拯始募海商, 誘令朝覲, 其意欲以招致遠夷爲太平粉飾, 及掎角契丹用兵援助而已".

60 《宋史》卷487, 列傳246, 外國3, 高麗, "(契丹)常云, 高麗乃我奴耳, 南朝何以厚待之".

61 《宋史》卷487, 列傳246, 外國3, 高麗, "聞我使至, 必假他事來覘".

62 고려가 거란에 파견한 사행의 횟수는 총 142회, 거란이 고려에 파견한 사행의 횟수는 180회였고, 후기에 와서 그 왕래가 증가하였으며 명목이 없는 사행이 빈번하였다고 한다. 金渭顯,《高麗時代 對外關係史 研究》, 47쪽.

63 《遼史》卷36, 兵衛志下, 邊境戍兵.

64 《曾鞏集》卷35, 明州擬辭高麗送遺狀, "竊以高麗於蠻夷中爲通於文學, 頗有知識, 可以德懷, 難以力服也".

65 晁中辰,《明代海禁與海外貿易》, 51쪽, 65쪽.

66 全海宗,〈清代 韓中朝貢關係考〉.

67 晁中辰,《明代海禁與海外貿易》, 54쪽.

68 國史編纂委員會,《中國正史朝鮮傳》, 譯註 四, 淸史稿, 朝鮮列傳.

고려상인과
동아시아 무역사

참고문헌

1. 기본사료

《高麗史》

《高麗史節要》

《參天台五臺山記》

《新唐書》

《冊府元龜》

《舊五代史》

《十國春秋》

《宋史》

《遼史》

《金史》

《元史》

《明實錄》

《宋會要輯稿》

《續資治通鑑長編》

《建炎以來繫年要錄》

《慶元條法事類》

《文獻通考》

《續文獻通考》

《高麗圖經》

《蘇軾文集》

《宋元地方志叢書》

《天一閣藏明代方志選刊》正編, 續編

《叢書集成新編》

《四庫全書》

《四部叢刊》

《國譯大覺國師文集》, 國譯叢書 89-1, 한국정신문화연구원, 1989.

2. 한글 문헌

강길중, 〈宋代 關稅의 徵收體系와 그 財政的 比重〉,《歷史文化研究》22, 2005.

고명수, 〈쿠빌라이 정부의 오르톡 정책과 해상무역의 발전〉,《몽골학》제34호, 2013.

김상기, 〈麗宋貿易小考〉《震檀學報》7, 1964.

―――,《東方史論叢》, 서울대학교 출판부, 1974년 초판, 1984년 개정판.

―――, 新編《高麗時代史》, 서울대학교 출판부, 1985.

김영제, 〈宋代 兩稅의 運送―東南 上供米의 運送과 運送費를 中心으로〉,《東洋史學研究》101, 2007.

―――, 〈高麗使節에 대한 北宋政府의 禮遇―神宗代 高麗使節의 使行旅程과 關聯하여〉,《中國史研究》84, 2013.

―――, 〈宋代의 市舶税―市舶税의 徵收와 關聯하여〉,《歷史文化研究》56, 2015.

김위현,《遼金史研究》, 裕豊出版社, 1985.

―――,《高麗時代對外關係史研究》, 景仁文化社, 2004.

김재근,《韓國船舶史研究》, 서울대학교 출판부, 1984.

―――,《續韓國船舶史研究》, 서울대학교 출판부, 1994.

김종원,《근세 동아시아관계사 연구―朝清交涉과 東亞三國交易을 중심으로》, 혜안, 1999.

김철웅, 〈高麗와 宋의 海上交易路와 交易港〉,《中國史研究》28, 2004.

김택민, 〈在唐新羅人의 公驗(過所)〉,《대외문물교류연구》, 재단법인 해상왕장보고기념사업회, 2002.

김호동, 〈最近 30年年(1986~2017) 몽골帝國史 研究: 省察과 提言〉,《중앙아시아연구》

22권 2호 2017년.

류승주,《朝鮮時代 鑛業史硏究》, 고려대학교 출판부, 1994. 2판.

마크 엘빈, 이춘식·김정희·임중혁 공역,《中國歷史의 發展形態》, 신서원, 1989.

박옥걸,《高麗時代의 歸化人 硏究》, 國學資料院, 1996.

───, 〈高麗來航 宋商人과 麗·宋의 貿易政策〉,《대동문화연구》 32, 1997.

박현규, 〈蘇州 소재 高麗亭館 고찰〉,《중국사연구》 80, 2012.

배종열, 〈무신집권기 고려─송 조공무역 쇠퇴와 민간무역의 확대〉, 연세대학교 사학
과 석사학위논문, 2017년 7월.

서병국, 〈高麗·宋·遼의 三角貿易攷〉,《白山學報》 15, 1973.

연세대학교 국학연구원,《增補 高麗史索引》 人名·地名編, 신서원, 1996.

이강한,《고려와 원 제국의 교역의 역사》, 창비, 2013.

이근명 외 엮음,《송원시대 고려사 사료》, 신서원, 2010.

이기동, 〈羅末麗初 南中國 여러나라와의 交涉〉,《歷史學報》 155, 歷史學會, 1997.

이석현, 〈北宋代 使行 旅程 行路考─宋 入境以後를 中心으로〉,《東洋史學硏究》 114,
2011.

이진한,《高麗時代 宋商往來 硏究》, 景仁文化社, 2011.

───,《고려시대 무역과 바다》, 경인문화사, 2014.

신채식,《宋代對外關係史硏究》, 신채식 저작집Ⅲ, 한국학술정보(주), 2008.

장남원,《고려중기 청자 연구》, 혜안, 2006.

재닛 아부-루고드, 박흥식, 이은정 옮김,《유럽패권 이전─13세기 세계체제》, 까치,
2006.

정광 역주·해제, 原本《老乞大》, 김영사, 2004.

조동원 외 공역,《고려도경》, 황소자리, 2005.

조영록 외,《中國과 東아시아世界》, 국학자료원, 1997.

조영록 외,《中國의 江南社會와 韓中交涉》, 집문당, 1997.

조영록 편,《한중문화 교류와 남방해로》, 국학자료원, 1997.

전병무, 〈高麗時代 銀流通과 銀所〉,《韓國史硏究》 78, 1992.

전영섭, 〈10~13세기 동아시아 교역권의 성립과 海商활동─海港都市·國家의 拮抗關
係와 관련하여〉,《해양도시문화교섭학》 3, 2010.

전해종, 〈淸代 韓中朝貢關係考〉,《東洋史學硏究》 1, 1966.

최병헌, 〈大覺國師 義天의 渡宋活動과 高麗·宋의 佛敎交流─晋水淨源·慧因寺와의

관계를 중심으로〉,《震檀學報》71, 1991.

최영호, 〈고려시대 송나라와의 해양교류―송나라 출신 전문인력의 입국과 활동을 중
　심으로〉,《역사와 경계》63, 2007.

한국해양재단 편,《한국해양사》III, 고려시대, 2013.

國史編纂委員會,《中國正史朝鮮傳》, 譯註 四, 清史稿, 1989.

3. 중문 문헌

姜吉仲,《高麗與宋金外交經貿關係史論》, 臺北, 文津出版社, 2004.

姜錫東,《宋代商人和商業資本》, 中華書局, 2002.

(法) 費琅 編, 耿昇 穆根來 譯,《阿拉伯波斯突厥人東方文獻輯注》(原著, Ferrand, Gabriel.
　Relations de voyages et texts géographiques arabes, persans et turks relatifs a l'extrême-orient du
　VIIIe au XVIIIe siècles. Paris: E. Leroux, 1913~1914. 2 Vols.), 上下册, 中華書局, 1989.

龔延明,《宋代官制辭典》, 中華書局, 1997.

關履權,《宋代廣州的海外貿易》, 廣東人民出版社, 1994.

金炳堇, 〈從沈船看中世期的中韓貿易交流--以新安船和泉州灣宋代海船的積載遺物爲
　中心〉,《登州港與中韓交流國際學術討論會論文集》, 山東大學出版社, 2005.

金渭顯,《高麗史中中韓關係史料彙編》, 上下, 臺北, 食貨出版社, 1983.

董作賓 著, 陳垣 增補,《二十史朔閏表》. 原著 1925, 臺北, 藝文印書館.

廖大珂,《福建海外交通史》, 福建人民出版社, 2002.

林正秋,《南宋都城臨安》, 西冷印社, 1986.

方齡貴,《通制條格校注》, 中華書局, 2001.

裴汝誠 許沛藻著,《續資治通鑑長編考略》, 中華書局, 1985.

山東省文物考古研究所, 烟台市博物館, 蓬萊市文物局 編,《蓬萊古船》, 文物出版社,
　2006.

桑原騭藏,《中國阿剌伯海上交通史》, 原著 1929年, 臺灣商務印書館, 1971.

徐曉望 主編,《福建通史》(全六册), 第三卷, 宋元, 福建人民出版社, 2006.

席龍飛,《中國造船史》, 湖北教育出版社, 2000.

石文濟, 〈宋代市舶司的設置〉,《宋史研究集》第5輯, 臺北, 中華叢書編審委員會印行,
　1970.

———, 〈宋代市舶司的職權〉, 《宋史研究集》第7輯, 臺北, 中華叢書編審委員會印行, 1974.

蘇繼頃, 《島夷誌略校釋》, 中華書局, 1981.

聶崇岐, 〈宋遼交聘考〉, 《宋史叢考》下, 中華書局, 1980.

辛元歐, 《上海沙船》, 上海書店出版社, 2004.

楊武泉, 《嶺外代答校注》, 中華書局, 1999.

楊博文, 《諸蕃志校釋》, 中華書局, 1996.

楊渭生, 《宋麗關係史研究》, 杭州大學出版社, 1997.

王德毅, 〈南宋孝宗及其時代〉, 《宋史研究集》第10輯, 臺北, 中華叢書編審委員會印行, 1978.

李幹, 《元代社會經濟史論》, 湖北人民出版社, 1985.

李金明, 《明代海外貿易史》, 中國社會科學出版社, 1990.

李東華, 《泉州與我國中古的海上交通》, 臺灣 學生書局, 1986.

李玉昆, 《泉州海外交通史略》, 廈門大學出版社, 1995.

李之亮, 《宋兩浙路郡守年表》, 巴蜀書社, 2001.

李昌憲, 《宋代按撫使考》, 齊魯書社, 1997.

莊景輝, 《海外交通史迹研究》, 廈門大學出版社, 1996.

田汝康, 《中國帆船貿易和對外關係史論集》, 浙江人民出版社, 1987.

全漢昇, 〈宋代廣州的國內外貿易〉, 原著 1938年, 《中國經濟史研究》, 中冊, 新亞研究所 出版, 1976.

晁中辰, 《明代海禁與海外貿易》, 人民出版社, 2005.

陳高華·吳泰, 《宋元時期的海外貿易》, 天津人民出版社, 1981.

陳垣, 《史諱舉例》, 臺北, 文史哲出版社, 1987.

彭信威, 《中國貨幣史》, 上海人民出版社, 1958.

夏鼐, 《眞臘風土記校注》, 中華書局, 1981.

何忠禮·徐吉軍 著, 《南宋史稿》, 杭州大學出版社, 1999.

黃純艷, 《宋代海外貿易》, 社會科學文獻出版社, 2003.

4. 일문 문헌

加藤繁,〈宋代の商慣習「賒」に就いて〉,《支那經濟史考證》, 下卷, 東洋文庫, 1953.

加藤繁,《唐宋時代に於ける金銀の研究》, 東洋文庫, 1965.

近藤一成,〈文人官僚蘇軾の對高麗政策〉,《史滴》23, 早稻田大學史學會, 2001.

榎本渉,《東アジア海域と日中交流》, 吉川弘文館, 2007.

———,〈宋代市舶司貿易にたずさわる人々〉, 港町の世界史 3,《港町に生きる》, 靑木書店, 2006.

大庭康時,〈博多の都市空間と中國人居住區〉, 深澤克己 編, シリーズ港町の世界史2,《港町のトポグラフイ》, 靑木書店, 2006.

東野治之,《貨幣の日本史》, 朝日選書 574, 朝日新聞社, 1997.

藤田豊八 遺著, 池內宏 編,《東西交涉史の研究》南海篇, 岡書院, 1932.

梅原郁,〈唐宋時代の法典編纂〉,《中國近世の法制と社會》, 京都大學人文科學研究所, 1993

———,〈日本と中國の出土錢—北宋錢を中心として—〉,《東方學》118, 2009.

上田信, 中國の歷史,《海と帝國: 明淸時代》, 講談社, 2005.

斯波義信,《宋代商業史研究》, 風間書房, 1968.

———,〈華僑〉, シリーズ, 世界史への問い3,《移動と交流》, 岩波書店, 1990.

———,〈海洋アジア史における中國〉, 川勝平太·濱下武志 編,《海と資本主義》, 東洋經濟新報社, 2003.

森克己,《日宋貿易の研究》, 原著 1948년, 國書刊行會, 1975.

———,《續日宋貿易の研究》, 國書刊行會, 1975.

———,《續續日宋貿易の研究》, 國書刊行會, 1975.

森安孝夫,《《シルクロード》のウイグル商人—ソグド商人とオルトク商人のあいだ—〉, 岩波講座《世界歷史》11, 岩波書店, 1997.

小野正敏·五味文彦·萩原三雄 編,〈場·ひと·技術〉,《中世の對外交流》, 高志書院, 2006.

小川博 編,《中國人の南方見聞錄: 瀛涯勝覽》, 吉川弘文館, 1998.

安部健夫,《元代史の研究》創文社, 1972.

愛宕松男, 東洋史學論集, 第四卷,《元朝史》, 三一書房, 1988.

羽田正(編), 小島毅(監修),《海から見た歷史》, 東京大學出版會, 2013.

고려상인과
동아시아 무역사

原美和子,〈宋代海商の活動に關する一試論―日本・高麗および日本・遼(契丹)通交をめ
　　ぐって〉,《中世の對外交流》, 高志書院, 2006.

伊原弘,〈宋代の道路と建設寄進額〉,《日本歷史》626, 2000.

―――,〈宋代社會と錢――庶民の資産力をめぐって〉,《アジア遊學》18號, 2000.

伊井春樹,《成尋の入宋と生涯》, 吉川弘文館, 1996.

日野開三郎,〈北宋時代における銅鐵錢の需給について〉,《東洋史學論集》, 三一書房,
　　1983.

前田直典,《元朝史の研究》, 東京大學出版會, 1973.

田代和生,〈十七・十八世紀東アジア域內交易における日本銀〉, 濱下武志・川勝平太 編,
　　《アジア交易圈と日本工業化 1500~1900》, Libro, 1991.

足立喜六譯注, 鹽入良道補注, 園仁,《入唐求法巡禮行記》, 東洋文庫, 1970.

佐伯弘次,〈大陸貿易と外國人の居留〉, よみがえる中世(1), 川添昭二 編,《東アジアの
　　國際都市 博多》, 平凡社, 1988.

池田溫,〈前近代東亞における紙の國際流通〉,《東アジアの文化交流史》, 吉川弘文館,
　　2002.

川勝平太・濱下武志 編,《海と資本主義》, 東洋經濟新報社, 2003.

丸龜金作,〈高麗と宋との通交問題(一)〉,《朝鮮學報》17, 1960.

5. 영문 문헌

John Masson Smith, Jr, *The Silver Currency of Mongol Iran*, *Journal of the Economic and
　　Social History of the Orient* Vol.12, No. 1, 1969.

Li Kangying, 'A study on the Song, Yuan and Ming monetary policies within the context
　　of worldwide hard currency flows during the 11th~16th centuries and their impact on
　　Ming institutions', "The East Asian Maritime World 1400~1800: Its Fabrics of Power
　　and Dynamics of Exchanges" Edited by Angela Schottenhammer, 2007, Harrassowitz
　　Verlag・Wiesbaden. "East Asian Economic and Socio-cultural Studies(東亞經濟與社會文
　　化論叢)", Edited by Angela Schottenhammer(蕭婷), *East Asian Maritime History* 4.

R. Blake, "The Circulation of Silver in the Moslem East down to the Mongol Epoch",
　　Havard journal of Asiatic Studies Vol. 2. No. 3 and 4, 1937.

SHIBA Yoshinobu, The Diversity of the Socio-economy in Song China, 960~1279, Chapter VII, Song Foreign Trade: Its Scope and Organization, TOYO BUNKO RESEARCH LIBRARY 2, The Toyo Bunko, 2011.

찾아보기

고려상인과
동아시아 무역사

고려상인과 동아시아 무역사

⊙ 2020년 7월 29일 초판 1쇄 발행
⊙ 2020년 11월 10일 초판 2쇄 발행
⊙ 지은이   김영제
⊙ 펴낸이   박혜숙
⊙ 디자인   김정연
⊙ 펴낸곳   도서출판 푸른역사
                우) 03044 서울시 종로구 자하문로8길 13
                전화: 02)720-8921(편집부) 02)720-8920(영업부)
                팩스: 02)720-9887
                전자우편: 2013history@naver.com
                등록: 1997년 2월 14일 제13-483호

ISBN   979-11-5612-147-3 93900